Caldo de Pollo para el Alma

El poder del ¡Sí!

Caldo de Pollo para el Alma.

El poder del ¡Sí!

101 relatos sobre la aventura, el cambio y el pensamiento positivo

Amy Newmark

OCEANO

CALDO DE POLLO PARA EL ALMA: EL PODER DEL ¡SI!
101 relatos sobre la aventura, el cambio y el pensamiento positivo

Título original: CHICKEN SOUP FOR THE SOUL: THE POWER OF YES!
101 Stories about Adventure, Change and Positive Thinking
Amy Newmark

Publicado por Chicken Soup for the Soul, LLC
www.chickensoup.com

© 2018, Chicken Soup for the Soul Publishing, LLC
Todos los derechos reservados

CSS, Caldo de Pollo Para el Alma, su logo y sellos son marcas registradas
de Chicken Soup for the Soul, LLC

El editor agradece a todas las editoriales y personas que autorizaron a
CHICKEN SOUP FOR THE SOUL/CALDO DE POLLO PARA EL ALMA la reproducción
de los textos citados.

Traducción: Enrique Mercado

Diseño de portada: Daniel Zaccari
Fotografía de portada de mujer saltando, cortesía de iStockphoto.com/
wickedpix (©wickedpix)
Fotografía de pradera, cortesía de iStockphoto.com/mycola (©mycola)
Fotografía de galería de contraportada e interiores, cortesía de
iStockphoto.com/LordRunar (©LordRunar)
Diseño de "YES" en explosión, cortesía de iStockphoto.com/wissanu99
(©wissanu99)

D. R. © 2020, Editorial Océano de México, S.A. de C.V.
Homero 1500 - 402, Col. Polanco
Miguel Hidalgo, 11560, Ciudad de México
info@oceano.com.mx

Primeda edición: 2020

ISBN: 978-607-557-216-1

Impreso en México / Printed in Mexico

Índice

4

~Finge hasta que lo domines~

5

~Hazlo aunque tengas miedo~

6

~Cree en ti~

7

~Atrévete~

8

~Renuévate~

9

~Pon de tu parte~

10

~Busca la aventura~

11

~Date permiso de confiar~

Caldo de Pollo para el Alma

Introducción

Decir sí significa que harás algo nuevo, conocerás a alguien y harás una diferencia en tu vida y en la de los demás… "Sí" es una pequeña palabra que puede conseguir grandes cosas. Dila con frecuencia.

~ERIC SCHMIDT, *EXDIRECTOR GENERAL DE GOOGLE*

Caldo de pollo para el alma celebra este año su veinticinco aniversario. Representa mucho tiempo para una colección de libros, pero lo bueno de nuestro modelo —consistente en obtener relatos del público en general— es que siempre nos mantiene frescos y relevantes. ¿Y qué es lo fresco y relevante ahora? Decir "sí" a lo nuevo y salir de nuestra zona de confort.

Hemos recibido tantas historias sobre este tema que ya compilamos un libro con ellas —*Caldo de pollo para el alma: sal de tu zona de confort*, en el otoño de 2017—, y ahora presentamos *Caldo de pollo para el alma: el poder del ¡sí!* En este volumen, nuestros colaboradores hablan de las diferentes maneras en que se retaron a enfrentar sus temores y vivir algo nuevo. Nos explican que eso los cambió y los llevó a probar *más* cosas nuevas y a una vida más rica y significativa.

Estos autores me han servido de inspiración y sus impresionantes narraciones me han motivado a seguir esforzándome, sea en algo tan trivial como probar un platillo desconocido o tan impactante como lanzarse en un parapente desde un acantilado de trescientos metros. Cada vez que pruebo algo nuevo me siento empoderada y más sintonizada con el mundo que me rodea.

Ya sea que busques el amor o una carrera diferente, vencer la timidez o una fobia, darle chispa a tu vida con un nuevo deporte o hacer amigos, viajar solo o subirte a una espeluznante montaña rusa, en este libro hallarás algunas almas gemelas. Echa una mirada a los títulos de los capítulos, con sus positivos mensajes y excelentes consejos, para que te hagas una idea del viaje que estás a punto de emprender:

1. Prueba cosas nuevas
2. Abraza el cambio
3. Arriésgate a salir de ti
4. Finge hasta que lo domines
5. Hazlo aunque tengas miedo
6. Cree en ti
7. Atrévete
8. Renuévate
9. Pon de tu parte
10. Busca la aventura
11. Date permiso de confiar

En el capítulo 1, sobre probar cosas nuevas, te encontrarás con la historia de Victoria Otto Franzese, quien cuando cumplió cincuenta años deseó reclamar la emoción de su juventud. Así, decidió que haría algo nuevo cada día durante los trescientos sesenta y cinco que conforman un año. No siempre le fue fácil conseguirlo, y a veces se devanaba los sesos a las 11:45 de la noche en busca de hacer algo nuevo en esa fecha. Pero lo hallaba, y probaba actividades tan sencillas como resolver un sudoku o tan complicadas como viajar en un trineo tirado por perros. Incluso participó en un evento de los récords mundiales Guinness y se sumó a una multitud que saltó sobre pequeños trampolines elásticos. Dice ella misma: "A los cincuenta años, mi vida era exuberante y estaba llena de promesas. Yo podía continuar creciendo, desplegar las alas y aprender más cada día".

En ocasiones nos resistimos al cambio porque tememos ser mejores, más fuertes, más famosos o más lo que sea. En el capítulo 2, sobre abrazar el cambio, Sara Etgen-Baker retrata el antiguo "escritorio de secretaria" donde escribía. Era tan pequeño que cuando debía consultar libros y expedientes tenía que esparcirlos en el suelo. Una vez que se mudaron a una casa más amplia, su esposo le sugirió que comprara un escritorio más grande; pensaba que el suyo restringía su carrera como autora. Ella se resistía hasta que comprendió que él estaba en lo cierto. Temía lanzarse, enriquecer sus textos. Ordenó entonces un escritorio nuevo, que "simbolizaba proyectos más grandes, mayores posibilidades, concursos más desafiantes, dar un paso de fe y dejar mi zona de confort".

A veces es necesario que salgas de tu caparazón y te atrevas a hacer contacto con otros seres humanos, como dice Kate Lemery en el capítulo 3. Con tres hijos de menos de cinco años y una casa nueva en una comunidad distinta, ella era un ama de casa muy ocupada. Pero estaba sola. Así pues, resolvió representar a los padres de familia del grupo de preescolar de su hijo mayor, a quien inscribió también en un equipo de futbol. Aun así no hacía amigos en su nueva ciudad. Una vieja amiga le sugirió que organizara una fiesta para las mamás que no conocía. Tras dudarlo un poco, Kate envió las invitaciones; a estas alturas ya ha ofrecido varias "fiestas de mamás" y se considera el "pegamento" que mantiene unidas a las madres de su comunidad.

En el capítulo 8, donde nos ocuparemos de nuestra capacidad de renovación, me encantó la historia de Doug Sletten. Doug tenía una familia y un buen trabajo como maestro. Aunque había pagado su beca de estudiante y comprado junto con su esposa su primera casa, siempre había querido ser abogado. Por fin habló de su sueño secreto con su padre, quien solía ser serio y conservador, y lamentó que cuando terminara sus estudios sería mayor de treinta años. Su padre le preguntó: "¿Qué edad tendrías dentro de cuatro años si no siguieras tu sueño?". Eso fue todo. Con el apoyo de su esposa, Doug procedió a pasar los que llamó "los tres años más agotadores de mi vida". Dice: "Practiqué derecho veinticinco años y nunca dejé de agradecer que mi padre y mi familia hayan apoyado mi decisión de cambiar de vida y probar algo totalmente distinto".

De eso se trata: de probar cosas nuevas aun si nos aterran. El capítulo 5, dedicado al tema "Hazlo aunque tengas miedo", incluye un relato de Linda Holland Rathkopf con el que nos identificaremos fácilmente. Su saga comenzó cuando detrás de ella se formó una larga fila en una plataforma para hacer tirolesa. El encargado acababa de indicarle que debía dar ocho vueltas más de una plataforma a otra para completar su aventura en la tirolesa; ésa era la única forma en que podía regresar al punto de partida. Linda, en cambio, quería concertar un "rescate". Al cabo cedió y descubrió que cada vuelta reducía su ansiedad y le permitía extasiarse con la hermosa flora y fauna de la selva costarricense.

Dice: "Salí de mi zona de confort y entré en el país de las maravillas". Y admite que al final de su aventura se sintió "eufórica".

Abrí esta introducción con una espléndida cita de Eric Schmidt. En ella advierte que "sí" es una palabra pequeña pero poderosa. Espero que este nuevo volumen de relatos seleccionados para ti te dé grandes ideas. ¡Es probable que antes de que termines de leerlo hayas hecho una lista de diez cosas nuevas por probar! Cuéntame cómo utilizaste el poder del sí y envía un correo a amy@chickensoupforthesoul.com. ¡Gracias por ser uno de nuestros lectores!

~Amy Newmark

El poder del ¡Sí!

Prueba cosas nuevas

Si nunca tienes miedo, vergüenza o dolor es que no corres riesgos.

~JULIA SOUL

Un año de cosas nuevas

La felicidad aparece cuando dejas de esperar que tu vida empiece de verdad y sacas el mayor provecho de cada momento.

~GERMANY KENT

El año que cumplí cincuenta, decidí que haría algo nuevo cada día. Cuando se lo cuento a alguien, invariablemente me pregunta cuál de esas "cosas nuevas" me agradó más. Todos suponen que hice algo excepcional y asombroso, como mudarme con mi familia a un lugar exótico o aprender a volar un helicóptero. Y es inevitable que se decepcionen cuando les digo que lo que más me gustó fue haber hecho algo nuevo cada día durante un año completo.

No siempre me fue fácil equilibrar trescientas sesenta y cinco cosas nuevas con el trabajo y la familia, y no dejar de lavar la ropa ni tener lista la cena cada noche. En las primeras semanas del proyecto, era común que a las 11:45 de la noche me devanara los sesos en busca de algo nuevo que fuera capaz de hacer en quince minutos. Por suerte, resultó que muchas de las cosas que no había hecho nunca podían completarse en un breve periodo. Hice mi primer sudoku. Me inscribí a un curso de italiano en internet. Fumé un puro. Me enchiné las pestañas.

Con el paso del tiempo, me di cuenta de que era más fácil que mantuviera abiertos los ojos a las posibilidades que me rodeaban. Resultó que había cosas nuevas por todas partes y que me bastaba con hacer un pequeño esfuerzo para disfrutarlas. Así, un sábado muy frío, en el que en condiciones normales me habría quedado acurrucada en casa con un libro, me abrigué y asistí a un Festival de Hielo. Una mañana me levanté a una hora demencialmente temprana para ver una luna de sangre. Celebré con mi cachorro el Día Nacional del Perro.

Mis amigas no tardaron en saber que estaba abierta a prácticamente cualquier cosa que pudiera considerarse nueva, y empezaron a lloverme invitaciones, no sólo de ellas sino también de otras amigas suyas. Fue así como viajé en un trineo tirado por perros, contemplé las estrellas en el parque High Line de Nueva York y comí con Antonia Lofaso, celebridad de *Top Chef*; asistí a un desfile de modas de la Fashion Week y conocí a Gilbert King, autor galardonado con el Premio Pulitzer. Además, acudí a incontables conferencias sobre todo tipo de temas que antes no habría juzgado útiles ni interesantes, y encontré algo apreciable en cada una de ellas.

> En lugar de "¿Por qué?" me preguntaba "¿Por qué no?" y convertí "sí" en mi respuesta permanente.

Cada vez que me enteraba de algo especial, me forzaba a perseguirlo. En lugar de "¿Por qué?" me preguntaba "¿Por qué no?" y convertí "sí" en mi respuesta permanente. Cuando supe que un grupo de mi localidad intentaría entrar en el *Guinness Book of World Records* por lograr que un número nunca antes visto de personas saltaran en trampolines elásticos, me inscribí de inmediato. El día del evento amaneció frío y lluvioso. Ninguno de mis amigos ni familiares quiso acompañarme para constatar mi proeza, pero cuando llegué a la sede encontré a cientos de personas tan entusiasmadas como yo. Saltamos más de una hora, estimuladas por el ejercicio y la satisfacción de que hacíamos algo extraño pero maravilloso.

Una gran cantidad de mis cosas novedosas tuvo que ver con la comida: probé el jabalí, comí ortigas, probé las grosellas, bebí Limoncello, hice pesto y hummus en casa, preparé una pizza de cabo a rabo. Descubrí que las berenjenas tailandesas no se parecen a ninguna otra que hubiera visto alguna vez; son verdes y redondas, aunque la pulpa se ablanda al cocerse, como la de una berenjena común. Descubrí que los rábanos asados no me gustan más que los crudos, pero que adoro la maracuyá en todas sus formas.

Al mirar atrás, no me importa que muchas "cosas nuevas" de ese año no hayan sido del todo relevantes. Lo que cuenta es que descubrí que había un número infinito de cosas que podía probar. Esto me pare-

ció una señal innegable de que, a los cincuenta años, mi vida era exuberante y estaba llena de promesas. Yo podía seguir creciendo, desplegar
las alas y aprender cada día del resto de mi existencia. Disfruté la idea
de cambiar de parecer, hacer un esfuerzo mental y salir de mi zona de
confort. Por sí solo, esto me dio un motivo para recibir cada día como
una oportunidad de experimentar el mundo de una forma levemente
distinta, de contrarrestar lo fácil, predecible o monótono.

No puedo todavía volar un helicóptero. ¡Pero ya aparecí en un libro
de los récords mundiales Guinness!

~Victoria Otto Franzese

Cocina extrema

Los retos hacen que descubras cosas de ti mismo que ignorabas.

~CICELY TYSON

Durante la primera mitad de mi vida, probar cosas nuevas no pasó de que rociara mis ensaladas con aderezos de marcas diferentes. Por muchos años, consumí y cociné platos típicos del Medio Oeste estadunidense. Admito que mis cenas no ofrecían gran variedad: los guisos a la cazuela, el pollo asado y el pastel de carne eran los manjares que predominaban en el menú.

Al poco tiempo de haberme casado, mi esposo me informó que había llegado la hora de que saliera de mi zona de confort y dejara de preparar recetas fáciles. Fue una forma amable de decirme que estaba harto de mis platillos.

Cuando ofreció llevarme a cenar a un restaurante cercano que presumía de su buffet, acepté encantada. Supuse que era imposible que estuviera en un error, e imaginé grandes cantidades de suculentas comidas repletas de carbohidratos.

Una vez que ordenamos nuestras bebidas, nos sumamos a la legión de hambrientos que examinaban el buffet. Yo giré a la izquierda y él se aventuró a la derecha. Llené mi plato con una ensalada que, desde luego, cubrí con mi aderezo de costumbre y volví a la mesa. Comía un pan cuando mi esposo regresó con un plato colmado de patas de cangrejo.

Yo ya conocía las patas de cangrejo. Las había visto en cangrejos, así como en fotografías y en Discovery Channel. Pero no estaba lista para la espigada y compleja maraña que mi marido puso frente a mis ojos.

Ésa no era una receta *fácil*. Era una receta *complicadísima*, sobre todo porque causó que se me revolviera el estómago.

Él tomó unas curiosas pincitas y las chasqueó ante mí.

—Empieza tú —me dijo y sacudí la cabeza—. ¡Al menos pruébalas! Te hará bien probar algo nuevo.

Levanté un par de aquellas patas, lo dejé caer y rezongué:

—Huelen raro. ¡Y parecen una araña gigante!

Alcé la mirada con la esperanza de que alguno de los comensales a nuestro alrededor saliera en mi rescate, pero nadie nos veía. Todos estaban demasiado ocupados con sus propias pilas de patas de cangrejo.

Minutos antes creí estar rodeada por individuos decentes y refinados. Ahora el restaurante era para mí una sala atestada de cavernícolas que prensaban conchas y desgarraban la carne de sus cangrejos con tenedores diminutos.

Blanca carne de cangrejo salpicaba el suelo. La mantequilla relucía no sólo en un tazón en nuestra mesa, sino también en la barbilla del vecino. La atractiva mujer que lo acompañaba tomó una pata y la quebró con un chasquido. Aparte de hacer compras durante el Black Friday, eso era lo menos civilizado que yo hubiera presenciado alguna vez.

> No era una receta fácil. Era una receta complicadísima.

Pero como hasta yo misma me permito probar cosas nuevas, me dije que las patas de cangrejo serían indudablemente deliciosas, por extravagantes que parecieran. Y por lo visto, todos los comensales experimentaban una especie de nirvana culinario.

Mi marido sonrió con aire de aprobación y me recordó lo apropiado que era que probara algo nuevo. Me enseñó a usar las extrañas pinzas y a doblar y quebrar la concha para que pudiera meter el tenedor y sacar la carne.

Cuando al fin conseguí prensar un cangrejo, ya me había comido un par de trozos de concha y tenía cortado un dedo. Acabé por usar la punta del cuchillo para extraer la carne. Los pedacitos que cubrieron mi plato alcanzaron para llenar una cuchara.

Nunca antes había tenido que hacer tanto esfuerzo para llevarme algo a la boca. Pensé que si un día quedaba varada en una isla desierta, moriría de hambre si sólo podía comer cangrejo.

Para mi gran sorpresa, me gustó. Disfruté de su peculiar y agradable sabor. ¡Ojalá hubiera podido sacar más de su envoltura y depositarlo en mi cuchara!

Mientras forcejeaba para sumergir en mantequilla los trozos que había sido capaz de reunir, mi esposo retornó de otro recorrido por el buffet. A ese ritmo, él se terminaría sus guisos y estaría muy avanzado en el postre antes de que yo pudiera obtener suficiente carne para formar un segundo bocado.

Había regresado con lo que parecían unos insectos grandes y espantosos. Me horroricé cuando tomó una de esas criaturas.

—¿Estás loco? —chillé—. ¡Cómo es posible que te guste eso!

—Son langostinos, ¡y es mucho más fácil comerlos! Mira, basta con que les tuerzas la cabeza, pinches la cola y succiones la carne. ¡Están riquísimos!

Busqué a mi lado una cámara de televisión. ¿Me estaban gastando una broma? ¿Alguien me filmaba en secreto para un episodio de *Fear Factor*?

Lo señalé y susurré:

—¡Baja eso, por favor!

Cuando accedió, tendí sobre el plato mi servilleta, a modo de sudario. Justo en ese momento la mesera pasó junto a nosotros y preguntó:

—¿Puedo retirar este plato?

Resistí el impulso de abrazarla y asentí.

Ha transcurrido algo de tiempo desde mi primera experiencia con los mariscos, que me causó terror y me hizo pasar hambre. Ahora ya domino el arte de abrir un cangrejo. ¡Ah, qué satisfactorio es doblar, trozar y abrir una concha para extraer de ella una suculenta pieza de carne intacta! Se me hace agua la boca de sólo pensarlo.

En cuanto a los langostinos, aún no me habitúo a ellos. Si tú los aprecias y los juzgas deliciosos, te creo. En verdad confío en tu palabra.

Me alegra informar que, al correr de los años, me he entretenido mucho probando platillos nuevos, al grado de que ya intercambié papeles con mi esposo.

La semana pasada preparé un guiso con una guarnición de quinoa y hierbas finas. Él vio su plato y me miró antes de que tomara el tenedor y lo hundiera en la ensalada.

—¿Y esto qué es? ¡Parece alpiste!

Le sonreí al otro lado de la mesa.

—Cómelo —le dije—. Te hará bien probar algo nuevo.

~Ann Morrow

Quiero rocanrol
toda la noche

La música es sentimiento. Puedes intentar verbalizarla,
pero todo se reduce a si te conmueve o no.

~GENE SIMMONS

¿En qué pensaba mi esposo? Acababa de comprar dos boletos para el concierto de KISS. No le importó que fuéramos un par de viejos a punto de llegar a la edad del retiro.

Quizá lo había hecho por nostalgia. Ambos egresamos de la preparatoria en la década de 1970, justo cuando la banda KISS irrumpió en el mundo de la música. Esto no significa que haya sido de mi agrado. Soy una pianista clásica, y mi gusto musical iba entonces de lo clásico al soft rock; de Beethoven a Barry Manilow, no a KISS, que rayaba en el heavy metal. Este estilo le gustaba más a mi hermano. De hecho, conocí ese tipo de música porque se filtraba bajo la puerta de su recámara. Yo era una niña bien; no escuchaba la clase de música que KISS tocaba. Además, me había enterado de algunas de las travesuras que hacían en sus conciertos, como que Gene Simmons escupía sangre. ¡Puaj! ¡Qué asco!

Aun así, debo admitir que algo me intrigaba en ese grupo. Su maquillaje estilo kabuki, su vestuario blanco y negro de arlequín y sus tacones peligrosamente altos llamaban mi atención. KISS fue tan popular en los años setenta que, en uno de los concursos anuales de mi escuela, unos compañeros lo imitaron e hicieron *play-back* de un éxito suyo.

Con luces intermitentes y una imaginación desbordada, habrías jurado que estabas frente a KISS. Lo único que desmereció fue la burda pirotecnia, consistente en que un chico escupiera gas para encendedores y le prendiera fuego; todo iba muy bien hasta que el telón ardió en llamas. Tal vez por eso apenas obtuvieron el tercer lugar.

Cuarenta años más tarde, yo asistiría a mi primer concierto de KISS. ¡Era una locura! Cuanto más se acercaba la fecha, más ansiosa me ponía. ¿Qué diablos hacía yo, una mujer madura relativamente conservadora? Pese a todo, decidí que asistiría con la mejor actitud posible y me pondría mi mejor atuendo blanco y negro.

La noche del concierto no tenía idea de qué esperar. Nuestros asientos estaban muy próximos, aunque no juntos. Mientras miraba a mi alrededor, me sorprendió ver que muchas personas parecían de mi edad. Esto hizo que me sintiera un poco más a gusto con la experiencia. Cerca de la hora del espectáculo, la sala se llenó. A mi derecha había un grupo de hombres de treinta y tantos años, con excepción del chico que ocupaba el asiento casi junto al mío. Antes de que empezara el show, le pregunté su nombre y cuántos años tenía. ¡Era de la edad de mi hijo! Éste era también su primer concierto de KISS. Al menos teníamos algo en común.

Justo antes de que la banda saliera al escenario, una mujer menudita apareció en un extremo de nuestro pasillo y se abrió camino hasta el único asiento de la fila que permanecía vacío, justo el que se hallaba entre el joven y yo. Vestida con una camiseta deslavada de KISS, jeans y zapatos deportivos, la dama se sentó. Parecía tan fuera de lugar que temí que los chicos se burlaran de ella, pero en cuanto tomó asiento uno de ellos dijo:

—¡Una abuelita roquera acaba de sentarse junto a nosotros!

No pude menos que informarme de su situación. Tenía setenta y seis años, casi la edad de mi mamá, y era no sólo abuela sino también bisabuela roquera y fan absoluta de KISS, a cuyos conciertos asistía desde los años setenta. Para probarlo, me enseñó el talón de un boleto; era de un concierto de KISS y había costado apenas doce dólares. ¡Qué tiempos aquellos! Esta damisela era una verdadera fanática del grupo. Acudía a todas sus presentaciones en la ciudad. Había venido sola a ésta porque su esposo no era muy adepto a la banda. En cambio, ella se movía como pez en el agua en este ambiente.

Tan pronto como el concierto empezó, la gente se paró de un salto, incluida la abuelita. De hecho, ella no se sentó un instante, y durante hora y media tampoco dejó de alzar su diminuto y arrugado puño. Los zapatos deportivos eran de rigor y ella lo sabía, como la experta en conciertos que era. ¡Increíble! Me sentí avergonzada.

Antes del show yo había investigado un poco sobre KISS, y me enteré de que el promedio de edad de sus integrantes era de sesenta años. Esto resultó más admirable todavía cuando vi sus tacones, en especial los de Gene Simmons, con todo y unos colmillos como de tiburón, de al menos quince centímetros de alto. Paul Stanley incluso se veía bien con un atuendo que mostraba su vientre. Todavía tiene un abdomen admirable. Yo no lo he tenido nunca; debe estar en algún sitio, pero aún está por aparecer. Desde luego que jamás me pondría una blusa corta y centellante que exhibiera mi vientre.

> **Me olvidé de mi artritis de rodilla y cadera, y estuve parada durante casi todo el concierto.**

Por un rato me olvidé de mi artritis de rodilla y cadera, y estuve parada durante casi todo el concierto, debido en parte a que el tipo sentado frente a mí podría haber sido jugador de la NBA, aunque principalmente porque me la pasé de maravilla. No podía dejar de sonreír. Empecé a hacerlo desde el inicio de la función y conservé la sonrisa a lo largo de todo el concierto, hasta la última melodía. Por cierto, KISS dejó lo mejor para el final. La abuelita roquera me había dicho antes que aún traía en su bolsa confeti del concierto previo. De pronto, dos plataformas gigantescas se elevaron sobre el escenario con un par de miembros de la banda encima. Unas inmensas máquinas de confeti lanzaban papelitos de colores mientras KISS interpretaba su canción icónica, "Rock and Roll All Nite".

Al final del espectáculo, me quitaba confeti del pelo cuando comprendí. ¡El show me había fascinado! Entendí por qué la abuelita roquera era una fan absoluta de KISS. ¡El concierto fue fabuloso! Ahora soy también una incondicional de esta banda.

~Tamara Moran-Smith

De la ópera al hockey

No olvides que lo importante es que estés dispuesto a renunciar a lo que eres por aquello en lo que podrías convertirte.

~W. E. B. DU BOIS

Le llamé a mi esposo al trabajo.

—Larry, tengo una buena noticia y una mala —le dije—. ¿Cuál quieres que te dé primero?

Como el buen esposo que es, me siguió la corriente.

—Dame la buena.

—Que hoy podrás dormirte temprano.

—¡Vaya, qué bien! ¿Y la mala? —preguntó.

—¡Que iremos a la ópera!

La ocasión más reciente en que lo obligué a ir se durmió. Yo misma tuve que admitir que había sido una producción aburrida. Pero cuando alguien nos regaló boletos para mi ópera favorita, *Carmen*, pensé que Larry la disfrutaría. Al ver que cabeceaba de nuevo, dejé que durmiera. Lo desperté cuando sus ronquidos ya apagaban la voz de los cantantes.

Aunque siempre hemos tenido los mismos valores, nuestros intereses son tan distintos como... la ópera y el hockey. A mí me fascinan las artes y él es aficionado a los deportes. Su gran pasión es el hockey de la NHL. Durante años ha compartido con sus amigos los boletos de la temporada. Admito que a veces me he sentido tentada a vender mi boleto en internet o ponerlo en reventa, aunque nunca le haría eso a mi esposo. En cambio, si él quería ir, íbamos. Yo reclamaba: "¡No de nuevo!", pero iba.

Asistíamos a los partidos con otras parejas. Al resto del grupo le entusiasmaba ese deporte, aun a las mujeres. Todos conocían a los jugadores y sabían pronunciar sus apellidos de cuatro sílabas.

Concluido el encuentro, pasábamos a comer un bocadillo a la taberna vecina, donde yo decía medio en broma:

—¿Ya podemos volver a casa?

Nuestros amigos me miraban como si fuera de otro planeta.

Me agradaba cantar el himno nacional, pero aparte de la comida, eso era lo único que disfrutaba de nuestras noches de hockey. En lugar de agradecer que nos hubieran tocado buenos asientos, me quejaba:

—¡Hace mucho frío aquí!

Mi esposo me ofrecía su saco y yo lo rechazaba.

—Sufriré en silencio aquí sentada —le decía.

> Si le diera una oportunidad a este deporte, ¿me gustaría?

Cuando el partido comenzaba, yo tenía el teléfono en mi regazo. Texteaba o fantaseaba casi todo el tiempo. Interrumpía mis mensajes cuando el equipo de casa anotaba. Sabía que lo había hecho porque todos saltaban, daban palmadas en el aire y hacían chocar los puños.

¿Qué les emocionaba tanto de un montón de adultos sobre hielo que golpeaban un disco con un bastón? No lo sabía. Una ocasión en que nuestro equipo consiguió otra anotación, una mujer del grupo se volvió hacia mí y exclamó extasiada:

—¿No es grandioso?

Pese a que no debí hacerlo, respondí sarcásticamente:

—¡Ay, sí! ¡Qué emoción!

Lamenté casi de inmediato mi malicioso comentario.

Empecé a preguntarme entonces por qué yo era la única que NO se divertía. Si le diera una oportunidad a ese deporte, ¿me gustaría? ¿Qué pasaría si cambiaba de actitud?

Miré a mi alrededor a miles de personas cada vez más emocionadas y vociferantes y decidí que al menos debía hacer la prueba, por el bien de mi esposo, si no es que también por el mío.

Tardé varios partidos en ponerme al tanto, pero pronto me enteré de quién era el portero, cuál era nuestro jugador más reciente y quién había sido intercambiado con otro equipo. Cuando el rival anotaba, ahora sentía una sacudida de desaliento con el resto de mi tribu.

Poco después ya preguntaba: "¿Qué es *icing*?", "¿Qué es un *hat trick*?", y cosas por el estilo. Revisaba el programa para ver de qué parte del globo procedían nuestros jugadores.

Mi interés sorprendió a mi esposo. ¡Yo misma estaba asombrada! El frío no me incomodaba más. Ya no me dedicaba a ver el reloj ni a contar los minutos que faltaban para que nos marcháramos. El tiempo volaba. El partido terminaba antes de que me diera cuenta.

Cuando nuestro equipo ganaba, daba saltos de genuino frenesí. En las noches de triunfo, vitoreaba con los demás al salir del estadio.

—¿Vendrán al juego de la semana próxima? —preguntaba alguien.

Yo volteaba a ver a Larry.

—¿Podremos hacerlo, cariño? ¿Podremos?

Lo hacíamos, y acudíamos con frecuencia. En poco tiempo aprendí los términos y ya discutía diestramente con mi esposo todos los detalles de cada encuentro. Hoy nadie sospecharía que no fui fanática del hockey desde niña.

Nuestros amigos no podían creerlo cuando me vieron por primera vez con el vistoso jersey verde del equipo.

—¿Que fue de tus sacos de marca? —se burlaban.

Larry estaba muy complacido. Para nuestro aniversario, dijo que quería recompensar mi gentileza y que hiciéramos solos algo especial. Esto me encantó.

—Te llevaré a la ópera —afirmó radiante.

Yo tenía la esperanza de que esa noche fuéramos al hockey y lamenté su decisión, pero no se lo dejé ver. Lo abracé y besé afectuosamente.

La ópera fue tan grata que Larry no se durmió, aunque admito que no pude evitar echar un vistazo a mi teléfono para consultar el marcador del encuentro de hockey. Después de todo, ¡estábamos en las eliminatorias!

Hoy es mucho más divertido para mí tener todo en común con mi esposo. Incluso es probable que adopte el golf.

Entretanto, me muero de ganas de que ganemos la Stanley Cup.

~Eva Carter

Caldo de Pollo para el Alma

Veinte es mi número de la suerte

Correr se reduce a una serie de discusiones entre la parte de tu cerebro que quiere detenerse y la que desea continuar.

~ANÓNIMO

He aquí lo que había aprendido después de dar sesenta y cuatro vueltas alrededor del sol: "Despiértate, estírate y salta de la cama", además de ser el lema de una marca de cereal, no me describía cuando me levantaba cada mañana. Las siestas habían dejado de ser un lujo para mí: eran una necesidad. Y perseguir a mis nietos era todo el ejercicio que podía realizar.

¿Por qué, entonces, un sábado por la mañana acompañé a mi esposa a una zapatería especial para quienes participan en carreras de cinco y diez kilómetros, maratones, triatlones y carreras del siglo? La tienda estaba repleta de jóvenes esbeltos y exasperantemente saludables que se probaban zapatos deportivos de todo tipo. Mi esposa le hizo señas a una empleada.

—Disculpe, señorita.

—¿En qué puedo servirle? —respondió la joven, con una amplia sonrisa. Iba cubierta de la cabeza a los pies con un brillante Spandex azul y su cuerpo contenía tanta grasa como el de un gorrión.

—Nos dijeron que aquí podíamos conseguir zapatos para correr. Mi esposo y yo nos inscribimos en el maratón de Los Ángeles.

¡Un momento! ¿Qué acababa de decir mi mujer? Recordé de golpe que, un mes antes, el orador huésped de nuestra iglesia nos había invitado a que nos apuntáramos en una carrera a favor de la provisión de servicios de agua potable en África. Era una buena causa, desde luego, y yo siempre he estado dispuesto a ayudar, así que extendí al instante un cheque y dejé que otros se comprometieran a correr, ¿cierto? ¡Falso!

—En realidad correremos medio maratón —continuó mi esposa—. Es una carrera benéfica de relevos.

—¡Qué maravilla! —exclamó la Chica Spandex con una sonrisa más amplia todavía.

A continuación indicó que nos subiéramos a una caminadora que analizaría nuestro paso y seleccionaría los zapatos deportivos perfectos para nuestros imperfectos pies. Según esta máquina, yo resulté ser un pronador, término que suena a una actividad ilícita que quizá se denunciaría de esta manera: *Además de ser un jubilado de sesenta y cuatro años de edad afecto a dormir siestas, Mark Mason es un conocido pronador.*

Minutos después, la empleada cerró la venta en la caja registradora.

—Son 297 dólares.

—¡Qué ganga! —dije en son de broma—. ¿Nuestros modelos estaban en oferta?

—¡Sí! —respondió ella alegremente—. ¡Es su día de suerte!

Mi temor por la salud de mi cuenta bancaria se debía a que ignoraba qué nos tenía deparado el destino. Para mí, "maratón" había significado hasta entonces ver temporadas completas de mis programas favoritos en compañía de un sinnúmero de golosinas. Esta vez, en cambio, me hallaba frente al cañón de un régimen de dieciocho semanas de entrenamiento que, de acuerdo con los organizadores de la carrera, había sido diseñado teniendo en mente el estilo de vida sedentario del individuo promedio de sesenta y cinco años. El problema era que yo no me reconocía en ese individuo; para igualarme con él, habría tenido que ser un ciudadano del Olimpo.

Comenzamos con un segmento de entrenamiento básico de seis semanas, consistente en carreras cronometradas que aumentaban cada siete días. Me sorprendió que esta fase fuera tan simple. Al cabo de la sexta semana estaba seguro de que no necesitaría una camilla para cubrir los 20 kilómetros de la carrera y cruzar la línea de meta.

No obstante, las cosas cambiaron cuando iniciamos el entrenamiento de distancia. Como indica este nombre, el avance se mediría ahora en kilómetros, no en minutos. Peor todavía, los días de entrenamiento se dividirían en tres clases: fáciles, difíciles y largas. Yo añadí una clase más en las doce semanas siguientes: "Es broma, ¿verdad?". Por si fuera poco, grupos de músculos que desconocía cobraron existencia de un modo muy doloroso. Si corría más de 5 kilómetros, las rodillas me crujían como castañuelas y mi cadera clamaba piedad. ¡Incluso me daban calambres en las piernas!

La solución a mi dilema resultó ser vergonzosamente sencilla. En mi juventud jamás les di importancia a los estiramientos antes de correr y hoy son mi religión. Como un ferviente converso, coleccioné un extenso repertorio de ejercicios para reducir o eliminar torceduras, esguinces, tirones de músculos y lesiones más graves. Autodidacta en un sinfín de achaques propios de los corredores, pronto hablaba con autoridad de toda suerte de tratamientos, para dolencias que iban de la fascitis plantar al síndrome de dolor patelofemoral. Más aún, descubrí que alternar frío y calor hace maravillas después de una carrera, así que siempre le estaré agradecido a quien inventó la bolsa de hielo. Aparte de mi esposa, esta bolsa me hace ahora constante compañía, y la bauticé como Freón.

Dos semanas antes del evento, aún teníamos que conseguir nuestra carrera más larga: ¡de 15 kilómetros! Para entonces, el rendimiento de mi esposa ya era superior al mío. Terminó esta prueba con un promedio de 13:15 minutos por cada 1.5 kilómetros, mientras que yo no corrí. En las dos semanas previas me habían aquejado nuevas dificultades que perjudicaron mucho mi desempeño. Unos días antes de la magna carrera, decidí que trabajaría en la caminata de velocidad, con la esperanza de acometer sin lesiones mi media maratón.

Justo una semana antes del gran día, a mi esposa le dolía tanto un tobillo que le era imposible caminar, y más todavía correr. Todo indicaba que tendríamos que renunciar a nuestro proyecto, pese a que ya habíamos invertido tanto tiempo en entrenar. Una visita al médico y una radiografía después nos señalaron que aquélla era una lesión por exceso de uso y que mi mujer estaría en condiciones de competir si dejaba en paz sus pies durante los siete días restantes.

El día del maratón nos levantamos a las tres de la mañana, luego de dormir un par de horas de modo intermitente, y a las 3:40 salimos hacia Los Ángeles. Dejamos el coche en un estacionamiento en Santa Mónica, a unas cuadras de la línea de meta. A pesar de que estaba oscuro y había mucha neblina, el sitio era un hervidero de actividad. Mi esposa y yo abordamos los autobuses a nuestros respectivos puntos de partida: ella al Dodger Stadium, yo a Hollywood.

Tres horas después de iniciado el maratón, yo estaba en medio de otros "cerradores" en el punto de relevo de Sunset Boulevard y buscaba entre los atletas a alguien que portara la camiseta distintiva de nuestra organización. Entrecerré los ojos y detecté un destello naranja que se movía en una forma familiar. ¡Segundos más tarde vi a mi esposa! La vitoreé cuando llegó al área de entrega de la estafeta, con un tiempo de tres horas, diecinueve minutos. ¡Me sentí muy orgulloso de ella!

> Pese a sus achaques, este cuerpo aún es capaz de hacer cosas que creí inconcebibles.

Nos abrazamos, posamos brevemente para una fotografía y emprendí mi parte del relevo. Tres horas, cuarenta minutos más tarde crucé la línea de meta, en calidad de un percherón con bursitis, pero terminé. Mi esposa corrió hasta mí y me envolvió en sus brazos. Contemplamos nuestras medallas, la suya con una silueta de Los Ángeles y la mía con una escena de playa.

Aunque correr ese maratón resultó formidable, eso no fue todo. Gracias a la generosidad de nuestros familiares y amigos, recaudamos mil doscientos dólares en pro de la causa del agua potable en África. Y aprendí que, pese a sus achaques, este cuerpo aún es capaz de hacer cosas que creí inconcebibles. Las siestas son muy satisfactorias, por supuesto, pero no tanto como correr 25 kilómetros a la semana. Y por lo que toca a perseguir a mis nietos, ¡el abuelo es ahora el último que se cansa!

Debo concluir este relato. Tengo que llevar a mi esposa a la pista de la preparatoria donde entrena para el maratón de este año.

Si me preguntas por qué yo no voy a participar, te miraré con una gran sonrisa y responderé cortésmente:

—¿Estás loco?

~Mark Mason

6

Caldo de Pollo para el Alma

Encuentro con el punto exacto

Llega lejos, explora y aprende cosas nuevas.
Disfrutarás alguna.

~MUSTAFA SAIFUDDIN

Cuando ingresé en la universidad, no fui en absoluto "la novata del año", sino en todo caso "la peor novata del año". Ésa fue la única vez en mi vida que les gané a todos.

Entre mi agobiante horario de clases, un empleo de medio tiempo y una relación estable, no tenía tiempo para hacer ejercicio. Y por si fuera poco, mi estilo de vida de estudiante hambrienta se prestaba a la perfección a numerosos episodios de comida rápida. Sobra decir que, bajo mi "uniforme" escolar de pantalones deportivos y sudadera, estaba demasiado rolliza.

Casi podría decirse que me especialicé en gordura, con particular atención en la grasa extra.

Después de que me gradué, decidí tomar el gimnasio más en serio. En compañía de un amigo, inicié una rutina regular de subir a la caminadora o a la escaladora. Mi habitual aversión al riesgo me daba grandes satisfacciones con esa rutina. Jamás salía de viaje, comía siempre lo mismo y hacía las mismas cosas. Era obvio que mis rutinas me agradaban. Pero mi amigo se aburrió.

Un día sugirió que practicáramos un deporte.

¿Yo? ¿Un deporte? ¡Para nada!

Desde siempre había sido una persona sin coordinación ni la menor traza de habilidad deportiva, así que me opuse rotundamente a esa idea. No era una atleta y nadie iba a convencerme de lo contrario. Además, me sentía muy a gusto en el gimnasio.

Semanas después, no obstante, mi amigo me persuadió de que pisara una cancha de ráquetbol. Me sentí ridícula mientras sostenía mi raqueta. Antes de que empezáramos el "partido", le lancé un par de miradas asesinas. Los primeros "duelos" fueron demasiado cómicos. Golpeaba tan fuerte la pelota que la enviaba en todas direcciones menos en la que debía.

Aun así, adquirí un decente nivel de habilidad en esa disciplina. Pero justo cuando comenzaba a soltarme, mi amigo decidió ponerme a prueba otra vez.

> **Probaba gustosamente cosas nuevas, con una sensación de entusiasmo.**

—No hacemos suficiente ejercicio. Deberíamos jugar tenis.

Aunque éstas fueron sus palabras, lo que yo oí fue: "Te odio y quiero que sufras. Otra vez".

¿Tenis? ¡No puedo jugar tenis! ¡Requiere habilidades especiales! ¿Qué parte de "No soy una atleta" no entiendes? Me resistí con obstinación a su nuevo intento de arruinar mi vida.

Pese a todo, semanas más tarde me vi de repente en una cancha de tenis, donde me pregunté por qué se había empeñado en humillarme. Corría con torpeza detrás de cada pelota que me lanzaba, fallaba el noventa por ciento de ellas y lanzaba el resto a los matorrales, la otra cancha o sobre la cerca. Cada vez que jugábamos, perdía al menos una o dos pelotas.

Aun cuando los primeros meses fueron penosos, un día decisivo mi raqueta y la pelota se encontraron por fin, en lo que los tenistas llaman el "punto exacto". Miré asombrada que mi devolución caía con fuerza en el otro lado de la cancha, casi exactamente donde yo la había dirigido. ¡Al fin había aprendido a practicar bien este deporte!

El tenis se convertiría más adelante en uno de mis pasatiempos favoritos. Lo he practicado con fervor durante años muy felices, sólo interrumpidos por una lesión de rodilla.

Mi camino al dominio del ráquetbol y el tenis me enseñó una lección muy valiosa: que puedo hacer todo lo que me proponga. Y que para que alcance resultados basta con que haga un esfuerzo. Si no hubiera salido de mi zona de confort jamás habría descubierto mi fascinación por el tenis. Ahora probaba gustosamente cosas nuevas, con una sensación de entusiasmo.

Una vez que me atreví a hacer a un lado mi sofocante vida, mi realización aumentó de manera exponencial. Con el paso de los años, probé nuevos platillos, conocí a personas interesantes, practiqué extraños pasatiempos y viajé a lugares hermosos. Abrí puertas que dejaron entrar en mi mundo nuevas y abundantes alegrías.

Cuando descubrí el punto exacto en mi raqueta encontré el punto exacto en mi vida.

~Kristen Mai Pham

Estiramiento en el retiro

*Que las cosas sean difíciles no es la razón
por la que no nos atrevemos a encararlas;
son difíciles porque no tenemos el valor de
hacerles frente.*

~SÉNECA

Mi esposo tenía ya sesenta años cuando decidió que quería respirar mejor durante los cuarenta restantes. Así, se jubiló después de varias décadas de una carrera compleja y estresante en una clínica universitaria de salud mental.

Aunque llevamos treinta y cinco años de casados y tenemos tres hijos, debo admitir que su transición al retiro fue uno de los retos más grandes que hayamos afrontado en nuestro matrimonio. Desde el principio quedó claro que las tareas domésticas, el tenis con sus amigos, la elaboración de sus guisos preferidos, los proyectos de remozamiento del hogar, el cuidado del perro y la lectura no llenarían el vacío que en él había dejado el abandono de su estimulante y creativo empleo. Por primera vez en décadas, se sintió perdido. ¿Qué haría ahora para hallar propósito y ganarse una vida que le permitiera adoptar un estilo de vida más sano y equilibrado?

La Navidad anterior yo le había regalado la inscripción a una clase de yoga. Años atrás había descubierto la magia del yoga y quería compartir con él ese tesoro. Y pese a que me dio las gracias, esa tarjeta permaneció guardada en su cartera.

—No lo sé, querida. Sabes que nunca me ha gustado hacer ejercicio en grupo.

Como sea, una noche dijo algo sorprendente durante la cena, una vez que había terminado todos los proyectos imaginables, como la reparación del zaguán, una nueva capa de pintura al barandal, el aseo de las ventanas, la reconstrucción de algunos muebles, la organización de los armarios, la limpieza de la cochera y la siembra de plantas en el jardín:

—Creo que voy a usar esa tarjeta de regalo y a tomar mi primera clase de yoga.

Cuando mis hijos eran chicos y anunciaban que harían algo que yo les había sugerido no me emocionaba demasiado, por temor a que mi reacción fuera contraproducente. Así, también en esta ocasión respondí con tranquilidad:

—¡Vaya, qué bueno!

Pero terminé mi brócoli con el corazón alborozado. Pese a que sabía que una sola clase no significaba que él decidiría practicar yoga con regularidad, era un buen comienzo.

Estaba segura de que esta disciplina contribuiría a su flexibilidad y le ayudaría a curar su débil tendón de la rodilla, pero también que la alineación mental que se desarrolla sobre la colchoneta nos ayuda a armonizar con nuestras metas más allá de ella. El paso de una posición a otra nos enseña a transitar con soltura por la vida. Mi esposo es atleta y siempre ha sido competitivo; así, yo tenía la impresión de que su resistencia inicial al yoga se había debido no sólo a que no le gustara ejercitarse en grupo, sino también al temor de que resultara inepto para esta práctica. Pronto aprendería que en ella no se compite, sino que se actúa sin juzgar. Yo confiaba en que esas lecciones le facilitarían las cosas mientras enfrentaba esta nueva etapa de su vida.

> El paso de una posición a otra nos enseña a transitar con soltura por la vida.

Transcurrieron varios días antes de que él arrojara su colchoneta al asiento trasero del auto y se dirigiera al centro de yoga. Al terminar la clase, le texteé ansiosamente: "¿Qué te pareció?".

Parco en ocasiones, me contestó: "Bueno".

Cuando el otoño dio paso al invierno y en Colorado se espació la práctica del tenis al aire libre, el yoga se volvió parte de su rutina. A menudo asistíamos juntos a la clase, y a mí me impresionaba la facilidad con que dominaba posiciones complejas y se paraba de manos y de cabeza, posición que nos recuerda que todos nacimos al revés. Un día me dijo al acabar la clase, mientras salía en reversa de un cajón de estacionamiento:

—Creo que tomaré un curso intensivo para ser maestro de yoga.

¡Sonreí al recordar que no le gustaba hacer ejercicio en grupo!

Las cosas han cambiado desde entonces. Mi esposo ha sido siempre un hombre amable, pero desde que se jubiló y decidió tomar esa clase de yoga ha limado mucho sus asperezas. Ahora respira sin dificultad y su sonrisa es contagiosa. Además, cada uno de nuestros hijos ha adoptado también la costumbre de arrojar una colchoneta al asiento trasero de su auto. Si papá y mamá lo hacen, vale la pena hacer la prueba. El curso intensivo que él tomará para convertirse en maestro implica varios fines de semana durante meses enteros, lo que a mis sesenta años me permitirá explorar la soledad e indagar los recovecos de la independencia, algo que sin duda me enriquecerá y favorecerá a nuestro matrimonio.

La antigua recámara de mi hijo es ahora una soleada sala de yoga con un nuevo y hermoso piso de madera, lo cual sienta las bases para el cambio y crecimiento en los años por venir. Ahí, mi esposo enseña yoga a otros tenistas, pues ya difunde entre sus amigos la magia de esta disciplina. Una tarjeta de regalo se transformó para él en un obsequio bellamente envuelto, que se "estiró" incluso en beneficio de sus familiares, amigos y otras personas.

~Priscilla Dann-Courtney

La recuperación de mi vida

*Nutrirte para que florezcas en la dirección que deseas es
un objetivo que puedes cumplir, y lo mereces.*

~DEBORAH DAY

—No me gustas, mamá —me dijo un día mi hijo de dos años.

—Quizá se deba a que me quieres —repliqué.

—No, es que no eres bonita —¡Vaya! Gracias, mi cielo.

Ser madre de dos niños menores de tres años no me ofrece respiro alguno. Mis mayores prioridades son protegerlos, alimentarlos bien, abrigarlos y mantenerlos relativamente limpios, así que he tenido que reducir mis expectativas de lo que puedo lograr en casa. En lo que se refiere a limpiar y cocinar, he aprendido a "soltar las cosas". Poner en primer término las necesidades de mi familia ha colocado en segundo plano las mías.

Al terminar el día, cuando por fin tengo tiempo de hacer algo para mí, estoy exhausta. Tomo el control remoto y una copa de vino y me hundo en el sofá a ver un absurdo programa de televisión. Me desconecto. Escapo. Sueño que estoy en una playa o que soy otra persona.

A veces soy un gladiador que trabaja con Olivia Pope en la Casa Blanca en *Scandal*. Otras, estoy en el rancho con Ree Drummond en *The Pioneer Woman* y les hago de cenar a los vaqueros. Otras más, gano el trofeo de la bola de espejos en *Dancing with the Stars*.

Pero la verdad es que llevo pantalones deportivos y estoy sentada en un sillón entre cuyos cojines hay migajas de Cheerios.

Me digo que hago lo que puedo. Sobrevivo. Aun así, mis días son siempre los mismos: los niños, el trabajo de tiempo completo, los niños de nuevo, algo de relajamiento. Cada día me pierdo un poco más. Hace ya mucho tiempo que me despedí de la amante de la diversión que fui alguna vez, y abracé la nueva y desaliñada versión de mí misma.

Algo cambió el día en que mi hijo me reprochó mi fealdad. Esa noche me miré lentamente en el espejo mientras me lavaba la cara, y no porque esa afirmación me haya lastimado, sino porque comprendí que mis ojos habían perdido su luz. Los de mis hijos son mágicos, brillan de asombro, esperanza y espíritu de aventura. En contraste, los míos estaban apagados, caídos, tristes. En otro tiempo tuve luz, un paso alegre y un diario repleto de aventuras que ansiaba experimentar.

> Enlisté cuarenta cosas nuevas que debía probar antes de que cumpliera cuarenta años.

En lugar de servirme una copa de vino y encender la televisión, esa noche saqué mi pluma favorita y me puse a hacer una lista: para salvarme, salir de la oscuridad y devolverles un poco de luz a mis ojos; una lista para demostrarles a mis hijos que es importante que tengan sueños y los pongan por encima de todo, y para demostrarme que merecía ser priorizada de esa forma.

Una lista para recuperar mi vida.

Ya había hecho muchas listas para entonces, pero no había cumplido ninguna.

Esta lista debía ser diferente. Tenía que ser una combinación de metas posibles de alcanzar y otras que demandaran un poco de esfuerzo. Incluí en ella sitios a los que quería viajar, lo cual supondría ahorrar y disciplinarme. Agregué también carreras y eventos en los que deseaba participar, lo que implicaría hacer ejercicio y alimentarme sanamente. Incluí la lectura de quinientos libros, lo que significaría apagar la televisión. Integré actividades que había querido probar desde siempre. Recordé mis antiguas aficiones y las añadí a la lista. Y al final dejé cinco espacios en blanco, que llenaría más tarde.

Enlisté cuarenta cosas nuevas que debía probar antes de que cumpliera cuarenta años. Me quedaban seis años. Hacer esa lista fue el primer paso, tal vez el más fácil. Tenía que tomar impulso.

La primera meta que quería lograr era la de participar en un Polar Plunge para recaudar fondos para las Olimpiadas Especiales. Vivo en Minnesota, y por alguna extraña razón me atraía enormemente zambullirme en un lago helado en pleno enero. Era una aventura, algo novedoso. Cada año, mis compañeros de trabajo formaban un equipo que participaba en ese evento, pero yo había estado embarazada los dos últimos. ¡Éste sería mi año!

La mañana del Polar Plunge adopté mi look deportivo de la década de 1980: mallas verde neón, calentadores de un rosa subido y cola de caballo de lado. Mi hijo me miró y sonrió de oreja a oreja.

—¡Estás preciosa, mamá!

Quizá, sólo quizá, ya había una nueva chispa en mis ojos.

Mientras me acercaba a la plataforma para saltar al lago helado, la emoción casi me asfixia. *¿Me congelaría por completo? ¿El miedo me paralizaría? ¿Cuánto frío iba a sentir? ¿Sumergiría la cabeza?* Tomé de la mano a mis amigos y me olvidé del temor. Acepté el reto. Saltamos juntos, con una O en la boca a la par que gritábamos de expectación y terror.

Cuando salí del lago, me sentía orgullosa y feliz. No paraba de gritar: "¡Lo logré!". Sin embargo, el momento más emotivo fue cuando llegué a casa. Después de que me acercó un bolígrafo, mi esposo me acompañó hasta mi lista, pegada en la puerta del refrigerador, y taché en ella el punto número uno. Con ese plumazo inicié la recuperación de mi existencia.

Todos los que participamos en el Polar Plunge recibimos una camiseta azul de manga larga. Siempre que me la pongo, mi hijo me pregunta:

—¿Ésa es tu camiseta del Polar Plunge?

Y contesto orgullosa:

—¡Sí!

En varias ocasiones me ha dicho:

—Yo también quiero hacerlo, mamá.

Me alegra mucho que recuerde que salté a un lago helado y quiera hacer cosas conmigo.

Me recupero poco a poco. Cada meta que tacho de mi lista representa una pieza de mí que se restaura. Le demuestro de ese modo a mi familia que es importante soñar, y a mí misma que lo merezco. Seguir empeñada en hacer cosas que siempre he querido me entusiasma mucho. Ya me puse en contacto con amigos y familiares, y varios de ellos me acompañarán en algunas de mis aventuras de los seis años próximos. Es así como reconstruyo mi comunidad, mi aplomo y principalmente a mí misma.

~Leah Isbell

9

Caldo de Pollo para el Alma

El percherón

La palabra intenta no significa nada. Jamás intentas
hacer algo. Tan pronto como inicias una tarea ya estás
haciéndola. Lo importante es que la termines.

~LA TISHA HONOR, TEEN ROACH

Nunca fui un velocista. En mi infancia, siempre que competíamos en la carrera de 50 o 400 metros planos, la competencia de los sacos o cualquier otra prueba de atletismo, yo acababa entre los últimos.

Ya adolescente, y como miembro del equipo de beisbol 14th Ward American Legion, tuve el honor de ser el corredor más lento. En los entrenamientos previos a la temporada, el entrenador formaba en la diagonal de la cancha de la Taylor Allderdice High School a sus dieciséis jugadores, para que corrieran los 100 metros hasta la diagonal opuesta. Si terminábamos como parte de la primera mitad, podíamos retirarnos. Pero si nos contábamos entre los ocho últimos, teníamos que correr otros 100 metros. Así, ocho corríamos de nuevo, y los cuatro primeros de ellos podían marcharse. Los cuatro restantes se reducían después a dos, y finalmente estos dos a uno.

Yo era siempre el que corría en solitario al final.

Así, veinte años más tarde, cuando a los treinta y ocho me inscribí en mi primera y única carrera oficial —el Pittsburgh Mount Oliver Two-Mile Challenge—, no tenía ni de lejos la menor esperanza de que ganaría.

Entré porque un amigo de la universidad, Jim Hosek, era el director de la carrera y me pidió que participara. En ese evento se recaudarían fondos para su iglesia St. Joseph, de Mount Oliver.

Así que me presenté, pagué la cuota de inscripción, me colocaron un número en la espalda y me situé en la línea de salida, donde esperé el inicio de la carrera en compañía de doscientas cincuenta o trescientas personas más.

Llevaba poco tiempo ahí cuando alguien avisó en un micrófono:

—Si pesas más de 90 kilogramos, pasa por favor a la báscula.

Cuando oí este anuncio, dos pensamientos pasaron por mi mente. *Uno, ¿qué tiene que ver el peso con una carrera? Y dos, creo que yo peso más de 90 kilos.*

Fui a la báscula y un señor me pidió que me subiera en ella.

—¡Noventa y dos kilos! —anunció—. Perteneces a la división Percherones —anotó en una hoja el número que yo llevaba en la espalda.

> **Yo era siempre el que corría en solitario al final.**

Supongo que debí preguntarle qué significaba pertenecer a la división Percherones, pero no lo hice.

La carrera empezó poco después.

Casi todos salieron disparados delante de mí y otros me rebasaron en el camino. Sin embargo, al menos una docena caminaba en vez de correr, así que tuve la certeza de que no ocuparía el último lugar.

La pista no fue fácil. Gran parte de ella era cuesta arriba. Además, el día de la carrera, jueves 4 de agosto de 1988, la temperatura llegó a 33 grados en Pittsburgh. Y esa tarde, al comenzar el evento, no había refrescado aún y había mucha humedad.

Aunque la carrera era de sólo 3 kilómetros, unos voluntarios tendían vasos de agua a los corredores. No tomé ninguno; temí perder el ritmo, que el agua bajara por el conducto equivocado o que yo dejara de correr.

Terminé con un tiempo de 22:21. El ganador fue Dan Driskell, de treinta y siete años, de Mt. Lebanon, quien llegó en 10:20.

Para poner esto en perspectiva, Driskell concluyó la carrera un minuto antes de que yo llegara a la mitad.

Como ya dije, nunca fui un velocista.

Cuando llegué a la meta, había cerveza gratis para todos los mayores de veintiún años. ¡Jamás una cerveza me supo tan buena!

Mientras la bebía, alguien con un micrófono no cesaba de repetir en la línea de meta:

—¡Quédense a la ceremonia de premiación, que está por empezar!

En esa ceremonia se anunció como ganador oficial a Dan Driskell, quien recibió un trofeo. También recibieron el suyo la mujer que llegó en primer lugar y el campeón y campeona del Borough of Mount Oliver, así como los campeones mayores de cuarenta.

Llegó entonces el último premio, para el primer lugar de la categoría de más de 90 kilos, la división Percherón. Y en ese instante pronunciaron mi nombre.

Aunque esto me tomó por sorpresa, no perdí la compostura. No me desmayé, lloré ni nada por el estilo.

Me acerqué a la mesa y recibí un trofeo. La gente aplaudió. Mi esposa, mi pequeña bebé y mi hijo, de cuatro años, estaban presentes en ese magno acto.

Cinco minutos más tarde, encontré a mi amigo Jim.

—Agradezco mucho este trofeo, Jim, pero ¿cuántas personas hubo en la división Percherones?

Abrió un fólder y buscó entre una docena de hojas, con los nombres de los participantes y los resultados. Por fin halló la hoja de los Percherones.

—Dos personas —respondió.

—¿Nada más dos? —exclamé—. ¿Esto significa que sólo vencí a una?

—Sí —contestó entre risas y yo también reí.

Supongo que la moraleja de esta historia es que no todos podemos ser Percherones, y menos aún el Percherón *ganador*.

~Steve Hecht

El poder del ¡SÍ!

Abraza el cambio

*La continuidad nos da raíces y el cambio, ramas.
Permite que nos extendamos, crezcamos
y alcancemos nuevas alturas.*

~PAULINE R. KEZER

Cuento de hadas
en Australia

Si te aceptas como principiante, en todo momento
aprenderás cosas nuevas. Si lo consigues, el mundo se
abrirá por entero para ti.

~BARBARA SHER

Un sujeto golpeaba desesperadamente la ventanilla de mi auto para llamar mi atención.

—¿Se encuentra bien? ¿Se encuentra bien?

Aunque me daba vueltas la cabeza y estaba un poco aturdida, bajé el cristal.

—Sí, estoy bien. ¿Qué ocurrió?

—¡Se estampó contra mi auto! —respondió agitado—. Giró desde el carril izquierdo y se impactó en mi cajuela. ¡Gracias a Dios está bien!

—Supongo que me dormí —lo miré en un estado de pasmo, todavía atontada y confundida.

—Quédese aquí —dijo—. Llamaré a la policía.

Mi auto estaba varado en la orilla de la autopista I-95 South, al norte de Boca Ratón, Florida, donde yo vivía. Eran las tres de la mañana y minutos antes me dirigía a casa tras haber prestado un servicio de emergencia; un paciente había sufrido un infarto mientras se le practicaba una cateterización cardiaca para aliviar una angina severa. Esto es lo que los anestesistas llamamos un "desastre de labcat". Luego de tres horas de recibir respiración asistida continua, el paciente fue trasladado a la unidad de terapia intensiva. Mi labor había concluido y estaba agotada.

Lo último que recordaba era que manejaba a 145 kilómetros por hora sobre la autopista. Me acordaba de que había rebasado a un vehículo en el carril izquierdo… pero nada más. Ahora me hallaba en mi accidentado BMW 325i al costado del camino y contemplaba el horror de mi situación y mi reciente roce con la muerte.

Ésta no era la vida que había imaginado para mí. Menos de dos años después de que inicié mi carrera como anestesista cardiaca, ya quería tirar la toalla. Trabajaba más de setenta horas a la semana con un cirujano mediocre y arrogante que padecía un grave complejo de Dios. Pasaba mi tiempo libre con mi novio alcohólico y dos gatos. Vivía en un departamento en la playa con vista al Intercoastal Waterway en la pequeña ciudad de Nueva York en el sur de Florida, donde pinzones congestionaban las calles de octubre a abril y los edificios rosas eran tan comunes como la maleza.

> **Era una vida sencilla y mi corazón había dejado de correr.**

Estaba exhausta, estresada y desencantada. Había llegado la hora de que reevaluara las cosas e hiciera un cambio.

Tres meses más tarde, ya había hecho las maletas, mis gatos tenían otro hogar, mis pertenencias personales estaban bajo resguardo y había vendido mi BMW. Mi guitarra, laptop, dos maletas y yo íbamos camino a Australia, con la ilusión de empezar de nuevo.

Nunca antes había viajado tan lejos, y mi corazón se aceleró cuando abordé el jumbo de Qantas con destino a Cairns, en Far North Queensland, Australia. Ubicada 1,500 kilómetros al sur del ecuador, esa hermosa comunidad costera adyacente a la Gran Barrera de Coral sería mi hogar los doce meses siguientes. Había sido contratada como anestesista en el Cairns Base Hospital del país de los koalas, los canguros y los diez ejemplares más mortíferos de igual número de especies, ¡desde serpientes y arañas hasta tiburones y las medusas venenosas irukandji! Mi único contacto previo con esa nación había sido la película *Crocodile Dundee*, en la que el cazador de cocodrilos Steve Irwin asombró al mundo con sus locas ocurrencias y exclamaba "¡Caramba!" durante sus enfrentamientos con cocodrilos.

En el aeropuerto me recibió un hombre barbado y gigantesco que vestía una camisa de mezclilla de manga corta con las axilas manchadas de sudor, pantalón corto y unas sandalias ligeras que apenas cubrían sus sucios pies. Su desenfadada y estruendosa voz era hospitalaria y cordial, y cuando se presentó como mi supervisor quedé gratamente sorprendida. En Boca no se veían cosas así.

Mientras avanzábamos del lado izquierdo sobre avenidas flanqueadas por palmeras en dirección a mi nuevo departamentito frente al hospital, reímos mucho en tanto tratábamos de descifrar nuestros respectivos acentos. Pronto me instalé en mi cama y dormí las veinticuatro horas siguientes. Gracias a esto, mi revuelto cerebro se libró de todo el estrés y la agitación: el accidente, el trabajo, mi relación, la fatiga crónica… Dejé que todo se esfumara al tiempo que entraba a un sueño maravilloso arrullada por las cigarras y las cucaburras.

Pasaron cuatro meses y por fin me sentía tranquila de nuevo. Pese al temor y ansiedad que había sentido por haberme mudado a un país que no conocía, tenía los pies bien puestos sobre la tierra. En un corto lapso me hice amiga de las enfermeras de la sala de operaciones, con quienes cada semana disfrutaba de una taza de té en las cafeterías locales, y los fines de semana de parrilladas en sus casas con sus familias. Visitaba la selva, escalaba montañas, buceaba en el Mar del·Coral y escribía canciones con otros jóvenes médicos. Más de un fin de semana elegía la soledad y el silencio y caminaba por la playa, a unos pasos de mi puerta. La claridad y la paz acariciaron mi alma en ese periodo. Aquélla era una vida sencilla y mi corazón había dejado de correr.

Una noche, mi mejor amiga me preguntó en nuestra cafetería favorita:

—¿Aún no has salido con un australiano?

Todos rieron y yo enrojecí, pero la respuesta fue un definitivo "no". Ésa no era la causa de que me hubiese mudado a su país. Con todo, mis amigos me alentaron a que me divirtiera un poco, así que ¿por qué no? Seguí su consejo y tres semanas más tarde ya tomaba un café con un encantador hombre rubio de ojos azules y el acento australiano más suave y exquisito que hubiera escuchado jamás. Me mostró fotografías de su casa y finca, de poco más de una hectárea de extensión, que alojaba un vivero y arbustos nativos. También tenía un pastor ganadero australiano llamado Diddles y un arroyo que atravesaba su jardín. Triunfador por mérito propio, vivía entre plantas y buscaba al amor de su vida, con quien pudiera compartir todo eso. ¿Quién habría podido resistirse a una invitación así?

Dos días después nos reunimos en un poblado a medio camino entre Cairns y su ciudad natal, Cardwell. Me llevó a una cueva arenosa y solitaria ¡donde preparó la más deliciosa parrillada en la playa que una chica podría soñar! El menú consistió en camarones, bistecs, cebollas, papas, algunas latas de cerveza e inmensas y jugosas naranjas de postre. Vimos ponerse un ardiente sol y salir la brillante luna, y pasamos varias horas bajo las estrellas en tanto explorábamos la vida de cada cual.

Éste no había sido el plan cuando, en un arranque de fe, dejé mi patria meses antes, pero sucumbí con gusto a ese idílico estilo de vida y me enamoré. Cinco meses más tarde, mis amigos australianos asistieron a una boda en un jardín en la ciudad montañosa de Yungaburra, un cuento de hadas hecho realidad. Dos años y dos bebés después, me sentía bendecida por haber sobrevivido al accidente que cambió mi vida y me motivó a volver a empezar al otro lado del mundo.

~Shari Hall

Cálida y conocida

Las perlas no yacen en la playa. Si quieres una,
tendrás que buscarla en el fondo del mar.

~PROVERBIO CHINO

Cuando mi madre murió, me di cuenta de que había incumplido las dos promesas que le hice: una, que no moriría sola, y dos, que yo viviría al máximo. Fallé miserablemente en la primera, y en cuanto a la segunda, ¿cuántos de nosotros la cumplimos? ¿Cuántos corremos riesgos y nos atrevemos a pisar donde los demás no se aventuran?

Todos tenemos responsabilidades, así que cuando le dije a mi madre que viviría al máximo, una parte de mí sabía en el fondo que era mentira. De hecho, su muerte me dejó aturdida. Tenía dos hijos y cada día satisfacía las obligaciones de un ser humano normal, pero sabía que era un caparazón.

Trabajaba como asistente en una cárcel y cada noche volvía con mi familia a un pequeño departamento en la ciudad. No era gran cosa, pero la renta estaba a nuestro alcance. Y aunque los ruidos y olores de la vida urbana subían por la escalera, nuestra casa estaba decorada como una cabaña en una playa remota. Marinas cubrían las paredes, conchas eran nuestros adornos principales e incluso teníamos un pequeño letrero de madera que decía "Vida de playa".

Dedicaba mis días a forjar una vida nueva al tiempo que cumplía mis responsabilidades.

Por desgracia, esas responsabilidades conllevaban un alto grado de desesperanza. Mi oficina se ubicaba en el ala de la prisión que alojaba el centro de salud. Los internos acudían a él en busca de remedios para toda clase de afecciones, desde picaduras de araña hasta síntomas de abstinencia. Fue así como conocí a un interno que poseía un extraño atractivo. Tenía siempre un aire de tristeza, aunque decía cosas positivas. Me hablaba de los errores que había cometido y aseguraba que, por encima de todo, deseaba volver a empezar. Quería vivir en paz. Anhelaba ver salir de nuevo el sol, comer un mango en la playa y besar a una chica en el asiento trasero de su convertible. La mayoría de los reclusos hablaban de grandes sueños y esperanzas, pero no les creía. En cambio, daba la impresión de que este chico tenía un plan sólido, más allá del de comer mangos. Y a diferencia de los demás, parecía saber lo que había hecho mal y estaba dispuesto a corregirse.

> **Dedicaba mis días a forjar una vida nueva al tiempo que cumplía mis responsabilidades.**

Me llené de alegría el día que fue puesto en libertad. Se había prometido cambiar y juró que no volvería a verme jamás.

Cuando se marchó, sentí una punzada. ¿Era tristeza o envidia? Pese a que yo salía cuando quería, cuando me marchaba no dejaba de sentirme atraída por ese obsesionante lugar. Envidiaba a los internos que salían y jamás regresaban.

Pero no cesaba de hacer lo mismo todos los días. Iba a trabajar, y cuando regresaba a mi estrecho y pequeño departamento soñaba con una vida diferente en medio de mis conchas marinas.

Un día invité a cenar a unos amigos. No fue nada del otro mundo, ni un cumpleaños o fiesta, sólo una reunión de amigos que disfrutaban de su mutua compañía y una botella de vino. Reímos y bromeamos acerca de nuestros planes para el verano.

Una amiga dijo:

—¿Qué importa lo que planeemos? Este departamento es lo más cerca que Erin llegará a la playa en toda su vida.

Todos rieron, y yo sonreí mientras estaba furiosa por dentro, en gran medida porque sabía que ella tenía razón. Que yo había renunciado a vivir de verdad.

Volví al trabajo, a los confinamientos, uniformes rojos y paredes de tabicón con apenas unas diminutas ventanas que dejaban entrar la luz. ¿Era tan malo que viviera de ese modo? Tenía un empleo estable y un techo que me cubría. Y aunque algunas noches el tráfico no nos dejaba dormir, eso no importaba; ya estábamos acostumbrados.

Un día lo vi en compañía de otros internos, que reía en tanto esperaban su turno para salir al patio.

Era él, y ver que reía me sacudió. Verlo de nuevo en la cárcel fue una sensación devastadora para mí.

Permanecí inmóvil durante minutos que parecieron horas; miraba su despreocupación pese a que estaba encarcelado de nuevo. Cuando me vio, sonrió, agitó la mano y se acercó a saludarme con una sonrisa de oreja a oreja.

—¿Cuándo regresaste? —le pregunté.

—Hace unos días —contestó—. ¿Me extrañaste?

—Creí que jamás volvería a verte.

Se encogió de hombros y se acercó un poco más.

—Mi vida es una porquería —me dijo—. Una absoluta porquería. Nado en ella las veinticuatro horas del día. Pero el asunto es éste: que es mi porquería. Y lo curioso de la suciedad es que, aunque apeste, es cálida, ¿cierto? Cálida y conocida.

Ahí estaba. Esa verdad explicaba por qué él y todos los demás en este planeta no abandonan nunca su rutina. Por qué evitamos los riesgos y no nos aventuramos. Porque, aun en medio de la porquería, es nuestra, cálida y conocida.

Esa breve conversación con él me hizo cambiar. Decidí que, aunque desgarradora, la muerte de mi madre era un recordatorio eficaz de que la vida es preciosa y no debemos desperdiciar un solo segundo de ella. Decidí que había llegado la hora de que saliera de mi porquería y siguiera adelante. Dejé mi empleo sin saber adónde iría, empaqué nuestras pertenencias y me mudé a la playa.

Fue un buen paso para vivir como en verdad quería. No sabía lo que haría o adónde iría, pero al menos actué con la mirada puesta en el mar.

~Erin Hazlehurst

12

Caldo de Pollo
para el Alma

En el futuro

La educación no consiste en llenar una olla
sino en encender una hoguera.

~W. B. YEATS

En virtud de que su hermana tenía hábitos obsesivo-compulsivos, mi madre hacía hasta lo imposible por diferenciarse de ella. Desde niñas, su hermana menor se imponía un régimen estricto y ordenado, cuando mamá carecía de toda disciplina, para disgusto de su metódica madre.

Cerca de cumplir setenta años, mamá era otra. Atrás había quedado la época en la que experimentaba con nuevas recetas o salía a explorar tiendas desconocidas. Pese a sus numerosos hijos, en ese entonces hallaba tiempo todavía para tomar clases de decoración de pasteles y aprender el arte de la costura y el bordado japoneses. Le gustaba viajar y probar comidas exóticas. Ahora, en cambio, anhelaba su cómoda rutina de avena con fruta en las mañanas, el periódico todos los días y sus programas de televisión por la noche. Más allá de las visitas de sus nietos, no tenía vida social, y nos preocupaba que su esfera se redujera cada vez más. Aunque yo compartía estas preocupaciones con mis hermanas, pensábamos que ese retraimiento y alejamiento formaban parte del proceso de envejecer.

El mundo alrededor de mi madre evolucionaba rápidamente, pero como ella vivía con la familia de mi hermana no tenía ninguna necesidad de aprender a "operar" nuevas herramientas o aparatos para ponerse al día. "Cambia de canal, por favor." "¿Qué control remoto es éste?" "Ayúdame." Todos la complacíamos con gusto, hasta que descubrimos que había perdido interés en hacer las cosas por sí misma.

Mi hermana le compró un teléfono celular, con el que se entendió fácilmente gracias a que todo se reducía a oprimir botones como en un aparato fijo. Le encantaba hablar con nosotras dondequiera que estuviera, aun cuando dábamos por descontado que no nos devolvería la llamada si le dejábamos un mensaje. La recuperación de éstos implicaba más pasos de los que a ella le interesaba aprender.

—Si alguien quiere hablar conmigo, que llame de nuevo —sentenciaba.

Protestaba si le enseñábamos a usar las funciones adicionales del teléfono, o del control remoto del DVD o la televisión por cable.

—¡Olvídenlo! ¡Es muy confuso!

Apartaba la mirada de lo que le mostrábamos. Ni siquiera toda la persuasión del mundo habría sido capaz de convencerla de que probara algo nuevo, aun si le decíamos que podría ver *Hawaii Life* y otro programa local al mismo tiempo si usaba el control remoto del cable.

Un día la comparé con su hermana, quien se negaba rotundamente a aprender a usar un celular, una computadora o incluso un nuevo electrodoméstico. Apenas tres años menor que mamá, mi tía había renunciado a manejar desde décadas atrás y delegaba en su esposo la lectura de la documentación de impuestos y los manuales de los aparatos. Pese a que tenía cable, veía nada más los tres mismos canales de siempre. Sana de cuerpo, su mente daba indicios de un deterioro prematuro. Ya fuera a causa de una rivalidad con su hermana o del temor a que se pareciera a ella, cuyo riguroso horario le irritaba, el hecho es que a partir de entonces mamá puso más empeño en hacer uso cabal de la tecnología. Supongo que comprendió que lo correcto era forzar al cerebro para que aprendiera cosas nuevas, aun si esto implicaba un poco de esfuerzo y frustración.

El día que recibió sus nuevos aparatos para el oído, escuchó con atención las explicaciones del audiólogo sobre cómo cambiar las baterías. Llegado el momento de hacerlo, yo manipulaba las piezas con torpeza y ella exclamaba:

—¡Puedo hacerlo!

Y lo hacía. Mi sorpresa sólo se equiparaba con su orgullo.

Un día le pidió a mi hijo que le enseñara a usar la computadora. Copropietario de un negocio de tecnología de la información, él podría introducirla en el empleo de los dispositivos que quisiera. Luego de cierta resistencia preliminar, por fin se sentó al teclado mientras él le enseñaba pacientemente a iniciar sesión y teclear la contraseña que le había asignado.

De repente, mamá estaba en contacto otra vez con sus amigas de la preparatoria en Hawái. Le contestaban sus correos, se escribían a diario y hacían planes de reunirse en Las Vegas, algo que aquéllas hacían cada año. Su mundo se amplió de nuevo conforme aprendía a visitar diferentes páginas web, y le encantaban las recetas y noticias "de casa" a las que tenía acceso con un solo clic en el ratón. Más tarde me enteré de que ya bajaba los videos adjuntos que le enviaba su hermano, quien vivía lejos, y que buscaba en Google información médica sobre su más reciente hipocondría.

A menudo oía que mi hijo hablaba con ella en su celular y la guiaba una vez más para que iniciara sesión o le recordaba su contraseña, que ella "había anotado en alguna parte". Contestaba muchas de sus llamadas de servicio, a fin de reinicializar la conexión con cable, conectar una impresora o ajustar el tamaño de la pantalla para que ella no forzara la vista.

> Supongo que comprendió que lo correcto era forzar al cerebro para que aprendiera cosas nuevas.

—¡Aprende a usar la computadora! —reprendía a su hermana—. Te enterarás de muchas cosas. ¡Recibirías el *Honolulu Star Bulletin*!

Obstinada por naturaleza, su hermana se negaba y mi madre chasqueaba la lengua.

—¡Qué lástima! —decía—. Ella se lo pierde.

Resultaba muy grato saber que mamá ya no se perdía de nada. Me gustaría afirmar que esto le salvó la vida, pero al menos se la cambió y la mejoró. Esto me hizo reflexionar acerca de mis hábitos. ¿Aprendía todavía cosas nuevas? Aunque más variada que la de mi madre, mi vida no carecía de rutinas, en el hogar y el trabajo. Mis pasatiempos eran entretenidos, pero tampoco me animaban a aprender algo nuevo.

Mi familia y yo evaluamos nuestra situación y nos percatamos de que no aprendíamos nada nuevo. Cuando inspeccioné el jardín, me inquietó descubrir que las hojas del aguacate tenían las puntas oscuras. En el pasado, le telefoneaba a un experto que nunca me devolvía la llamada y pronto olvidaba el predicamento del árbol. Ahora, un par de búsquedas en Google me señalaron que era probable que la sal del fertilizante, que yo había utilizado de modo incorrecto, lo hubiera quemado. Cuando se lo comenté a mi esposo, se me ocurrió que, en lugar de contratar "expertos", nosotros podíamos serlo con la información disponible. Fue así como encontré en internet un curso de maestría en jardinería del Departamento de Botánica de la Oregon State University. ¡La primera clase era gratuita!

Por su parte, mi esposo había pensado contratar a alguien que empotrara las lámparas de la cocina y cableara algunos muros para que fuera posible instalar varias pantallas de televisión.

—Aprenderé a hacerlo —dijo.

Le recordé que una amiga mía tomaba clases de electricidad, así como para hornear panes artesanales y cambiar el aceite, la batería y los frenos de su automóvil.

Ambos creíamos que la información que se obtenía en internet —que de tan repetida parecía veraz— nos exentaba de realizar estudios serios, cuando lo cierto es que la búsqueda de conocimientos más profundos produce una satisfacción enorme. Los dos experimentamos una emoción que no habíamos sentido en mucho tiempo, similar a la que tienen los aspirantes que sueñan con su primer día en la universidad. Era inconfundible: ¡nos sentimos jóvenes de nuevo!

En ocasiones es preciso que algo nos sacuda. Cuando mamá salió por fin de su zona de confort, nos enseñó a todos a seguir creciendo.

~Lori Chidori Phillips

13

Caldo de Pollo para el Alma

Bajar del bote

*¿Deseas estar seguro y protegido o correr
riesgos y ser grande?*

~JIMMY JOHNSON

—Los alumnos de preparatoria no estiman a sus maestros, mamá. No serás feliz en esa escuela.

A mi hija le preocupaba mi decisión de dejar de dar clases en cuarto grado —un puesto que había ocupado y amado durante once años— para impartir ahora el curso de literatura inglesa en la preparatoria. Y ella no era la única que tenía dudas.

—¿No estás demasiado madura para hacer un cambio así? —me preguntó Mary en el teléfono. Reí, tartamudeé una respuesta y colgué lo más rápido que pude.

¿Estaba cometiendo un error terrible? ¿Debía llamar al director técnico para decirle que no asumiría mi nuevo cargo? Recordé entonces el último año y supe que esa permuta no podía ser una equivocación.

El pasado mes de agosto, la señora Haley, directora del plantel, había lanzado un desafío durante una sesión de maestros.

—¿Se bajarán del bote? —inquirió—. ¿Qué significaría eso para ustedes? —se refería al episodio del Nuevo Testamento en el que el apóstol Pedro mostró su fe y caminó sobre el agua—. Aunque titubeó al final, Pedro fue el único de los discípulos que caminó sobre el agua. Y lo hizo porque se bajó del bote. Quizá sea hora de que ustedes hagan este año algo audaz.

Al salir de la sala de juntas, la señora Haley nos tendió a cada uno de nosotros una lanchita de plástico, para que nos recordara que debíamos ser osados en la planeación de nuestras lecciones y el estudio de nuestras unidades. Sin embargo, yo tenía en mente un paso más ambicioso aún. Desde que había obtenido una maestría en inglés cuatro años antes, algunos padres de nuestra pequeña escuela me habían exhortado a que me trasladara a la preparatoria. El jefe del departamento de inglés me preguntaba con frecuencia si estaba interesada en ese cambio, pero yo me sentía feliz en el cuarto año. Me agradaba el entrelazamiento de temas tan distintos; apreciaba mucho la lectura en voz alta que les hacía a mis alumnos en los silenciosos minutos posteriores al receso; me gustaban la unidad de los océanos, las matemáticas en la mañana y el estudio de los mapas. Pero, sobre todo, ¡adoraba a los estudiantes de cuarto grado!

Aun así, me atraía mucho la idea de que dedicara mis lecciones a hablar de la gran literatura, ver que mis alumnos desarrollaran su capacidad para escribir y sostener con ellos profundas conversaciones sobre temas complejos. Imaginaba lo grato que sería despedirlos en la puerta del aula en lugar de tener que llevarlos en fila hasta el comedor.

Pese a todo, no me decidía a actuar. Un día tras otro, en tanto el invierno daba paso a la primavera, veía el botecito de plástico y pensaba que tenía que salir de mi zona de confort. Al final seguí el ejemplo de Gedeón, uno de mis personajes favoritos del Antiguo Testamento, e ideé un "vellocino". Si mi cambio a la preparatoria era lo correcto, no dependería para hacerlo de las opiniones de los padres u otros maestros; esperaría a que un administrador me lo pidiera.

A fines de abril participé en una reunión de profesores de primaria. Mientras la directora hablaba de las actividades de fin de año y los viajes de campo, vi que el señor Turner, director de la preparatoria, me hacía señas desde el pasillo. Desconcertada, salí en silencio.

Me invitó a sentarme a una mesa próxima y no se anduvo con rodeos.

—Acabo de enterarme de que tiene una maestría en inglés —me dijo.

—Así es.

—¿Le interesaría dar clases en la preparatoria?

¿No era ésta la señal que esperaba? Debí haber respondido de inmediato que "sí", pero nunca me ha sido fácil aceptar el cambio.

—Lo pensaré. Deme hasta después de la graduación y le avisaré.

Se mostró generoso.

—Nos daría mucho gusto que se integrara al profesorado de la preparatoria.

Cuando se marchaba, me volví hacia él y le dije:

—Estoy muy contenta en cuarto grado. No deje de buscar a otra persona.

No obstante, la semilla estaba sembrada. Pese a la dicha que me procuraban mis clases de cuarto grado no cesaba de pensar en el curso de literatura inglesa de la preparatoria. Observaba a los estudiantes de ese nivel. Los veía a su salida de la cafetería. Su energía y la facilidad con que reían me fascinaban. Muchos de ellos habían pasado por mi aula años atrás. Imaginaba que los trataba otra vez. Cuanto más pensaba en un nuevo comienzo, más me emocionaba. ¡Tenía que hacerlo!

Un día después de la graduación le llamé al director técnico, quien tomaba las decisiones finales de contratación, y le dije que aceptaría el puesto. Para mi gran sorpresa, vaciló.

—Ya se lo ofrecimos a otra persona —admitió—. Venga a mi oficina para que hablemos.

Aunque de camino a la escuela intenté relajarme, la cabeza me daba vueltas. ¿Qué tal si, en definitiva, no había un sitio para mí? ¿Regresaría a cuarto año? ¿Me sentiría a gusto ahí una vez que había decidido cambiar?

—El señor Turner pensó que no deseaba el puesto —me explicó el director técnico—. Dijo que sus últimas palabras fueron que buscara a alguien más.

Eso dije, pensé, *pero también que me diera tiempo hasta después de la graduación*. Era inevitable que me sintiera traicionada.

—Es cierto —respondí—. No pensé que hallarían tan pronto a otro candidato.

—Si se le transfiere a la preparatoria dejará una vacante en la primaria —explicó—. Consultaré al consejo para saber qué recomienda.

Esta vez fui yo quien debió esperar. Aproveché ese lapso para descansar —algo que me hacía mucha falta—, ocuparme del jardín y ponerme al corriente en las tareas domésticas que había descuidado durante el año escolar. Mientras quitaba la maleza y limpiaba las ventanas, recordé los meses que había dedicado a mi posgrado, y que en la biblioteca soñaba con que enseñaría lo que tanto me gustaba y me preparaba para mi nuevo empleo. Éste ahora estaba a mi alcance. Deseaba más que nunca la oportunidad.

Días después recibí la llamada del señor Patrick. Contuve la respiración en lo que esperaba a que entrara en materia. No tardó mucho en hacerlo.

—Nos gustaría ofrecerle a usted el puesto de la preparatoria —anunció.

La alegría que sentí en ese instante demostró que había tomado una buena decisión. Cuando mis hijos y amigas trataron de disuadirme, dudé un poco, pero no cedí.

Doce años más tarde, todavía amo mi trabajo. Quizá sea cierto que los estudiantes de preparatoria no expresan su cariño con tanto entusiasmo como los niños de diez años, pero tienen sus propios modos de mostrar aprecio y yo lo experimento cada día.

> La alegría que sentí en ese instante demostró que había tomado una buena decisión.

La emoción que experimento cada mañana cuando subo las escaleras, saludo a los alumnos de último año que aguardan afuera de la biblioteca y abro la puerta al final del pasillo es una confirmación incesante de que "bajar del bote" fue un cambio positivo. Suena la primera campanada y las bancas de mi aula comienzan a ocuparse. Una sensación de ilusión se extiende por todas partes.

—¿Qué haremos hoy? —pregunta alguien, y sé que me encuentro en el lugar indicado.

~Sherry Poff

14

En las alas del cambio

*Las alas no son sólo para las aves, también
para las mentes. El potencial humano se detiene
en un punto más allá del infinito.*

~TOLLER CRANSTON

En 2010 mi suegra me regaló su sencillo pero elegante "escritorio de secretaria". Me encantó que me lo cediera, y pronto me encariñé con ese mueble cargado de añoranzas, porque me inspiraba y servía en las primeras fases de mi trayectoria literaria.

El antiguo escritorio cupo fácilmente en la minúscula estancia situada en lo alto de la escalera. Cada vez que me sentaba a él e iniciaba una nueva sesión de creación literaria, me sentía cómoda, protegida y segura. Pero pese a su atractivo, su limitada capacidad me forzaba a esparcir libros y carpetas en el reducido espacio a mi alrededor. Aficionada al orden, después de cada sesión reunía meticulosamente los dispersos instrumentos de mi oficio y los colocaba en un anaquel o los metía en uno de los tres cajones del escritorio hasta la sesión siguiente. Como soy por igual un animal de costumbres, repetí este proceso cientos de veces, a semejanza del bateador que en home sigue siempre el mismo proceso cuando se prepara para responder el primer lanzamiento.

Asumí este protocolo como la forma en que adoptaba y abandonaba la actitud para escribir. De manera inconsciente, me convencí de que el escritorio y mi rutina eran mis amuletos de la suerte y de que los necesitaba para tener éxito.

Varios años después de que puse en marcha mi carrera literaria nos mudamos a una residencia más grande, con lo cual adquirí mi propio despacho. En más de una ocasión, mi esposo, Bill, ofreció comprarme un escritorio nuevo para mi despacho, pero yo lo ignoraba.

Un día nos detuvimos en la tienda de artículos de oficina y él me condujo al fondo del almacén, donde había encontrado un escritorio que juzgó ideal para mí.

—Quiero comprártelo, cariño. Mi autora necesita un escritorio más grande —me abrazó—. Sabes que lo mereces. Además, un escritorio más grande representa posibilidades más grandes.

—¡Pero no quiero un escritorio más grande! —me enderecé y retrocedí—. Me gusta mi pequeño escritorio.

—No entiendo. ¿Por qué no quieres uno grande? —corrió a mi lado—. ¿Temes algo? ¿Qué es? Puedes decírmelo.

—¿A qué te refieres? No le temo a nada. ¿Por qué lo dices? —crucé los brazos y lo miré a los ojos—. Como ya te dije, mi escritorio me gusta mucho. Estoy satisfecha con él; me inspira. Además, acabamos de mudarnos; ya han sido cambios suficientes. Tener un escritorio más grande interferirá en mi fórmula secreta para escribir. ¡Así que no vuelvas a sugerírmelo!

> **¿Bill tenía razón?**
> **¿Le temía a algo?**

No lo hizo.

Semanas después, mientras trabajaba en mi nuevo despacho, miré a mi alrededor los fólderes, libros y papeles regados en el suelo. Revisé varias pilas y no encontré lo que necesitaba para cumplir la fecha límite de un concurso. Mi corazón se aceleró y gotas de sudor perlaron mi frente. Me recosté en mi silla, respiré hondo y miré de nueva cuenta a mi alrededor. La habitación devoraba literalmente el diminuto escritorio, lo hacía parecer insignificante y fuera de lugar. Quizá yo necesitaba un escritorio más grande. ¿Bill tenía razón? ¿Temía algo?

Incapaz de escribir más, cerré mi laptop, me levanté y me puse a dar vueltas por la habitación, para mirar los reconocimientos, premios y copias de cheques que había enmarcado y colgado en la pared. Cuando empecé a escribir, jamás imaginé el éxito que tendría. Cada uno de esos recuerdos representaba un momento emocionante o un paso significativo en mi carrera como escritora. El éxito que había alcanzado me emocionaba y me hacía sentir satisfecha.

Cerré los ojos y rememoré el temor y vulnerabilidad que a veces sentía en mis inicios. Cuando me sentaba a trabajar, era común que no supiera qué iba a escribir o adónde me llevaría mi destino literario. No obstante, en esos primeros años aprendí a aceptar la ambigüedad y la incertidumbre.

Sonreí, regresé a mi silla y tomé del librero *All Things Dance Like Dragonflies*, la colección de poemas de C. JoyBell C. A medida que lo hojeaba, las palabras de esta autora sobre la fe saltaron de la página a mi corazón. Decía que había aprendido a gustar de la sensación de que ignoraba qué rumbo seguía y a confiar en que si abría las alas y volaba en una dirección desconocida, las cosas saldrían bien.

Comprendí en ese momento que un escritorio más grande simbolizaba proyectos más grandes, posibilidades mayores, concursos más desafiantes, un paso de fe y el abandono de mi zona de confort.

Bill estaba en lo cierto, desde luego. Yo tenía miedo, miedo a forzar las complacientes alas de mis escritura para que se extendieran en su totalidad y emprendieran un nuevo vuelo. Así, cuando días después llegó mi magno escritorio, me senté a él, abrí mi laptop y desplegué mis alas, confiada en que serían capaces de llevarme a un lugar increíble.

~Sara Etgen-Baker

15

Del rock a las ventas

*Camina siempre por la vida como si tuvieras
algo nuevo que aprender y así será.*

~VERNON HOWARD

Cuando la gente se entera de que trabajé treinta años en el mundo de la música, su primera pregunta suele ser: "¿Conociste a estrellas famosas?".

¡Por supuesto que sí! Y también a estrellas tristemente famosas y roqueros poco célebres, así como a músicos de country, hip-hop, alternativos, de blues, de jazz, folclóricos y clásicos, entre otros.

La industria de la música era en verdad una fiesta interminable, estrafalaria, escandalosa, delirante, magnífica y acelerada, además de demandar mucho trabajo, aunque no lo creas. Aun si la noche anterior nos desvelábamos con el artista que acababa de llegar al #1 en las listas de popularidad, a la mañana siguiente teníamos que estar en nuestro escritorio a las ocho en punto, listos para analizar las cifras de ventas, redactar informes, contratar anuncios, procesar pedidos, poner en marcha campañas de ventas, comunicarnos con el personal y hacer en esencia lo que hace la mayoría de la gente cuando trabaja en las oficinas de una gran corporación.

Según la leyenda, el ramo de la música está lleno de sexo, drogas y rock & roll, pero cuando a mí me contrataron, tuve que firmar un documento que decía que tener sexo y compartir drogas con los artistas garantizaría mi entrada a las filas del desempleo. No me importó firmar ese papel; cuando me inicié en la industria, era la madre soltera de un chico de seis años. Por su bien y el mío, durante toda mi carrera mantuve el profesionalismo en mi trato con artistas, estaciones de radio, periodistas y distribuidores, lo que quizás explique que haya durado tanto tiempo en el medio.

Por encima de cualquier otra cosa, me encantaba mi empleo. Trabajar en la industria de la música era un sueño hecho realidad, y creí que me retiraría de ella cuando llegara el momento.

¿Quién iba a saber que la fiesta terminaría en forma tan abrupta?

En 1999, los archivos compartidos en internet ganaron terreno entre los aficionados. De repente, la música era gratuita. La mayoría de las tiendas de discos cerraron para siempre. Así, las disqueras ya requerían menos personal dentro y fuera de ellas. Muchos compañeros y yo fuimos liquidados entonces.

Por increíble que parezca, después de tres fabulosas décadas me quedé sin empleo. Tenía cincuenta y ocho años de edad y estaba obligada a reinventarme.

> **Estaba sola en un mundo en transformación, sin una brújula que me guiara ni una estrella que seguir.**

Dado que me gustaba escribir y había tenido cierto éxito como autora *freelance*, es lógico que haya ido a dar al periódico local, lo que en definitiva resultó desastroso. Aunque no me ofrecieron un puesto como reportera sino como representante de ventas, lo acepté, con la esperanza de que más tarde incursionaría en el área de mi interés. Desde el primer día me hice de enemigos: llegué a las instalaciones en mi flamante Jaguar dorado. El personal entero desconfió de mis intenciones y los vendedores protegieron celosamente sus esmerados territorios contra la odiada "Miss Jaguar". Por desgracia, la situación no mejoró nunca, así que me mudé a una editorial. Ahí también hallé un panorama muy distinto del que yo conocía, así que me sentí incómoda y fuera de lugar. Abandoné mi puesto varios meses después.

Luego de haber sido la niña prodigio de la industria de la música, ahora era una vieja marginada a la que nadie quería.

Mientras trataba de encontrar mi nuevo espacio, falleció mi madre, quien era mi principal defensora y animadora. Esto dejó en mi alma un gran vacío y me causó tal sufrimiento que apenas podía respirar.

Tras la muerte de mi madre, no sabía cómo proseguir. Mis padres se habían marchado, mi cabello encanecía, mi hijo era ya un adulto con su propia familia y yo estaba sola en un mundo en transformación, sin una brújula que me guiara ni una estrella que seguir.

Descubrí entonces el universo de las ventas.

Debía haber supuesto que esa área me atraería. En lugar de una casa de muñecas, de niña había tenido una tienda Sears, con pequeños mostradores rebosantes de mercancías y muñequitos de plástico que recorrían los pasillos.

Por fin conseguí trabajo en una tienda de descuento donde se vendía ropa para mujeres y hombres, artículos para niños, utensilios para el hogar y otras maravillas. Este empleo me vino como anillo al dedo, y por fortuna aún lo conservo.

Mis jefes son tan jóvenes que podrían ser mis hijos, pero les simpatizo y aprecian mi trabajo. Me encanta descargar los camiones. Adoro ordenar los exhibidores. Me fascina desempacar y acomodar prendas de vestir, platos, ollas, flores artificiales y velas. Soy muy buena para ayudar a los clientes; entiendo sus preocupaciones. Me gustan la agitación, el bullicio, los diez mil pasos de cada turno y el ejercicio que hago cuando enrollo tapetes pesados y cargo cajas gigantescas. El proceso entero, todo lo relativo a las ventas, me hace muy feliz, y a mi edad ser feliz es la meta por antonomasia.

Hace unas semanas, una amiga me preguntó si extraño la industria de la música. Sí y no. Mi empleo ahí fue grandioso mientras duró; me encantó trabajar con artistas y contribuir a su éxito. Pero eso sucedió hace mucho tiempo, y en ese entonces todos éramos muy jóvenes. Creo que ahora estoy justo donde debo estar y que disfruto de una nueva fase de mi vida, sin lamentos y con grandes aspiraciones. La verdad es que la vida no termina cuando cae el telón del primer acto. Ten la seguridad de que siempre habrá un segundo acto… y muchos más.

~Nancy Johnson

No hay mal que por bien no venga

Un hombre no descubrirá mares nuevos si no tiene el valor de perder de vista la playa.

~ANDRÉ GIDE

Corrí a contestar el teléfono. Esperaba esta llamada de mi esposo, quien estudiaba teología en una universidad a 1,500 kilómetros de mi ciudad. Ambos sabíamos que tendríamos que mudarnos cuando se graduara, así que ansiaba enterarme de cuál sería su primer destino.

—¿Adónde iremos? —solté.

—A Iqaluit —contestó con lentitud y vacilación.

—¿Adónde? —repetí.

Tropezó de nuevo con la pronunciación pero respondió:

—A Iqaluit.

Jamás había oído hablar de ese sitio, y menos aún pronunciado su nombre, así que le pregunté dónde estaba.

—En la isla Baffin —fue su respuesta.

—¿Qué? ¿En la isla Baffin? ¡Eso está en el Ártico, en el techo del mundo! ¡Es un área totalmente cubierta de hielo y nieve! —exclamé. Pensé que de seguro me estaba gastando una broma y añadí—: ¡Bueno, ya estuvo bien! Deja de tomarme el pelo y dime adónde iremos *en verdad*.

Repitió:

—A Iqaluit, en la isla Baffin.

No podía creer a mis oídos. La isla Baffin era el último lugar en la Tierra que querría visitar, ¡y menos todavía habitar! Estaba muy lejos y sólo podía llegarse a ella por vía aérea. No veía a mis amigos y familiares durante un año al menos, porque el costo del vuelo era prohibitivo. Yo había afirmado que iría adondequiera que Dios nos enviara, pero ¿a Iqaluit?

Tardé varios días en reponerme. Saqué el atlas, identifiqué el lugar y me enteré de que Iqaluit se encontraba en el flamante territorio de Nunavut, de dos años de antigüedad, situado en el extremo norte de Canadá. En ese entonces, aquella ciudad tenía más de seis mil habitantes, ochenta por ciento de los cuales eran inuits. ¡Por primera vez en mi vida pertenecería a una minoría en medio de una cultura distinta! ¿De verdad quería ir a ese sitio?

> La isla Baffin era el último lugar en la Tierra que querría visitar, ¡y menos todavía habitar!

En el fondo sabía que debía cumplir la promesa de que iría donde Dios nos enviara. Además, el obispo nos había dicho que nuestro compromiso duraría sólo un año.

Tenía tres meses para empacar y hacer todos los preparativos para la mudanza. Había días en los que la perspectiva de ver y hacer algo diferente me emocionaba, pero en otros no paraba de hablar sola. Después de todo, estaba por cumplir cincuenta y siete años. ¿No debíamos estar pensando en nuestro retiro en vez de emprender una aventura?

Mi esposo volvió a casa a mediados de abril y nos ocupamos juntos de los últimos detalles del traslado. Cada vez que tachaba un día en el calendario, mis temores crecían. ¿De verdad iba a hacer esto?

El vuelo estaba programado para el 1 de junio, y mi hijo y su esposa nos llevaron al aeropuerto. Viajamos con cuatro maletas que contenían pertenencias personales, además de nuestro perro fiel, de diez años de edad, y un gato, de diecinueve. No sin una pizca de ansiedad, partimos a una aventura.

Una vez en el aire, supe que no habría marcha atrás, me gustara o no. En el curso del vuelo, mis pensamientos no cesaron de volver a casa, y mi mente de reproducir las sollozantes despedidas de nuestros familiares y amigos. Dejarlos fue una de las experiencias más difíciles que haya tenido en la vida.

El avión aterrizó tres horas después. Cuando salí al aire fresco y miré el paisaje pensé que igual podía haber aterrizado en la luna. ¡Todo era muy extraño! Los hermosos árboles, jardines y lagos que me habían rodeado toda la vida eran reemplazados ahora por una tundra desierta. Era junio y en algunos lugares aún había montículos de nieve.

Cuando nos abrimos paso por la ciudad, pareció que atravesáramos la última frontera de Canadá. Unas cuantas tiendas salpicaban la avenida principal, no había semáforos y las aceras eran prácticamente inexistentes. Aunque era junio, la gente usaba parkas todavía. En menos de diez minutos llegamos a nuestro "hogar lejos del hogar", un departamento de 65 metros cuadrados en un segundo piso. En nuestros treinta y nueve años de matrimonio habíamos vivido siempre en casas con jardín. ¿Podría acostumbrarme a esto?

La mayoría de los inuits hablaban inuktitut. Sin embargo, la joven generación entendía el inglés y lo utilizaba en el trabajo. Así comprendí la razón de que a la gente le agrade conversar en su lengua materna; era un hecho que yo anhelaba escuchar el inglés. Todo era demasiado extraño.

Mi esposo se adaptó mucho antes que yo. Sentía nostalgia, y en numerosas ocasiones cuestioné qué hacía ahí. Como debía hacer algo, conseguí un empleo en el gobierno. El inglés era ahí el idioma escrito y hablado, de modo que empecé a aclimatarme.

De todas formas, tuve que "trabajar" para sentirme integrada. Me sentía presa entre mi casa y cualquier otro sitio y extrañaba terriblemente a mi familia. Ron volaba a menudo a otras comunidades y me dejaba sola varios días seguidos. Me sentía muy aislada cuando él hacía esos viajes, aunque sabía que su trabajo era importante para él.

Cuando cumplimos un año de vivir ahí, lo antes desconocido se había vuelto normal. Yo me sentía cada vez más a gusto con todo lo novedoso. Estar lejos de lo que conocía y amaba me dio la oportunidad de explorar dones y talentos que no sabía que tenía. Uno de ellos fue abrir en nuestra iglesia una pequeña librería cristiana atendida por voluntarios. Otras dos personas y yo invertíamos mucho tiempo ahí. Bautizamos la librería como Bendiciones.

Cuando el obispo nos preguntó si queríamos prolongar nuestra estancia, nos comprometimos a dos años más. Al final permanecimos cinco años, y aunque nunca acepté el clima y otros aspectos de la vida en el Ártico, acabé por amar a la gente y las tradiciones del norte. También aprendí mucho de mí misma. Las experiencias nuevas nos permiten aprender y crecer y abren la puerta a recuerdos que perduran toda la vida.

~Carolyn McLean

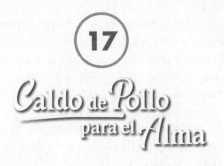

Mi historia real en Hollywood

Las mayores recompensas en la vida están fuera de tu zona de confort. Acéptalo. El riesgo y el temor son prerrequisitos si quieres disfrutar una vida de éxito y aventura.

~JACK CANFIELD

Llegué a Los Ángeles en 2005 sin el menor interés en ser actor. Para comenzar, era más viejo que la mayoría de quienes se inician en la industria del entretenimiento. Segundo, no había estudiado nada que me permitiera seguir esa carrera, ni lo he hecho aún. Suponía que mi apariencia no le interesaba a nadie, y tenía además un pánico escénico espantoso. Veinte años antes, mi esposa y yo habíamos participado en el rodaje de un episodio del *Ricki Lake Show* y me congelé literalmente frente a la cámara, así que tuvieron que concentrar la toma en ella. Parecía un ciervo ante faros, con ojos desorbitados y la boca fruncida. Por suerte, a mi esposa le encantó ser el centro de la atención y mi ridículo pasó inadvertido. Tomé así una decisión acerca de mi carrera ante las cámaras: la evitaría como la peste.

Entonces sucedió algo raro: conseguí trabajo como productor asociado de una película que recibió varias nominaciones al Oscar. Aunque no tenía la menor experiencia en la industria, el productor ejecutivo se arriesgó conmigo porque sabía conseguir dinero de los inversionistas.

Angels with Angles se estrenó en Hollywood seis meses más tarde y yo recorrí por primera vez la alfombra roja, en compañía de dos hermosas mujeres mucho más jóvenes que yo. Pese a que aquélla no fue una gran película y menos un éxito de taquilla, contaba con grandes estrellas del pasado, como Rodney Dangerfield y Frank Gorshin. Sin embargo, ambos murieron antes del estreno, así que hubo muy poca promoción para la cinta, aunque para mí como novato no habría podido ser mejor. Sentí el gusanito de la fábrica de sueños y seguiría ese sueño adonde me llevara, menos frente a las cámaras.

Después de ese estreno tuve que buscar otro trabajo y rápidamente conseguí uno en la película *Koreatown*. Era un filme con menos presupuesto pero que se estrenó de todas formas con alfombra roja, a la que tuve que asistir. También esta vez había gente bonita, y la atención que recibí como productor de Hollywood me encantó. Aun así, jamás sospeché que este suceso accidental daría lugar a una carrera como actor. Los años siguientes pasé de un empleo a otro, algunos de ellos en el cine y otros sin ninguna relación con él. Una vez que reunía los fondos para un proyecto, debía buscar trabajo, y no siempre estaban a disposición otra película o programa.

Durante la gran recesión era difícil encontrar lo que fuera, así que decidí hacer la prueba con programas de televisión sobre tribunales, porque pagaban bien y había muchos de ellos en la televisión. Esto me puso frente a las cámaras una y otra vez, y poco a poco me acostumbré a que me filmaran y hasta lo empecé a disfrutar. No obstante, ésa no pasaba de ser una manera divertida de ganarme la vida en una temporada difícil. Terminada la recesión, supuse que acabaría una vez más como productor detrás de cámaras.

Cuando la economía mejoró, sin embargo, supe que no había vuelta atrás para mí. Mientras tomaba un curso de creación literaria, el profesor publicó en el foro en línea de los estudiantes un mensaje para mí que decía: "Cuando ganes el Oscar, recuérdame en tu discurso de aceptación". Estas palabras me impactaron, porque aquél era mi primer curso de ese tipo y ya tenía más de cincuenta años. Que haya concluido el curso con cien puntos fue igual de impactante que ese mensaje. Sabía que era probable que tuviera talento como escritor, porque en algunos programas de tribunales se había utilizado mi trabajo, pero de todos modos ese comentario me dejó atónito.

Entonces sucedió lo que menos esperaba.

Cerca de mi departamento en Hollywood había un supermercado y debía atravesar el Paseo de la Fama para llegar a él. Ahí, mucha gente disfrazada de personajes del cine y la televisión se tomaba fotos con los turistas, a cambio de una propina. Al paso de los años, terminé por hacerme amigo de varias de esas personas. Un día en que regresaba de la tienda, tropecé con una de ellas, y una toma de un filme en Hollywood Boulevard. Mi amiga conocía a los productores y me preguntó si quería participar en la cinta. Necesitaban a alguien que hiciera el papel de un indigente sentado en una banqueta sobre el que una atractiva chica arrojaba billetes de un dólar. Como no tenía nada que hacer, acepté y tomé asiento encima de una estrella del Paseo de la Fama, frente al Grauman's Chinese Theatre.

> **Mi carrera actoral en Hollywood empezó con dieciocho segundos en un extraño cortometraje.**

El camarógrafo tomó su lugar y la chica caminó hacia mí. Tenía un puñado de dólares, que me lanzó mientras la miraba. La toma duró menos de un minuto y no fue necesario repetirla. Al final me puse de pie y tomé mi dinero. Meses más tarde recibí un correo con un link a la película *Monsanto Limes*. Mi carrera actoral en Hollywood empezó con dieciocho segundos en ese extraño cortometraje. Jamás sospeché lo que eso significaría para mí ni me enteré de la trama.

Decidí salir de mi zona de confort detrás de cámaras e intentar conseguir otras oportunidades de actuación. Ignoraba que la demanda de actores maduros era muy alta. Había tantos actores jóvenes que la competencia era muy intensa. La mayoría de ellos tenía otro trabajo que les permitiera cumplir su sueño, mientras que el caso de los actores maduros era muy distinto. La reserva de intérpretes era menor y abundaban las oportunidades de trabajo. Gracias a eso, hasta ahora he hallado muchos empleos en películas, programas, comerciales, infomerciales y videos musicales.

Incluso he modelado con regularidad. Este mes, en mi decimosegundo año en Hollywood, haré una sesión fotográfica para una compañía de ropa, cuyos productos usaré en mi cuarto estreno con alfombra roja. Mi currículum acumula ya cerca de trescientas producciones, noventa y cinco por ciento de las cuales se han filmado en los tres últimos años, como consecuencia de que decidí decir sí y vencer mi temor a la cámara. Fue así como descubrí una nueva carrera que me fascina.

~John Davis Walker

18

¿Quién es esa chica?

Un barco está a salvo en el puerto,
pero no fue hecho para eso.

~JOHN A. SHEDD

Me detuve en seco cuando vi mi reflejo en el espejo del baño. La cabellera plateada que brillaba ante mí me sacaba de balance todavía. Apenas un año atrás aún mostraba el intenso y lustroso color caoba de mi juventud, gracias a mi cita demasiado frecuente con el frasco de tinte. Y la verdad sea dicha, si hubiera sido capaz de detener el tiempo habría seguido siendo la morena imponente de mi juventud. No obstante, el año anterior había decidido que, si el cambio iba a venir —y era obvio que ya había llegado—, lo controlaría y no me limitaría a sobrevivirlo: prosperaría con él. Así pues, para disgusto de mis amigas, encanecí… a propósito. ¡Y qué glorioso plateado era éste, espeso, largo, suave y radiante! ¿Quién habría supuesto que debajo de tantas pretensiones aguardaba toda esa chispa?

Así que ahí estaba yo, apenas cumplidos los cincuenta y cinco años. El mundo me llamaba ahora "persona de la tercera edad". Podía obtener un descuento en el súper. Era esposa, madre y, sí, abuela. Pese a todo, me asombraba que los años hubieran pasado tan rápido. ¿Por qué nadie me había advertido que, cuando cruzamos cierta barrera, el mundo nos concibe de otro modo? Anuncios de ciertos medicamentos comenzaron a aparecer en mis portales de noticias. ¿Mi madre se había sentido así cuando cruzó esta línea? Contuve las lágrimas que me provocaba siempre el recuerdo de mamá, quien había fallecido cinco años antes. Cuando pensaba en ella, me ponía a hacer cuentas mentales. Cuando tenía cincuenta y cinco, yo apenas tenía diecinueve, y estaba recién casada y segura de que lo sabía todo. ¡Cuánto cambian las cosas con el tiempo! ¿Cómo dijo Bob Dylan en su canción "My Back Pages"? "Era entonces más viejo. Ahora soy más joven."

A últimas fechas, mi imagen en el espejo parecía burlarse de mí, como si preguntara: "¿Eso fue todo lo que lograste? Una vida cómoda. Un trabajo confortable. Ir y venir tranquilamente del trabajo todos los días. ¿Pasarás así el resto de tu vida: cómoda, a gusto y mortalmente aburrida?".

> **Encanecí...**
> **a propósito.**

Y estaba cómoda, en efecto. Aunque predecible, mi vida era satisfactoria. Aunque predecibles, tenía amigos muy valiosos. Mi esposo y yo cenábamos a la misma hora cada noche. Veíamos los mismos programas de televisión. Hacíamos las compras en el mismo súper. La vida era placentera, y yo me sentía bendecida y llena de gratitud.

Pero detrás de esa fachada de cincuenta y cinco años aún había un rescoldo de mi juventud. Y esa parte no cesaba de decirme que la vida no se reducía a eso. No cesaba de recordarme que no tenía que resignarme a declinar. Era probable que hubiera todavía cosas que aprender y nuevas experiencias por vivir si me atrevía a abandonar mi cómoda rutina. Pensé en mi madre una vez más. A mi edad, ella, que fue ama de casa toda la vida, ya había obtenido su licencia de conducir y regresado al trabajo y la escuela. A mi edad, no se había dado por vencida. De hecho, entonces había comenzado a vivir de verdad.

¿Me atrevería a seguir su ejemplo? ¿Podría terminar esa segunda carrera que había iniciado? ¿Podría dejar ese confortable empleo y esta cómoda vida y salir a ver qué más me esperaba? Mi esposo ya se había jubilado. Nuestros hijos eran adultos. De hecho, nos pedían constantemente a ambos que nos mudáramos a la ciudad, para que viviéramos cerca de ellos. ¿Podría renunciar a todo lo que conocía y reconstruirme? ¿Cómo reaccionarían los jefes frente a una mujer de cabellera cana que competía por un puesto con los millenials?

Me pregunté qué habría dicho mi madre de este absurdo plan y reí. Sabía exactamente qué habría dicho.

Seis semanas después, las cajas estaban casi listas. Se había pagado el depósito del nuevo departamento en la ciudad. Había cambiado de empleo. Mi cabello canoso no había representado ningún obstáculo. De hecho, a mi nuevo jefe le habían agradado mucho mi seguridad, autenticidad y experiencia. Y la verdad es que también yo me agradaba más a mí misma en los nuevos tiempos.

Sentí tristeza cuando me despedí de mis compañeras de trabajo, pero después subí de un salto a mi flamante automóvil con palanca de velocidades al piso que acababa de comprar un mes antes. Iba lleno hasta el tope de cosas que no habían cabido en el camión de mudanzas. Cuando me puse mis lentes oscuros y ajusté el espejo retrovisor, me vi otra vez por un instante, sólo que ahora pensé: *¿Quién es esta bella, segura y emocionada mujer que me mira? ¿Adónde va?*

Mientras retrocedía y aceleraba para dejar atrás mi antigua oficina y mi vida pasada, me pregunté qué traería consigo el siguiente capítulo de mi existencia. No lo sabía, pero sin duda iba a descubrirlo. Y no tenía miedo.

~Geneva France Coleman

19

Incluso a las medusas

*El verdadero autodescubrimiento empieza
donde tu zona de confort termina.*

~ADAM BRAUN

De chica era muy quisquillosa para comer. Aborrecía tantas cosas que mi mamá se dio por vencida con mi lunch, y en mi mochila encontraba en cambio una bolsa de papas fritas y un frasco de jugo. No se le ocurría otra cosa que no volviera intacta a casa.

Vivíamos en el campo, en una ciudad que tenía una cafetería y dos locales de hamburguesas, así que de todos modos no estaba expuesta a demasiados platillos. Durante mis años formativos ni siquiera hubo ahí una pizzería o un restaurante chino. Recuerdo cuando empezaron a vender yogur en el supermercado; nadie podía creer que a alguien le gustara tomar leche amarga. En mi ciudad natal lo único que se comía era filete con papas, y la gente se enorgullecía de eso.

Todo cambió cuando tenía once años y nos mudamos a un bullicioso suburbio de Nueva York. Mi mamá se había casado de nuevo y mi padrastro había nacido en Israel, tenía una religión distinta a la nuestra y había viajado por el mundo, en medio de increíbles aventuras. No se parecía en nada a nuestros conciudadanos y me encantaba escuchar sus anécdotas sobre los lugares que había visitado y lo que había visto, para no hablar de lo que había comido. Me contó que en Taiwán vio preparar un guiso con medusas.

—Pero no es forzoso que viajes por el mundo para que pruebes guisos nuevos. ¡Aquí tenemos todo eso si vamos a la ciudad! —me dijo en una ocasión.

—¿Incluso medusas? —pregunté.

—Eso y mucho más, y podemos probar todo lo que queramos —contestó.

No estaba segura. No me imaginaba capaz de comer medusas. Aun pensar en ellas me daba náuseas.

Íbamos mucho a la ciudad de Nueva York. Me fascinaba atravesar el inmenso puente sobre el Hudson, me maravillaban las luces y los grandes edificios, caminar por las famosas avenidas que había visto en películas. Me sentía la chica más afortunada del mundo. Mi paseo favorito consistía en explorar las calles empedradas del South Street Seaport, donde en Caswell-Massey comprábamos jabones que olían a almendras. Pero también adoraba Columbus Circle y la heladería que no cerraba nunca y donde podía conseguir un poco de nieve de kiwi y de frambuesa en una pequeña copa de plástico. A mi padrastro le entusiasmaba que mi madre y yo probáramos todo. Y aunque yo no habría podido emocionarme más con la visita a lugares nuevos, algunos de los platillos que él sugería me aterraban.

Su primer objetivo fue la cocina de Medio Oriente, con la cual había crecido. Nos llevó a Mamoun's, un restaurante de mala muerte en MacDougal Street donde servían falafel y la fila llegaba hasta la calle. En tanto aguardábamos pacientemente para ordenar, los clientes junto a nosotros estrujaban grasosos panes de pita envueltos en papel encerado, de los que escurrían baba ganush y salsa tahini. Yo no sabía qué diablos era todo eso, pese a que mamá aseguraba sin cesar que iba a encantarme. Ella lo había probado muchas veces y, bueno, olía muy bien, pero de todas formas...

Hasta ese momento, mi dieta había consistido en el predecible menú de crema de cacahuate, sopa de pollo con fideos y queso fundido, complementado con cenas dominicales de pollo o roast beef con dumplings. Mi experiencia con sazonadores se reducía a la sal y la pimienta, así que tenía mis reservas. Recordaba que mi abuela me había dicho en una ocasión que en otros países comían animales que nosotros usábamos como mascotas, y me aterraba que se me hiciera comer con engaños ranas o conejillos de Indias. ¿Falafel? ¿De qué estaban hechas esas extrañas bolas verdes? ¿De carne de tortuga?

—Me da miedo comer esto. No quisiera comer animales extraños —le confesé a mi padrastro cuando me tendió mi falafel.

Este comentario le hizo mucha gracia, igual que a mi mamá.

—Creo que debemos decirle la verdad sobre el queso de cerdo —dijo él entre risas—. Antes que nada, cariño, el falafel es vegetariano y se hace con garbanzo, así que estás a salvo. Cómetelo. En segundo lugar, el queso de cerdo… Revélale tú eso, mi vida —miró a mi mamá, que ya tenía la boca llena de hummus.

Ella tomó un largo trago de Orange Crush.

—Has comido animales extraños toda la vida —dijo.

—¡No es cierto! —insistí.

Pero tenían razón. El queso de cerdo era el desayuno más común en mi ciudad natal. Lo había comido desde que empecé a probar sólidos, y esos rectángulos planos y grasosos me enloquecían, sobre todo en combinación con una rebanada de pan tostado con mantequilla. Aun así, ignoraba de qué los hacían, y mi visión del mundo estaba a punto de volar en pedazos.

> **Había comido cosas "raras" toda la vida y no lo sabía.**

—Sí, el queso de cerdo se hace con sobras. Son todas las partes del cerdo que nadie quiere, las muelen y les agregan harina y especias para darles forma de ladrillo. La gente las fríe en su propia grasa y se las come —explicó mamá.

—¿En serio? —pregunté—. ¿Cómo pudiste permitir que comiera eso?

Se encogió de hombros.

—Sabe bien —dijo.

—¡Nunca en la vida volveré a comer queso de cerdo! —declaré.

De repente, mi falafel no parecía tan aterrador. ¿Garbanzo, ajonjolí, pepino y jitomate? ¿Cuál era el problema? Tomé un bocado, después otro y pronto devoraba ese falafel en una banqueta de Nueva York como si no hubiera comido en toda mi vida. ¡Si mis paisanos me hubieran visto entonces! ¡Esa cosa estaba deliciosa!

Aquella noche tuve una revelación. Había comido cosas "raras" toda la vida y no lo sabía. Y me habían gustado, lo cual quería decir que no había nada que temer. Si el falafel era tan sabroso, ¿de qué otras cosas me había perdido? Comprendí que deseaba explorar los sabores de la ciudad tanto como sus paisajes y sus sonidos. Lo probaría todo, decidí. Lo peor que podía pasar era que algo no me gustara, y si eso sucedía, ¿qué importaba? Podría probar otra cosa. Nadie me obligaría a comer nada que no fuera de mi gusto.

En el tiempo transcurrido desde mi primer falafel, he cumplido mi promesa de probarlo todo, lo cual me ha abierto un mundo de sabores fascinantes. La comida y la cultura me apasionan, y he probado los platillos nacionales de todos los países que se han cruzado en mi camino. Esto contribuye a garantizar mi exposición a tantas cosas nuevas y diferentes como sea posible. Incluso a las medusas.

~Victoria Fedden

El poder del ¡Sí!

Sal de tu caparazón

Cada amigo representa un mundo en nosotros, tal vez inexistente hasta que llega, porque ese encuentro hace que cobre vida.

~ANAÏS NIN

Cuando Richard conoció a Cindy

*Tan pronto como te percatas de que quieres pasar
el resto de tu vida con alguien en particular,
deseas que el resto de tu vida comience
lo más pronto posible.*

~DE LA PELÍCULA WHEN HARRY MET SALLY

Era un sábado como ningún otro.

—Papá, no sé cómo decirte esto —posó una mano en la mía, colocó la otra sobre mi rodilla, elevó su rostro de niño, me miró a los ojos y añadió—: Necesitas una novia.

Ser padre soltero me había preparado para todo menos para esto.

—¡No es cierto! —respondí con una sonrisa. No dijo nada y se puso demasiado serio para ser un niño. Continué—: Supongamos que lo hiciera, aunque no lo voy a hacer; ¿cómo lo sabrías tú?

—Cuando tu hijo de nueve años te dice que necesitas una novia es que necesitas una novia.

—¿Y qué exactamente haría con esa supuesta novia? —aquél era un terreno peligroso.

—¿Debo decirte todo, papá? Podrías ir a la playa, al cine, a cenar… Y si de verdad te gusta, ¡podrías besarla!

—¡Ya es suficiente! Estoy feliz de ser tu papá. Eso me basta.

—Si tú lo dices —nos abrazamos—, pero de todas formas necesitas una novia —y agregó rápidamente—: Eres el mejor papá de todos, y si encuentras a alguien y quieres darme un hermano o hermana, está bien, aunque preferiría un hermano.

No era la primera vez que me decían que necesitaba una novia. Una mamá que tiene un hijo en las ligas menores también me lo decía. Yo insistía:

—No me interesa.

Y ella aseguraba que eso era falso, pero que aún no lo sabía.

Me encantan la películas viejas y las historias de amor. Un domingo lluvioso tuve la tarde para mí. Dispondría de mucho tiempo para ver al fin *When Harry Met Sally* sin que nadie me interrumpiera. Me cobijé bajo mi manta favorita y me serví café y caramelos. La Mamá Beisbolera llamó justo a media película.

—¿Vas a mortificarme de nuevo con que debo salir con alguien? —le pregunté.

—Sólo un minuto. Supuse que estarías sentado en tu sofá con tu cobija favorita y un café mientras comías caramelos y veías *When Harry Met Sally*. ¿Por qué ésta es una de tus películas preferidas? —inquirió.

—Es una buena cinta.

—Si usted lo dice, Señor Cobija y Caramelos. Tengo que irme. ¡Ah! Te llamé para decirte que hay una página web de contactos para judíos. Considérala al menos.

—No es mi estilo —repliqué.

—Tómalo de una Mamá Beisbolera Católica. Te hará bien.

—No lo creo.

—Como usted diga, Señor Susceptible. Debo irme.

Lo pensé cuando terminó la película. Ser padre significaba todo para mí, pero estaba muy solo. Habían hecho falta mi hijo, *When Harry Met Sally* y la Mamá Beisbolera para darme cuenta de que estaba disponible.

Quería una mujer de buen carácter, que fuera inteligente, chispeante y sensible con sentido del humor. Una mujer así no se aparece en la puerta y te dice: "¡Hola!, soy perfecta para ti. Enamorémonos, pasemos juntos buenos y malos ratos, envejezcamos juntos y compartamos un millón de risas en el camino. Y no me lo tome a mal, Señor Susceptible, pero ¿le agradaría acompañarme a cenar una noche de éstas?". ¡Las cosas no suceden así!

Me inscribí a regañadientes en esa página web de contactos y procedí con cautela. Un mes más tarde, dediqué un día entero a buscar a la indicada. Leí cientos de perfiles e hice caso omiso de desventajas obvias y todo lo dulce o demasiado presuntuoso. Revisé en particular los perfiles sin fotografía. Quería una relación en la que nos amáramos en cuerpo y alma. Cualquier cosa por debajo de eso no daría resultado.

Cerca del número doscientos, la encontré. Vivía en una casa en el sur de Boston, había estudiado en una biblioteca, le agradaba quedarse en casa con sus hijos, decía que en ocasiones una fiesta era lo que necesitaba para subirse el ánimo, le gustaba una buena taza de café y anunciaba que su sueldo anual no era de la incumbencia de nadie. ¡Ése era mi tipo de mujer!

> **No era la primera vez que me decían que necesitaba una novia.**

Nos conocimos en una librería en la que un artista local estrenaría varias canciones infantiles. Por lo menos habría buen café. Al parecer, Cindy contaba con todo un equipo de vigilancia. Una inusual cantidad de cuarentonas recorría estratégicamente los pasillos al tiempo que susurraban en sus teléfonos celulares. Concluido el espectáculo, llevamos a los niños a que comieran algo. No me dio la impresión de que yo le agradara, ni sabía qué pensar de ella.

Luego de varios intentos más, decidimos que estábamos mejor como amigos y que buscaríamos una pareja para el otro.

Días después comimos juntos, y cuando nos despedimos me incliné inesperadamente para besarla.

—¿Qué haces? Creí que sólo íbamos a ser amigos —me dijo.

—Creo que ahora quiero besarte —repuse. Me di cuenta de que no tenía la menor intención de buscarle pareja.

Más tarde descubrí que ella tampoco tenía intención de buscarme una. Había sido un comienzo atropellado, pero ninguno de los dos abandonaría la partida.

Me había puesto en comunicación con dos mujeres de la página de contactos, a partir exclusivamente de sus perfiles. Cuando la chica del perfil 2 me contestó, le expliqué que ya estaba en tratos con otra mujer y que no era correcto que anduviera con dos al mismo tiempo.

Meses después, Cindy hablaba por teléfono con su amiga Lauri.

—Él está aquí en este momento. Ven para que conozcas a la cibercita de mis sueños.

Llegó al instante. No llevaba ni diez segundos en la puerta cuando dijo:

—¡Ay, Dios! Tú eres el chico que me dijo que no saldría conmigo porque ya estaba en una relación con otra mujer.

Cyndi terció:

—¿Ya se conocen?

—Es el chico del que te platiqué, el que me dijo que ya estaba en tratos con otra mujer. ¡Tú eres esa otra!

Resultó que Cindy le había ayudado a Lauri a elaborar su perfil, y que presentó el suyo propio sólo porque aquélla insistió. No pensaba contestarle a nadie, y por eso su perfil era el número doscientos. Sin embargo, respondió al mío, y eso era lo único que importaba.

Cindy y yo hemos tenido nuestra buena ración de desafíos. En medio de ellos, hemos conseguido forjar una relación fuerte y afectuosa.

Hace varios años, mi terapeuta me preguntó cómo podía ser feliz con tantos problemas. Le contesté:

—Es muy sencillo. Demasiadas personas se pasan la vida sin encontrar jamás con quién compartirla; yo tengo a la chica.

Siempre supe cómo sería ella, y con un poco de ayuda la encontré. Fueron necesarios mi hijo de nueve años, *When Harry Met Sally*, una Mamá Beisbolera, un sitio web de contactos y Lauri, la amiga de Cindy, para que nos encontráramos. Ya llevamos juntos más de catorce años. No cabe duda de que encontré a la chica.

~Richard Berg

Mi transformación en un elemento de unión

Puesto que nada se compara en valor con tener amigos,
no pierdas nunca la oportunidad de hacerlos.

—FRANCESCO GUICCIARDINI

M is tres hijos tenían menos de cinco años, acabábamos de mudarnos a los suburbios y yo había dejado mi empleo para ser mamá de tiempo completo. La mayoría de nuestros amigos vivía fuera de nuestra comunidad inmediata, sin hijos. Todo esto explicaba por que nuestra vida social fuera nula.

Debía ponerle remedio a eso, así que me convertí en representante de los padres del grupo de jardín de niños de mi hijo, en parte para pasar tiempo con él, aunque también para hacer más amigos entre la comunidad escolar. Igualmente, lo inscribí en el equipo de futbol de los fines de semana. Pese a que estas actividades me daban la oportunidad de socializar con otras mamás, cultivar su amistad era muy difícil. Veía a otras representantes de salón apenas un par de veces al año, por lo general en medio del alegre caos de fiestas escolares. En la cancha de futbol resultó imposible que simultáneamente viera el partido, les siguiera la pista a mis otros hijos y conversara con otros padres.

Ansiaba sostener interacciones más profundas con las inteligentes e interesantes mamás que veía en la escuela, pero todas estábamos demasiado ocupadas. ¿Qué podía hacer?

—Organiza una fiesta —me sugirió una amiga, quien por casualidad era planeadora profesional de eventos.

—¡No podría hacerlo! No conozco a nadie —repliqué de inmediato. ¡Ni siquiera conseguía que mis mejores amigas me visitaran! La idea de hacer una fiesta para mujeres adultas aterraba al influyente lado introvertido de mi personalidad.

—Invita a algunas señoras con las que ya hayas hablado y pídeles que traigan a una amiga. Así conocerás más personas. ¡Será divertido! —me dijo mi amiga.

Le comenté el plan a mi esposo, segura de que estaría de acuerdo conmigo en que no daría resultado.

—¡Qué buena idea! —exclamó, en cambio—. Yo podría quedarme arriba con nuestros hijos, para que la fiesta transcurra en la planta principal. ¡Podrías ofrecer alitas de pollo!

Las alitas de pollo no serían un menú suficiente… Sin embargo, me contagié del entusiasmo de mi esposo, elegí una fecha, elaboré una invitación electrónica e improvisé una lista de invitadas con las mamás del equipo de futbol de mi hijo, las mamás de su salón y otras señoras a las que ya saludaba en la escuela cuando íbamos a recoger a nuestros hijos.

Pese a todo, no me decidía a oprimir el botón Enviar.

Comencé a desanimarme. Había muchas razones por las que esa idea no surtiera efecto. Con cinco revoltosos en casa, ¿qué tal si no podía tenerla lista para la fiesta? ¿Qué tal si las invitadas notaban las manchas en mi alfombra, o los anticuados acabados de las ventanas que siempre me habían disgustado? ¿Qué tal si alguien quería conocer el sótano, el tiradero de los objetos inútiles de mi familia? ¿Qué tal si no se presentaba nadie? ¿Qué tal si llegaban todas y la pasaban mal?

—Nada de eso va a ocurrir —me aseguró mi amiga planeadora de eventos—. A la gente le agrada tener la oportunidad de salir de casa y recargar sus baterías.

Yo no estaba tan segura de ello, pero envié las invitaciones. Después esperé, y revisaba dos mil veces al día mi correo para ver quiénes confirmaban su asistencia.

Las respuestas llegaron lentamente. En poco tiempo, ya esperaba a treinta y ocho señoras en casa. ¡Treinta y ocho mamás!

Hice mucha limpieza durante la semana previa a la fiesta, lo que me ayudó a distraerme de mi ansiedad. La noche del evento, besé a mi esposo y a mis hijos antes de que subieran a acostarse. Dispuse una amplia variedad de bebidas y bocadillos de comprobada eficacia, ninguno de los cuales eran alitas de pollo. Ordené en el iPad mi programa de música "divertida". Y me mordí tanto las uñas que estuve a punto de sacarme sangre.

Pero ¿sabes qué? Todas las invitadas se presentaron. Incluso parecían contentas de estar ahí, tal como mi amiga había predicho. Poco después de que llegaron, tuve que subir el volumen de la música, porque la plática la acallaba. Quince minutos más tarde, subí el volumen por segunda vez. En poco tiempo, tenía la música a todo volumen, y de todas maneras no se escuchaba, porque la gente platicaba y reía estruendosamente. A nadie le importó si mis refrigerios o mi sala serían aprobados por Martha Stewart.

> **Cuanto más lo hago, más fácil resulta.**

Yo estaba eufórica. A lo largo de la velada, tuve conversaciones maravillosas. Varias señoras se quedaron después de la hora sugerida en la invitación e hicimos planes para volver a reunirnos.

Desde entonces, ya he organizado otras "fiestas de mamás". Las invitadas traen en ocasiones bebidas o entremeses para compartir, lo que reduce el costo y el trabajo para mí. Ahora que cuento con una rutina establecida, he dejado de morderme las uñas.

Cuanto más lo hago, más fácil resulta. Mi red de amigas se ha ampliado y ahondado, y he conocido a personas a las que de otro modo no habría tratado nunca. Es muy satisfactorio para mí tener el control de la diversión.

Una amiga que hice en estas fiestas me dijo hace poco:

—Todo grupo social necesita un pegamento que lo mantenga unido. ¡Tú eres ese pegamento!

~Kate Lemery

Un punto de vista distinto

Los indigentes no son inadaptados sociales.
Son indigentes.

~SHEILA MCKECHNIE

Durante las vacaciones de la primavera de 1987, el grupo religioso al que pertenecía realizó un viaje de servicio a un albergue de indigentes en el centro de Chicago. Yo nunca había estado más de dos días en una ciudad tan grande. Crecí en una granja en el este de Iowa. Tampoco había estado jamás en un albergue de indigentes ni conocido a nadie que lo fuera.

De hecho, mi familia, conservadora en política, creía que limosnas como los albergues y los comedores populares eran una vergüenza para la sociedad. Me enseñó que si la gente precisaba de hogar y comida buscaría la forma de obtenerlos con su esfuerzo. Aun después de la recesión de principios de la década de 1980, cuando esos centros pulularon, mi familia no cesó de menospreciarlos.

Yo estaba preparada entonces para recibir una gran lección.

Un domingo, viajamos cuatro horas hasta el edificio donde viviríamos y trabajaríamos esa semana. Era un antiguo convento y algunas monjas permanecían como empleadas. El albergue se encontraba en la zona más pobre de la ciudad y lo rodeaban estructuras en malas condiciones, muchas de ellas clausuradas. Se nos instruyó que no saliéramos a la calle, ni siquiera de día, porque era peligroso. Nos instalamos en nuestras habitaciones, recibimos orientación y cenamos. Ésta fue la única comida que no preparamos y servimos esa semana.

La mañana del lunes, una vez que desayunamos e hicimos el aseo, yo fui una de las cuatro personas seleccionadas para asistir en la "diligencia de alimentos", la que resultó ser una experiencia muy reveladora. Pese a que la granja de mis padres no era totalmente autosuficiente, en ella sacrificábamos a los animales cuya carne consumíamos, cultivábamos grandes huertos y teníamos varios árboles frutales. En casa siempre había frutas y verduras frescas de la estación y productos enlatados para todo el año.

En compañía de Gary, uno de los empleados del albergue, los cuatro voluntarios subimos a una camioneta para catorce pasajeros, de la que se habían retirado los dos asientos traseros. *¡Qué raro!*, pensé.

Conversamos de banalidades los quince o veinte minutos siguientes, hasta que Gary se estacionó a espaldas de un supermercado. En el área de carga del establecimiento, un empleado nos entregó cajas y cartones de verduras, fruta, carne, productos enlatados abollados u oxidados y pan de un día anterior. Ese ritual se repitió en otras tres tiendas, con lo que entendí el motivo por el cual los asientos traseros de la camioneta hubieran desaparecido.

—Muchas tiendas de la ciudad desechan de esta forma comestibles que por alguna razón ya no pueden vender —explicó Gary—. Y también hacen donativos a bancos de alimentos, iglesias o cocinas populares. Todos nos beneficiamos de esto. Ellos no tiran nada en el relleno sanitario, y nosotros pagamos menos por los alimentos que adquirimos.

Al día siguiente, me senté con Devon a la hora de la comida. Era un joven de cabello rubio y corto. A diferencia de otros indigentes, no temía verme a la cara, con unos ojos del color de las avellanas. Curiosamente, yo inicié la conversación. Devon me contó que tenía diecinueve años, creció cerca de ahí y egresó de la preparatoria el año anterior, momento desde el cual no había encontrado empleo. Sus padres no podían ayudarle, porque tenía cinco hermanos menores. Como para ese entonces yo ya había trabajado en el ramo de la comida rápida, le pregunté si había pensado en esa opción. Le expliqué que, si se esforzaba, podría entrar en un programa gerencial y ganar bien. Cuando bajó los ojos, se hizo un silencio incómodo entre nosotros y luego admitió que no sabía leer. Nada habría podido sorprenderme más que eso.

—¡Pero si cuentas con un certificado escolar! —tartamudeé.

—Tuve muchas dificultades en la escuela, que era pública y con pocos recursos como todas. Los grupos son muy numerosos y los libros pocos. Fui aprobado de un grado a otro aun si no aprendía nada.

Esto me sacudió. No podía concebirlo. Cuando por fin lo asimilé, entendí muchas cosas. Si Devon no sabía leer, era imposible que presentara una solicitud de empleo. Y aun si resolvía este trámite y lograba ser contratado en McDonald's, por decir algo, no podría distinguir entre una caja de papas a la francesa y una de croquetas de carne, ni leer el menú ni las teclas de la caja registradora. Leer es crucial en nuestro mundo, y si alguien no sabe hacerlo…

> **Cuando regresé a casa, comprendí que era muy afortunada.**

Devon aceptó el ofrecimiento que le hice: que cada tarde del resto de esa semana trabajaríamos dos horas en su habilidad de lectura. Descubrí así que sabía leer un poco. Al cabo de esa semana mejoró algo y ambos le pedimos a un empleado del albergue que siguiera ayudándole. Siempre me he preguntado qué fue de él.

Durante la cena del miércoles conocí a Jim y su familia. Él y Liz, con quien llevaba veintiún años de casado, tenían alrededor de cuarenta y cinco, y sus hijas diez y trece. Jim había trabajado una década en la gerencia media de una gran compañía, gracias a lo cual le había dado a su familia una vida de clase media alta. No obstante, llegaron los recortes, y él fue uno de los primeros en ser despedido. Liz siempre había sido ama de casa. Jim buscó empleo de inmediato, pero se enteró de que muchas otras empresas eliminaban también a su gerencia media. Aunque estaba dispuesto a trabajar de lo que fuera, nadie lo contrataba en puestos para los que estaba "sobrecalificado".

En dos años agotaron sus ahorros, buena parte del fondo de retiro de él y sus tarjetas de crédito. Perdieron su hogar y casi todas sus pertenencias, porque ya no podían pagar bodegas para guardarlas. Sus parientes vivían en otras partes del país, y ellos no deseaban mudarse del distrito escolar, para no afectar a sus hijas. Vivían en su coche, pero ya no podían comprar comida. Tratarían de resistir hasta que concluyera el año escolar, para que sus hijas lo terminaran en condiciones normales. Después tendrían que mudarse adonde Jim consiguiera empleo. Liz tendría que ponerse a trabajar, para contribuir a la recuperación de su familia. Todos estaban desanimados, agobiados y deprimidos.

Más revelaciones me aguardaban esa semana, a medida que conocía más gente, buenas personas a las que les había ido mal en la vida. Cuando regresé a casa, comprendí que era muy afortunada. Tenía un techo, comida sobre la mesa y un empleo para pagar mis cuentas. Las personas a las que habíamos ayudado, mismas a las que mi familia juzgaba perezosas, tenían ahora un rostro y un pasado. Nunca más volví a ver igual la situación de los indigentes.

~Robyn R. Ireland

Entrar en la zona de confort

No siempre puedes cambiar tus circunstancias,
pero sí tu actitud.

~LARRY HARGRAVES

—¡Ni siquiera tengo ganas de ir de vacaciones! —le confesé a mi esposo mientras ponía la maleta sobre la cama.

—Te aseguro que te va a hacer bien —replicó.

—¡Pero me siento muy triste! —arrojé algunas prendas a la maleta, sin molestarme en comprobar que hicieran juego.

—Sé que han sido seis meses terribles —dijo Eric— y que estabas muy apegada a tu mamá, así que es lógico que todavía sufras. ¡Pero, cariño, la vida debe seguir adelante!

—No soporto que la gente diga eso —protesté—. Tal vez la vida de los demás siga adelante, pero la mía se ha detenido por completo.

—¡Lo sé, mi amor! Así que este viaje será un buen cambio de escenario.

—Quizá —me desplomé en sus brazos—. Sólo que nadie entiende cuánto me duele. ¡Ni siquiera intentan decirme algo! La gente me lanza miradas compasivas y me ignora.

—Lo que pasa es que en situaciones incómodas la gente se cierra —explicó.

—¡Pues no lo entiendo! —repuse—. Como seres humanos, deberíamos apoyarnos en momentos de dolor, dar consejos, consuelo y aliento —respiré hondo, exhalé y sentí en mi cuello el colguije de mi mamá en forma de lágrima, que pendía de una fina cadena de plata—. ¿No puedo quedarme en casa para que me deprima como se debe? —supliqué.

—Eso sería una opción si no tuviéramos hijos, Christy, pero nuestra familia necesita un respiro. Será bueno que nos alejemos de casa un par de días, créemelo.

Aunque comprendía su intención y confiaba en él, tenía miedo. Y tristeza. Y me sentía sola y perdida.

Días más tarde, estábamos tendidos en la playa. Los chicos hacían castillos de arena y jugaban entre las olas. Yo básicamente miraba al infinito.

Mamá debería estar aquí, pensé. Solía venir de vacaciones con nosotros, y su presencia volvía más divertida la experiencia. Pese a que hacía lo posible por concentrarme en otras cosas, no podía dejar de pensar en lo mucho que la extrañaba y que su ausencia me dolía.

—¿Por qué no te vas de compras? —me sugirió Eric una noche después de cenar.

> Puedes hacerlo, Christy, me dije. Basta con que hables de corazón.

La fuerza de la costumbre impidió que me pareciera mala idea. ¡Me encantaba ir de compras! Pero casi de inmediato me desanimé. Mamá había sido mi compañera de compras desde que yo era adolescente. La noción de entrar y salir de las tiendas sin ella a mi lado me resultaba insoportable. Aun así, sabía que debía adaptarme a mi nueva realidad. Debía aprender a salir de mi ensimismamiento.

—De acuerdo —le dije—. Volveré en una hora.

Durante los treinta minutos siguientes entré y salí de pequeñas tiendas de souvenirs, en las que calibraba toallas de playa, tarros y llaveros. Estudiaba una gorra con adornos cuando una adolescente llamó mi atención. Iba con su madre. Al instante me desmoroné, afligida de que el complemento de mi dúo de compras madre-hija ya no estuviera a mi lado.

Fue inevitable que mirara a la chica, de dieciséis o diecisiete años, mientras examinaba un exhibidor de sandalias. Cuando abrió la boca para dirigirse a su madre, se me fue el aliento.

—¡Quieres que compre la medida grande para que tú puedas ponértelas! —siseó—. ¡No seas perra, mamá!

Levanté las cejas. La madre suspiró. La hija entornó los ojos.

Esas irrespetuosas palabras dirigidas a una madre me rompieron el corazón.

—¿Cuánto cuestan? —preguntó esta última.

—Sesenta y siete dólares.

—¡Es demasiado! —sacudió la cabeza.

La joven exhaló ruidosamente y repitió su insulto.

Los demás clientes miraban boquiabiertos en tanto mis ojos se llenaban de lágrimas. Sentí la urgente necesidad de hacer algo, pero ¿qué podía ser? No solía abordar a desconocidos, y menos aún en una situación tan desagradable como ésa.

Por unos segundos jugué en mi mente una partida emocional de ping-pong.

¡Acércate!, pensé con un lado de la cabeza.

¡No! ¿Quién soy yo para entrometerme en una conversación así!, alegó el otro lado.

¡Acércate, di algo!, insistió el primero.

¿Como qué? No sé qué decir. ¡No digas nada!, sentenció el otro.

Mientras debatía en mi cerebro, mis pies emprendieron el camino hacia la chica. Y aunque no tenía idea de qué iba a decirle, no paré hasta que estuve frente a ella.

Puedes hacerlo, Christy, me dije. *Basta con que hables de corazón.*

—Disculpa —le dije en voz baja al tiempo que le tocaba el hombro—, pero tengo que decirte que… —un nudo en la garganta y las lágrimas que ya rodaban por mis mejillas me impidieron continuar. Para armarme de valor, toqué con tembloroso índice el colguije de mamá en mi cuello—. Mi madre murió hace seis meses, y la extraño mucho. Acostumbraba a ir de compras con ella —la joven se puso seria y me miró con una expresión de pasmo, mezcla de lástima y sorpresa—. Estoy segura de que tu mamá te quiere —le aparté unos mechones de los ojos, como si fuera mi hija—. Es sólo un par de sandalias, ¿sabes? —asintió—. Agradece que tienes a tu mamá aquí contigo, porque este momento es único y fugaz.

Me incliné por instinto y le di un abrazo. Para mi asombro, ella también me abrazó.

No dijo una sola palabra, pero a mí me bastó con que me hubiera armado de valor para transmitirle un mensaje de afecto, aceptación y gratitud.

Había dado apenas un par de pasos fuera de la tienda cuando rompí a llorar, con ojos hinchados e incontenibles. Algo en mi interior había cambiado... se había vuelto más ligero.

Por primera vez en mucho tiempo mi atribulado corazón se llenó de esperanza. Que me haya acercado a esa joven me dio una nueva perspectiva del motivo por el que la gente me evitara desde que mi madre murió. Tal vez quería decirme algo, pero temía usar las palabras equivocadas.

Aquélla fue una lección de vida no sólo para la chica; para mí también. Esa noche aprendí que buscar contacto humano y salir de mi zona de confort podía brindarme... confort.

~Christy Heitger-Ewing

De solitaria a amada

Un amigo podría aguardar detrás
del rostro de un desconocido.

~MAYA ANGELOU, CARTA A MI HIJA

Aislada y tímida. Antes solía usar estas dos palabras para describirme. Era capaz de iniciar una conversación con la cajera en el súper, pero no con un desconocido en una fiesta. Ser tímida complicaba que hiciera amigos, y mis antiguas amistades desaparecieron durante los varios años de mi conflictivo matrimonio.

Mi vida giraba alrededor de mi hija. Cuando no me concentraba en ella, trabajaba horas extra y leía mucho. Éste era el modo en que escapaba de la realidad.

Con el tiempo debí hacer un cambio. Tenía que ser una mujer más fuerte y feliz en beneficio de mi hija. Pedí el divorcio y ambas nos mudamos a un espléndido y soleado departamento en un suburbio que contaba con una preparatoria excelente.

Nuestra vida tendría que ser impresionante. Éramos dos mujeres resueltas a hacer realidad una vida de cuento de hadas.

¡Qué errada estaba! Mi hija era, en efecto, el centro de mi mundo, pero también una adolescente, y su vida no giraba a mi alrededor. Yo tenía un novio al que veía en ocasiones, e hice amistad por igual con un cajero de la gasolinera más cercana. Éste trabajaba de noche y mi novio dedicaba casi todo su tiempo a educar a sus hijos, así que, de cualquier forma, yo pasaba demasiadas noches en el sillón viendo a oscuras la tele.

Una tarde de verano disfrutaba de un picnic con mi pareja cuando, en un arranque de melancolía, le describí mi soledad. Quería tener amigos y vida social. Necesitaba a alguien a quien pudiera llamarle "nada más porque sí". Ansiaba formar parte de un círculo de amigos, como los grupos de mujeres que veía en el restaurante cuando ordenaba mi comida para llevar.

Suena fácil imaginar que la soledad se puede resolver. Basta con que hagas un amigo. Esto no implica esfuerzo alguno en el jardín de niños, cuando eres capaz de entablar una conversación en el patio de recreo. ¡Ojalá fuera así de sencillo en la edad adulta!

Mi novio sugirió como solución un club de lectura. Pese a que estos clubes suelen constar de amigos que leen más que de lectores que se hacen amigos, estaba dispuesta a probar lo que fuera. Dediqué parte de esa noche en casa a buscar clubes de lectura en internet, pero no hallé ninguno. En cambio, tropecé con una página de contactos para conocer a personas con intereses afines. ¡Me inscribí!

Esa misma noche, alguien llamó a la puerta de mi departamento. Cuando abrí, me topé con un empleado del tribunal. Mi exesposo me llevaría a la corte de nuevo, para renegociar su programa de visitas a nuestra hija. Juzgué que esto era una señal y volví a entrar en esa misma página, busqué un grupo de divorciados y me sumé de inmediato a él. Supuse que era muy probable que alguno de sus miembros ya hubiese pasado por ese trámite y pudiera darme algunos consejos.

Mi novio se mostró preocupado. Sospechó que tropezaría con personas que, sentadas en círculo sobre sillas plegadizas de metal, hablaban de sus problemas entre varias tazas de café. También le preocupó que pudiera ser un grupo "de ligue". A mí no me interesaba nada de eso; le dije que haría la prueba y me separaría si no encontraba lo que buscaba.

Unas veinte personas se habían apuntado para coincidir en un bar en el que se presentaba un show de comediantes, y decidí que ésa sería mi primera reunión. Cuando llegué, el bar estaba repleto. No conocía a nadie ni identifiqué al grupo que buscaba, así que me marché. Metida en mi coche en el estacionamiento, sollocé, abatida por la pena de la soledad.

Pero como no tolero mucho la autocompasión, me enjugué las lágrimas, me soné la nariz y juré que haría un nuevo intento. Ya en casa, me disculpé por correo electrónico con el grupo de no haberme presentado. Expliqué que no lo había localizado y aseguré que haría otra tentativa.

En mi siguiente intento, me reuniría con siete personas en un concurso de trivia en un pub. Hallé con facilidad este pequeño grupo. Nadie se quejó de su divorcio; este tema nunca salió a colación. En cambio, dedicamos un par de horas a reír, conversar y divertirnos. ¡Y ganamos el concurso de trivia! La noche siguiente me reuní a jugar boliche con un grupo más grande. Fue sencillo identificarlo, porque ya conocía a un par de sus integrantes de la noche anterior. Todos los desconocidos me recibieron con abrazos y de inmediato me hicieron sentir aceptada.

> **Me presentaba con cada nueva persona y aceptaba cada experiencia inédita.**

Me comprometí a dedicar un año a hacer cosas con este grupo. Participaba en todas las actividades que estuvieran al alcance de mi presupuesto. Me presentaba con cada nueva persona y aceptaba cada experiencia inédita. Justo en el transcurso de ese año se estrenó la película *Yes Man* (*¡Sí, señor!*), en la que Jim Carrey interpreta a un personaje que hacía lo mismo que yo: decía "sí" a todo.

Aquél fue un año de boliche, trivia y encuentros para ver partidos de futbol americano. Fue un año de cenar fuera con grupos grandes y reunirse a beber con pequeños. Hubo picnics y tertulias en días festivos, bailes y fogatas en jardines. Ese año de amistad y diversión continuó más allá de mi compromiso inicial. Conocí en total a alrededor de doscientas personas, y mi círculo de amigos íntimos pasó de uno a más de treinta.

La transformación más sorprendente fue el cambio en la actitud de mi pareja. Cuando comenzamos a salir, yo pasaba mucho tiempo esperándolo: a que me llamara por teléfono, a que no tuviese que ocuparse de sus hijos o a que me dedicara los diez minutos de que disponía en el trayecto a casa después del trabajo.

Ahora no esperaba más. Hacía amigos, tenía experiencias propias y disfrutaba de la vida. Me había vuelto segura y desenvuelta, y seguía a su lado. Él lo notó y empezó a tratarme como algo valioso que no quería perder. Le pedí que nos viéramos una noche a la semana, y nuestras cenas de los jueves eran inamovibles. En lugar de que me diera un espacio en su vida cuando podía, buscaba tiempo para mí.

Cinco años más tarde, ese hombre maravilloso me pidió que fuera su esposa. Nos casamos once meses después, en una sencilla ceremonia en compañía de más de doscientos familiares y amigos. Seis fabulosas personas tomaron la palabra en la fiesta de nuestra boda. Tres de ellas pertenecían al grupo al que me sumé aquella primera noche de trivia y esa primera noche de boliche.

~Aviva Jacobs

La banca de madera

*No hay mejor ejercicio para el corazón que
descender adonde está la gente y elevarla.*

~JOHN HOLMES

A mis sesenta y ocho años de edad y ya jubilada, una tarde me vi sentada en una banca de madera en la prisión del condado, con la esperanza de que me rechazaran. El piso de baldosas grises hacía resonar los zapatos de los empleados cuando pasaban de una oficina a otra. Llegaba gente de fuera y el aroma de comida para llevar se extendía por toda el área.

Alguien pronunció mi nombre.

Un guardia me llevó al cubículo de en medio, donde me registraron y palparon. Una vez revisado mi gafete, el guarida dirigió una señal a la torre para que me abrieran la puerta. No había vuelta atrás.

Aún me preguntaba cómo había llegado hasta ahí. Nuestra iglesia se había sumado a un grupo de trabajo voluntario en la cárcel, y el pastor me pidió que pensara en la posibilidad de que fuera maestra. Le dije que no, y me ofrecí en cambio para el ministerio de Angel Tree, consistente en llevar regalos navideños a los hijos de los internos. Más tarde fui invitada al recorrido por la prisión que haría el equipo de trabajo voluntario para que se le pusiera al tanto de lo que se esperaba de los internos y los maestros. En esa visita, las ruidosas puertas de metal de aquel sitio me produjeron escalofríos. Supe que no soportaría estar encerrada detrás de esas puertas, ni siquiera como voluntaria y en conocimiento de que pronto saldría de ahí. Pese a que estábamos con los guardias, no me sentía segura.

Fue entonces cuando Margo me pidió que fuera su compañera. Joven y llena de energía, ya tenía experiencia como voluntaria en una cárcel, y creía entender las necesidades de las mujeres y que podía ser una buena influencia para ellas. Me sentía bien con ella y su actitud positiva era contagiosa. Cuanto más me exponía su idea, menos descabellada me parecía.

Hablé con mi hija.

—¿No crees que ya estoy demasiado grande para hacer algo así? No me agrada la idea.

—Podrías convertirte en una figura materna para las internas, mamá, y ellas sin duda te lo agradecerán.

Cuando se lo pregunté a mi esposo, me sugirió que hiciera la prueba.

Más segura, le dije a Margo que, en efecto, sería su colega y realizaría con ella ese trabajo voluntario. Se emocionó mucho.

> **El trabajo voluntario que alguna vez temí sigue llevándome a la cárcel cada semana.**

Así fue como acabé sentada en esa banca de madera, a la espera de que se me autorizara ingresar en la cárcel.

Una vez concedido el permiso, Margo y yo programamos nuestra primera visita. Yo estaba muy nerviosa. Imaginaba la sala que ocuparíamos, con bancos de metal fijos al piso y un timbre junto a la puerta para que llamáramos a un guardia si lo requeríamos. Metí en mi bolsa una Biblia de bolsillo, unas circulares sin engrapar y mi lápiz sin borrador, e incluí también un paquetito de pañuelos desechables.

Llegamos a la prisión y, después de que nos registramos, nos sentamos en la ya conocida banca de madera. Cuando el guardia se acercó, sentí que el corazón se me aceleraba. No obstante, nos dijo:

—Las internas no saldrán esta noche; hay un problema en la unidad.

Margo se decepcionó mucho.

—¡No puedo creer que, luego de que nos preparamos tanto, ellas no vayan a salir!

—Haremos un nuevo intento la semana próxima —le dije, con un tono de voz de apariencia igualmente triste.

Regresamos a la banca de madera a la semana siguiente. El guardia salió y nos dijo que las internas no querían salir. Al parecer, deseaban ver un programa de televisión. Margo se enjugó una lágrima, y el alivio que sentí hizo que me sintiera culpable.

—No creo que deba participar en este trabajo voluntario —le dije—. No me siento tan desilusionada como tú cuando las internas no salen. Si te soy franca, me siento aliviada.

—¡No me dejes ahora! —pidió—. Espera una semana más.

Acepté.

A la semana siguiente, fui la primera en llegar, me registré y me senté en la banca de madera. El teléfono sonó y la secretaria me llamó a la ventanilla; me dijo que Margo acababa de llamar para avisar que no iba a presentarse, porque su hijo estaba enfermo. Me volví para tomar mi bolsa y ya me dirigía a la puerta cuando una custodia salió.

—¡Prepare su entrada! —me hizo señas para que avanzara.

—¿Lo haré yo sola?

Una vez que me palpó y me registró, la seguí por las estruendosas puertas de metal. El eco de éstas al cerrarse mecánicamente me sobresaltó. Me hallaba en una sala de juntas y las mujeres no tardarían en llegar. Me encomendé a Dios.

Una por una, mujeres vestidas de anaranjado entraron en la sala y yo me llevé una gran sorpresa. Vi a hijas, madres y abuelas. Por una u otra razón, todas habían tomado malas decisiones, pero deseaban una vida mejor. No sentí miedo, sino una repentina ansiedad de dirigirles palabras de aliento. Antes de que me diera cuenta, la sesión había concluido y las internas agradecían mi presencia.

Ya han transcurrido quince años. El trabajo voluntario que alguna vez temí sigue llevándome a la cárcel cada semana. He visto a miles de mujeres y escuchar que repiten "Gracias, abuela Bev" en lo que siguen a la custodia a sus celdas y yo cruzo las ruidosas puertas en la dirección contraria.

~Beverly LaHote Schwind

Todo comenzó con una puerta abierta

Cuando encuentres a alguien que haga latir tu
corazón de otro modo, baila a ese ritmo con él
antes de que termine la canción.

~KIRK DIEDRICH

Tenía cincuenta y cuatro años. Me había divorciado diez años antes, después de veinticinco de matrimonio. Estaba sola, pero temía probar las páginas de contactos en internet, pese a que todos me recomendaban que lo hiciera. Aunque quería enamorarme una vez más, daba por supuesto que sucedería por sí solo. No tenía la intención de perseguirlo deliberadamente.

Un día, mi vieja amiga Carol me invitó a una parrillada en su casa. Ahí estaba yo, sola de nuevo entre la gente, a la que me acercaba para conversar. Estaba en la terraza y me disponía a abrir la puerta para entrar en la sala cuando alguien la abrió por mí. Seguí con la vista el brazo que la sostenía y ahí estaba él, un hombre alto que me miraba con unos grandes y hermosos ojos cafés.

—No nos han presentado —dijo.

—Soy Nancy, amiga de Carol —contesté.

—Yo soy Tim, aunque me imagino que ya has escuchado todo lo malo de mí.

Tardé un momento en comprender que era el excuñado de Carol. Sabía de él, su carácter y su buena relación con la familia pese a su divorcio. Para mi alivio, pude responder con sinceridad:

—Sólo he oído buenas cosas de ti.

Sonrió y nos apartamos.

Ésa fue toda nuestra conversación. En los meses siguientes, esa breve charla y aquellos ojos cafés me vinieron a la mente muchas veces. Recreaba todo el episodio, cuadro a cuadro. Meses después le llamé a Carol, en ocasión de las fiestas navideñas. Para mi sorpresa, me contó que mi nombre había salido a relucir en una reunión familiar la noche anterior. Tim le preguntó por la mujer a la que había conocido en la parrillada ¡y me describió! Dijo que le gustaría volver a verme.

Por desgracia, las cosas no pasaron de ahí. Más tarde supe que a Carol le parecía impropio relacionar al exesposo de su cuñada con una amiga. Por su parte, Tim supuso que, tras evaluar la situación, Carol había concluido que no me merecía. ¡Pobre hombre!

> Doy gracias de que me haya armado de valor para buscarlo.

Obviamente, nuestra historia no había llegado a su fin. La madre de Carol murió en mayo. Familiares y amigos recibimos un correo grupal en el que se nos invitaba a asistir al velorio. Cuando lo leí, vi que contenía el nombre y dirección de Tim. ¡Fue como si brillara en luz neón! Guardé el correo. En los días posteriores asistí a las visitas, la ceremonia religiosa y el velorio. Era tanta mi ansiedad de ver a Tim que puse especial esmero en mi peinado y mi atuendo. Esta distracción hizo que me sintiera culpable. ¡Apreciaba mucho a la mamá de Carol! Pero en su sepelio, mi único interés era ver a Tim. ¡Qué locura!

Él llegó al sepelio y hablamos brevemente a la entrada de la iglesia. ¡Recordaba mi nombre!

Para entonces ya habían pasado once meses desde que me abrió la puerta el día de la parrillada. Cuando se lo conté a mi peinadora (¿a qué otra cosa vamos al salón de belleza?), me alentó a buscar un pretexto para que le enviara un correo a Tim.

—¡Toma el asunto en tus manos! —me dijo.

Es una mujer muy sabia.

Por casualidad me enteré de que la hija de Tim sería madre. Tardé dos días en escribir un párrafo para desearle buena suerte como abuelo. Aterrada de oprimir el botón Enviar, ¡me asusté cuando lo hice! Jamás había sido tan osada, esto era totalmente inusual en mí.

Me respondió la tarde siguiente, con asombro. "Pensé que no sabías quién soy. No hemos tenido la verdadera oportunidad de charlar. Tu mensaje me halagó. Dime si te gustaría que nos viéramos. Entenderé si prefieres no hacerlo."

Nos reunimos en una cervecería. Ahí me enteré de que acababa de comprar una lancha, y él supo que me fascina pescar, al grado de que cebo mis propios anzuelos y retiro los peces.

¡Estaba muy nerviosa! No había tenido una "primera cita" en treinta y nueve años.

Ese encuentro en la cervecería ocurrió hace dos. Ya taché oficialmente de mi lista de pendientes el deseo de enamorarme de nuevo. Hoy comparto todo el amor de mi corazón con un hombre que comparte el suyo conmigo. ¡Me siento una adolescente! La gente dice que he cambiado y que salí de mi concha. Río y luzco radiante. Doy gracias de que me haya armado de valor para buscar a Tim. Todo comenzó con una puerta abierta, pero me alegra mucho haber tenido el valor de cruzarla.

~Nancy Beaufait

Las reglas del Metro

No dejemos de cantar mientras marchamos:
el camino será menos tedioso.

~VIRGILIO

Estábamos afuera del Metro de Toronto y yo no podía creer lo que decía mi hijastro.

—La gente vive aquí en su propio mundo y no le gusta que interfieras en él. Los pasajeros del Metro no hablan.

Josh sabía que soy cordial dondequiera que vaya y creyó que era importante que me pusiera al tanto de las reglas del Metro. Crecí en las praderas, en la pequeña ciudad de Taber, famosa por su maíz dulce. Ahí, todos hablábamos con todos.

Cuando subimos al Metro, había sólo un asiento vacío. Mi esposo me indicó con la cabeza que lo ocupara. Me apretujé junto a una mujer canosa que murmuró de inmediato, contrariada:

—¡Ah, sí, tenía que sentarse aquí! Para incomodarme. ¡Debí haberlo supuesto!

—Disculpe —le dije—. ¿Quiere que me vaya?

Replicó con un gran suspiro:

—No, quédese.

Pero su tono de voz me indicó que yo no era bienvenida en ese asiento.

—Me marcharé si lo desea. No me molesta, sobre todo si le incomodo —expliqué.

—No, está bien —suspiró de nuevo—. Quédese.

Dado que ya dialogábamos y ella había iniciado la conversación, me propuse cambiar su negativo punto de vista. Le pregunté si alguna vez había estado en Alberta. Esperó dos segundos y contestó:

—No, pero hemos llegado cerca de Vancouver.

—¡Me encanta Vancouver! —le dije, y mencioné su excelente clima, la amabilidad de la gente y la belleza de su vegetación—. ¿De dónde es usted? —inquirí.

Le fascinó que se lo preguntara, y pronto me enteré de su vida en el campo. Habló hasta que llegó el momento de que bajara, sonrió con afabilidad y se despidió de mí.

Me pregunté si acaso habría más personas dispuestas a infringir las reglas del Metro.

En una estación al día siguiente, mi esposo y mi hijo fueron a comprar boletos y yo me quedé a observar a la gente. El señor que recibía los boletos me sorprendió con la vista fija en él y frunció el ceño. Le sonreí y me miró con atención. Como no dejaba de sonreírle, se acercó a mí con una mirada seria.

—¿Desea cantarme una canción? —preguntó.

Asombrada pero complacida de que hubiera hablado, respondí:

—Lo haría, sólo que vengo con mi esposo y se molestaría. Si estuviera sola, le cantaría algo en este momento.

—¿Le gustaría que yo le cantara? —preguntó, con una chispa en los ojos y una sonrisa en ciernes.

—¡Sí, claro!— le dije.

Entonó entonces "Strangers in the Night". Su grave voz era tan bella que lancé una exclamación. Sentí que recibía un regalo especial en el Metro.

Mi esposo y mi hijo regresaron pronto, pero yo no dejaba de mirar al hombre con esa magnífica voz.

Cuando terminó le dije:

—¡Qué bella voz tiene! Debería compartirla.

—Lo hice. Fui cantante de ópera.

—Pues debería seguir compartiendo esa hermosa voz con sus semejantes —añadí.

—Ya no puedo hacerlo —me dijo—. Estoy enfermo, y no puedo asumir compromisos de ningún tipo. Nunca sé cuándo reaparecerá el malestar.

Le agradecí su estupenda actuación. A esas alturas, me preguntaba qué más podía ocurrir en el Metro. Sin duda, también a mi hijastro le inquietaban esos dos sucesos. Yo no le había creído que estuviera prohibido hablar con la gente en los vagones, así que decidí que continuaría rompiendo las reglas.

Esa noche, al volver en otro tren, hallé un asiento junto a una pareja. Me volví y dije:

—Sé que se supone que no debo hablar con ustedes.

—¿Por qué no? —inquirió él.

> **Decidí que continuaría rompiendo las reglas.**

—Me dijeron que a la gente no le gusta que la aborden en el Metro —expliqué—, pero ¿ya vieron *Crocodile Dundee*? —hice una pausa para que recordaran a este personaje y les tendí la mano—. ¡Hola, me llamo Ellie! Soy de Alberta.

Rieron y me dieron la mano.

Conversamos como viejos amigos, lo que llamó la atención de un caballero a dos asientos de distancia.

Los esposos se levantaron y dijeron que lamentaban tener que interrumpir la conversación pero su parada estaba cerca. Voltearon al tiempo que bajaban, en medio de sonrisas y despedidas.

Tan pronto como descendieron y el tren arrancó otra vez, el caballero que me había mirado se puso de pie y se aproximó. Se disculpó y me dijo:

—Fue inevitable que escuchara una parte de su conversación y… —pronto charlábamos ya.

Se bajó en la misma estación que nosotros, sin que dejara de hablar con entusiasmo. Dijo que la oportunidad de platicar en un viaje le emocionaba. ¿Quién demonios había hecho aquella regla absurda de no hablar?

Ya en el andén, nos sonrió y dijo:

—¡Gracias! Disfruté mucho nuestra charla y quisiera cantarle algo.

No era una pregunta y, complacida de que se me dedicaran dos canciones en un solo día, respondí:

—¡De acuerdo!

Se puso a cantar con una voz muy agradable, y yo no pude menos que soltar una exclamación por la coincidencia, porque entonó "Strangers in the Night".

Tuve una sensación muy clara de que el universo quería decirme algo, y lo confirmo: la gente debe conversar, incluso en el Metro.

Los canadienses de las grandes ciudades son amigables, al grado de que no sólo les gusta platicar contigo, ¡sino que también cantarán para ti! Si por casualidad alguien te dice otra cosa, ¡no le creas!

~Ellie Braun-Haley

28

Frisbee en el Kalahari

La vida comienza al final de tu zona de confort.

~NEALE DONALD WALSCH

Cuando salté para atrapar el frisbee de imitación, choqué con un arbusto espinoso, me lastimé las piernas y caí de espaldas. Después de mi previo desastre en el lanzamiento de un proyectil, tenía la esperanza de que me reivindicaría con una práctica deportiva de mi mundo. Pero si desafías a los bosquimanos del Kalahari a un duelo de lanzamiento, incluso de un objeto que no han visto nunca, es muy probable que te superen.

Mientras el sol se ocultaba, tuve uno de esos pensamientos que te asaltan cuando has viajado lejos de la esfera de tu realidad:

¡Vaya! ¡Estoy jugando frisbee… en Botsuana… con los bosquimanos del Kalahari! Nadie me lo va a creer cuando se lo cuente.

Traqueteante, nuestro Land Rover se dirigía al desierto a las ocho y media de esa mañana. Una tribu de bosquimanos San, cubiertos con pieles de cudú, una especie de antílope con cuernos retorcidos, nos había esperado desde antes del amanecer cerca de un macizo de arbustos previamente convenido. Fijar una hora más específica habría sido imposible, explicó nuestra guía local, Neeltjie Bower, porque los bosquimanos distinguen sólo tres horas del día: "antes del amanecer, cuando el sol sale y cuando el cielo se pone rojo".

Perteneciente a la quinta generación de descendientes de ganaderos neerlandeses inmigrantes, Neeltjie creció en una granja en el Kalahari.

De niña jugaba con los hijos de los bosquimanos y aprendió su idioma. Ahora, como administradora del Grassland Safari Lodge cerca de Ghanzi, Botsuana, en ocasiones llevaba a pequeños grupos como el nuestro a que conocieran a sus amigos de la infancia.

En muchos lugares a los que he viajado, he sido arrastrado a excursiones conocidas como "experiencias nómadas", que en realidad son sólo espectáculos con fines de lucro. Este caso era distinto. Estos sujetos vivían de verdad en el desierto como cazadores-recolectores nómadas. Seguían un estilo de vida que ha permanecido intacto durante milenios: dormían en chozas de carrizo, cazaban con lanzas elaboradas a mano, confeccionaban prendas hechas con pieles de animales y compartían entre sí sus escasas posesiones.

Neeltjie traducía al tiempo que sus amigos nos guiaban por el desierto. Nos enseñaron plantas medicinales que utilizan para tratarlo todo, desde dolores de cabeza hasta náuseas y cólicos. Nos mostraron cómo excavan en busca de agua y la guardaban para la estación seca en cascarones de avestruz. Representaron para nosotros la cacería del cudú. El chico que interpretó al animal nos hizo reír cuando un supuesto cazador lo atrapó por la pierna.

> **Me incliné y tomé un escarabajo asado de más de dos centímetros de longitud.**

En la tarde nos llevaron al predio donde vivían. Dos albergues de adobe en forma de caramelo señalaban el centro de reunión. En torno a una humeante hoguera, compartían uno de sus bocadillos preferidos: escarabajos al carbón.

—Tienes que probarlos —me incitó Neeltjie—. ¡Vamos! ¡Eres el guía del grupo!

En estricto sentido, tenía razón. No importaba que ésta fuera mi primera vez en el sur de África y que me sintiera fuera de mi elemento como nunca antes. Compartía la coordinación de este viaje con el botánico Bill Given. Él era el verdadero guía, junto con los expertos locales. Mi labor se reducía a dar clases de redacción a nuestro safari y realizar las tareas que hicieran falta, como administrar primeros auxilios a quien fuera lo bastante tonto para chocar con un arbusto espinoso.

Otra de mis tareas consistía en adoptar una apariencia intrépida y probar todo lo que se nos ofreciera. Si un líder no desempeña este papel, infundirá dudas en el resto del grupo. Así, cuando una joven me tendió una canasta de algo que, desde su perspectiva, era una botana deliciosa, no tuve otro remedio que reprimir mi aprensión. Me incliné y tomé un escarabajo asado de más de dos centímetros de longitud.

Crujió como una palomita de maíz y sentí su interior blando y húmedo. Un trozo de caparazón se me atoró en los dientes. Sentí náuseas antes de que lo tragara, pero me contuve. Si el escarabajo no estaba todavía en mi estómago, no era él lo que me producía mareos. Este efecto se debía a lo que yo pensaba del insecto.

Los hombres me retaron a un duelo de lanzamiento de proyectiles. Consistía en echar a correr mientras se sostenía detrás del hombro un bastón afilado; luego, con un ágil movimiento de la muñeca, había que arrojarla desde un montículo de arena y hacer que volara lo más lejos posible. Parecía sencillo. Ellos conseguían lanzamientos de veinticinco metros o más. En mis mejores intentos, apenas llegué al montículo y cubrí con mi lanza unos cuantos centímetros.

Pese a mi ineptitud, nos divertíamos. Sólo que... había algo que me preocupaba.

Aunque esta tribu de bosquimanos mantenía sus tradiciones ancestrales, otros grupos, dijo Neeltjie, habían dejado la vida en el desierto por comodidades sedentarias. Me pregunté: *¿Nuestra presencia dañaba su cultura?*

Pensé en la película *The Gods Must Be Crazy* (*Los dioses deben estar locos*). En ese falso documental de 1980, un piloto arroja desde su avión un envase de Coca-Cola mientras vuela sobre el Kalahari. En la creencia de que se trata de un don de los dioses, los bosquimanos se pelean por ese extraño objeto, el cual causa conflicto y confusión.

Yo no quería ser como ese piloto, ajeno a los nocivos efectos de acciones aparentemente triviales. Sin embargo, Neeltjie me aseguró que nuestra visita era positiva.

—Si algo salvará a los bosquimanos —dijo— es el turismo, aunque sólo si se practica de forma razonable.

A Koba, una mujer que parecía ser mayor de sesenta años, le causó curiosidad mi pregunta de si encuentros como el nuestro alteraban la vida tradicional de los bosquimanos.

—Nos gusta conocer lenguas y costumbres nuevas —respondió por medio de Neeltjie—. Nos agrada lo diferente. Esto es bueno: ellos nos enseñan y nosotros les enseñamos a ellos.

¿Pero que eso cambie su forma de vida? Mi sugerencia le hizo reír.

—Me agrada probar alimentos que no conozco —dijo—, pero siempre preferiré aquello a lo que estoy acostumbrada.

Entendí. A fin de cuentas, no le ofrecía pizzas a cambio de escarabajos asados, ni ella a mí. Suponer que abandonaría su mundo por el mío era una insinuación condescendiente.

Ese grupo había compartido con nosotros su cultura durante todo el día. Quería darle algo a cambio. En mi bolsa encontré un frisbee que había llevado en mis viajes por Asia y Europa desde hacía dos años, por si alguna vez se ofrecía un juego. No era un frisbee de marca. Era blando y delgado, una pieza de rojo vinil adherida a un anillo metálico que podía doblarse para guardarla en el bolsillo.

Los bosquimanos no habían visto nunca un objeto como ése. *Los impresionaré con mi destreza*, pensé. Pero no fue así: se volvieron expertos al instante, y me hacían caer mientras el disco volaba sobre mi cabeza. Reía cuando me levantaba y sacudía la arena que se adhería a mis rasguños.

El viento arreció. Se avecinaba una tormenta. El motor de nuestro Land Rover rugió. Había llegado la hora de despedirnos.

Cuando viajo, hago amistad con la gente con la que quiero mantenerme en contacto; intercambiamos direcciones de correo o información de Facebook. Aquí, lo único que pude ofrecer fue un frisbee de imitación. Le tendí el disco al chico que me había hecho aterrizar sobre el arbusto espinoso.

—¡Nos veremos pronto! —grité al tiempo que subía a nuestro Land Rover, y esperaba en verdad que así fuera.

—¡Regresen, Regresen! —respondió Koba—. ¡Hacen que nos sintamos vivos!

~Dave Fox

El poder del

¡Sí!

Finge hasta que lo domines

Creas tu futuro con lo que haces hoy, no mañana.

~ROBERT KIYOSAKI

Un día en el spa

El valor es producto del cariño.

~LAO TSÉ

Luego de varias semanas de tratamiento a causa de un derrame cerebral, mi mamá estaba a punto de salir del hospital. Sin pensarlo dos veces, yo me había asumido como su cuidadora de tiempo completo, pero resultó que había pasado por alto un deber muy importante: bañarla.

—Es la hora de bañar a su madre, así que, si desea acompañarme, observará el procedimiento correcto —me indicó la enfermera, no sin cierto desinterés.

Como mi madre siempre había sido muy recatada, yo no la había visto desvestida desde mi niñez. No es de sorprender que yo haya crecido con un similar sentido del pudor. Afirmar que me incomodó la sugerencia de la enfermera de que la viera bañar a mi madre es decir poco.

Mi hija tenía un empleo de tiempo completo, así que era raro que me ayudara a atender a mi madre. Pero cuando la enfermera preguntó si Jacqui también cuidaría a su abuela, contesté antes de que ella pudiera abrir la boca:

—Sí, ¡claro que lo hará!

Pese a que me miró confundida, Jacqui comprendió en cuanto vio mi mirada. Si yo iba a enfrentar la experiencia de ver a mi mamá como Dios la había traído al mundo, ¡ella tendría que hacerlo también! La tomé del brazo y echamos a andar detrás de la demasiado resuelta enfermera.

Mentiría si dijera que la empresa fue sencilla. En términos emocionales, fue muy desagradable para mí. Aunque yo era física y mentalmente capaz de ocuparme de la tarea, me pregunté si alguna vez ésta se convertiría en una labor automática.

Después de varios días en casa, fue imposible que aplazara lo inevitable. Me armé de valor y le avisé a mamá que iba a bañarla. Aceptó; aquélla fue sin duda una noticia refrescante para ella, luego de que había pasado tanto tiempo en el hospital.

> Había pasado por alto un deber muy importante: bañar a mi mamá.

Nunca había tardado tanto en reunir toallas, toallitas para la cara, champú y acondicionador. Por fin, una vez que saqué algunas prendas cómodas y recién lavadas, desvestí a mamá y la senté en la banca del baño.

Dejamos que la reconfortante agua tibia llenara la tina para que ella pudiera remojar sus fatigados pies en lo que yo le enjabonaba el cuerpo con delicadeza y eliminaba los residuos de las vendas y de los electrodos adherentes con los que habían monitoreado su corazón. Después de que enjuagué su cabello con el rociador, masajeé vigorosamente su húmedo cuero cabelludo con el agradable champú de perfume herbal.

Se relajó por completo; fue como si soltara de pronto toda la tensión que había acumulado en las últimas semanas. Simultáneamente, yo me sumergí tanto en mi propósito de que su baño fuera lo más cómodo y calmante posible que olvidé toda incomodidad de mi parte. Por el contrario, la experiencia resultó muy gratificante para mí.

Una vez que sequé a mamá con una toalla gruesa y absorbente, le froté crema en los brazos, las piernas y los pies antes de que la vistiera. Cuando terminé de ponerle los tubos en el pelo, le apliqué en cara y cuello su crema hidratante favorita de Oil of Olay.

—¡Misión cumplida! Acabamos, mamá.

Mi agotada pero satisfecha madre me miró con una hermosa sonrisa y susurró su primera palabra clara desde su derrame:

—¡Gracias!

—¡De nada! —contesté radiante—. Fue como un día en el spa, ¿no?

Así lo sentía. Tan pronto como me animé a intervenir, todo ocupó su sitio, y bañar a mamá se convirtió al instante en algo casi natural. ¡Esto fue para ambas una increíble bendición!

~Connie Kaseweter Pullen

Tobogán a la diversión

No dejas de reír porque envejeces.
Envejeces porque dejas de reír.

~MAURICE CHEVALIER

—¡Whisky! —dije entre dientes y sonreí mientras nos tomaban la fotografía. Mis nietos, Levi y Taylor, danzaban junto a mí cuando me acerqué al mostrador para recoger el pase con el que entraría en el parque de diversiones.

—¡Podrás subir con nosotros a todos los juegos, abuelita! —exclamaron. Asentí y me imaginé parada a un lado de un caballito del carrusel, atenta a que su pequeño pasajero no se viniera abajo. ¡Éste iba a ser sin duda un verano muy divertido!

Mi hija, Kelly, propuso entonces que los lleváramos al helicóptero.

—¡Muy bien! —dije, dispuesta a quedarme en tierra, mirar y agitar la mano. Pero resultó que aquél era un juego para todas las edades, así que tuve que agacharme mientras subíamos y me sentaba en una banca diminuta. Bueno, lo que se sentó ahí de mí fue un reducido porcentaje de mi cuerpo; el resto colgaba, y se meneó y rebotó en tanto rodábamos por un angosto riel a seis metros del suelo.

Apenas habíamos tocado tierra cuando volvimos a volar, esta vez en una torre giratoria. Ahí íbamos, sentados en una especie de pecera y rodeados de ventanas. Descendimos lentamente y rotábamos a medida que avanzábamos. Miré abajo y me di cuenta de que nos hallábamos muy arriba. Cerré los ojos y oculté la cara detrás de mi impertérrito nieto de tres años sentado en mis piernas.

Después fuimos al parque acuático. Esta idea me agradó; estaba lista para chapotear en la alberca infantil mientras los niños se salpicaban. Y eso fue justo lo que hicimos, hasta que Levi vio la resbaladilla acuática. Apuntó hacia allá y yo sacudí la cabeza.

—¡No, cariño! Eso es para los niños grandes y los adultos —cerré el caso y continué mi recorrido por la piscina de treinta centímetros de profundidad.

—Hay otra resbaladilla acuática —oí decir a mi hija—, a la que los niños pueden subir si los acompañamos.

Aunque le hice señas para que se callara, ya era demasiado tarde; cuatro orejitas la habían escuchado con claridad. Dos manitas húmedas tomaron las mías y me llevaron a rastras, pese a mi renuencia y nerviosismo.

> No paré de gritar hasta que caímos en el agua en medio de un gran chapuzón.

Al tiempo que subíamos las escaleras, hice cálculos mentales. ¿Un trasero de sesenta centímetros podría caber en una llanta inflable con una abertura circular de cuarenta y cinco y un área de protección de veinticinco? Si resultaba que me atascaba en esa abertura, ¿cuántos hombres fuertes serían necesarios para sacarme? Si tenían que desinflar la llanta para extraerme, ¿cuántos espectadores registrarían en su teléfono ese humillante proceso?

—Yo llevaré a Levi, tú lleva a Taylor —me instruyó mi hija cuando llegamos a la cumbre. Vi que tomaba una llanta, la ponía sobre la resbaladilla y se sentaba en ella. Levi se trepó y salieron disparados en medio de estruendosos alaridos.

Miré a Taylor, quien ya alzaba los brazos para que la cargara.

—¿Estás lista, abuelita? —preguntó.

Por supuesto que no lo estaba, pero las personas que estaban formadas detrás de mí empezaban a impacientarse. Tiré al suelo la llanta de un amarillo radiante y me posé sobre ella. Volteé hacia el encargado y le pedí que me pasara a la niña. Taylor fue depositada encima de mí en tanto me sujetaba de las asas de la llanta. Esperé, pero nada sucedió.

Escuché las palabras "Parece que necesita un empujón" justo cuando salíamos disparadas. Al parecer, el peso hace que una llanta viaje más rápido. No paré de gritar hasta que caímos en el agua en medio de un gran chapuzón. Por instinto, envolví a Taylor en un abrazo mientras girábamos frenéticamente. Justo en ese instante estallé en carcajadas como no lo había hecho en los últimos veinte años, tanto que respiraba con dificultad. El parque desapareció y lo único que me rodeaba eran el cielo, el sol y mi dicha. Había recuperado un regocijo que creí que ya encontraría sólo en mis recuerdos.

El encargado interrumpió mi euforia.

—¡Señora, señora, debe salir de la alberca!

La realidad retornó e intenté levantarme de la llanta.

—Tome a la niña, por favor —le pedí—. Esto no va a ser fácil.

Una vez que me retiraron a Taylor, inicié nuevos cálculos. *Una tortuga sobre su caparazón tiene que rodar para enderezarse. Si ruedo, ¿el hecho de que mi trasero esté encajado en la abertura circular de la llanta provocará que caiga de cabeza al agua? ¿Cuánto tiempo podré contener la respiración?*

De repente unas manos me levantaron. Mi *derrière* emergió de la llanta con un ruidoso *pum* y salí del agua entre risas. Me devolvieron a Taylor y llegamos juntas al lado de mi hija y mi nieto.

—¡Nunca te había oído reír tanto, abuelita! —exclamó Levi con una gran sonrisa.

Le apreté un hombro.

—¡No creí que pudiera hacerlo aún!

Había dado por hecho que, debido a mi avanzada edad, una diversión como ésa era cosa del pasado. Pero descubrí que no era así; sólo yacía dormida. Estaba a la espera de que la despertara de una sacudida para que reviviese por completo, con un aullido y un estrepitoso chapuzón.

~Marianne Fosnow

Pasos imperfectos

*Es mejor hacer algo imperfecto que no hacer
nada a la perfección.*

~REVERENDO ROBERT H. SCHULLER

En aquellos tiempos, el lugar donde había que estar era CBGB. Este modesto pero animado club, en el número 315 de Bowery, dio cabida a algunas de las bandas más prolíficas en la historia del rock. Los Ramones, Blondie, Talking Heads y The Clash habían honrado su escenario, vistiendo sacos negros de cuero prendidos con alfileres.

Tuve la suerte de formar parte de ese mundo como estudiante de música y teatro en la muy cercana New York University (NYU). CBGB se convirtió para mí en un segundo hogar.

El dueño, Hilly Krystal, siempre fue muy amable conmigo. Contrató varias veces a mi banda, e incluso me dio un papel en una serie para la televisión por cable titulada TV-CBGB. (La transmitieron dos veces, según me dicen.)

Después de que me gradué, tomé unos cursos en la Katharine Gibbs School (para adquirir habilidades comerciales) y entré también en una nueva banda, que ensayaba dos veces a la semana en Howard Beach. Llegar ahí implicaba un largo viaje en tren, pero que en mi opinión valía la pena, porque aquéllos eran buenos músicos.

Un día pasé por CBGB para saludar a Hilly ¡y me ofreció un concierto para mi nueva banda! Sería un viernes en la noche, nada menos. Aunque nos presentaríamos con otros tres grupos, no importaba. ¡Era CBGB!

Recuerdo que cuando abordé el Tren A hacia Howard Beach, temblaba de emoción. ¡Me moría de ganas de decirles a mis compañeros que ya estábamos contratados para nuestro primer concierto! Como estaba programado para tres semanas después, teníamos mucho tiempo para ensayar.

Pese a todo, el anuncio causó confusión. Mis compañeros me explicaron que no estábamos preparados todavía para tocar en público.

Desilusionada, respondí:

—Hemos practicado casi un año. ¡Por supuesto que estamos preparados!

Ellos eran músicos muy talentosos, y todos conocíamos el estilo y capacidades de los demás. En total contábamos con al menos diez temas originales, aun si estaban lejos de ser exitosos, ¡pero hablábamos de punk rock, no de Mozart! CBGB tenía buena fama, por más que no fuera el Carnegie Hall.

La razón para rechazar ese ofrecimiento, concluyeron, era que las canciones debían perfeccionarse.

Estoy a favor del arte de calidad, y el nuestro tendía a serlo, pero repuse:

—¡Nunca seremos perfectos!

Esa noche dejé la banda. En la sala de la casa del baterista todavía tuve que esperar incómodamente a que mi novio (ahora esposo) pasara a recogerme. El baterista rabiaba en el sofá, en medio del silencio de los demás integrantes.

Semanas más tarde subí al escenario, con mi novio en la guitarra y sus amigos en el bajo y la batería. Las canciones eran pegajosas. Toqué mi teclado (al que le había adaptado, con tachuelas, una cinta colgante para guitarra) y canté varios temas originales y algunos *covers*.

Aunque no recibimos grandes elogios, nos sentimos bien. Esta experiencia nos levantó mucho el ánimo, y no rompimos ningún tímpano, lo cual fue bueno.

Jamás me imaginé que arriesgarme esa noche —y exponerme, en sentido literal y figurado— me abriría tantas puertas.

Conocí a otros músicos, quienes a su vez me presentaron a otros más, y en menos de un año ya hacía giras nacionales como tecladista de varias bandas de rock.

Nunca me concebí como un prodigio en mi oficio, pero no era necesario. Lo que hacía era más que aceptable, y la verdad es que habría tardado años en aproximarme a la perfección.

Viendo ahora las cosas con más claridad y un oído más refinado, me doy cuenta de que las canciones que tocamos aquella noche no eran muy buenas. Irónicamente, no habría importado que las tocáramos "a la perfección"; de todas formas habrían parecido "buenas".

La vida me recuerda muy a menudo —en la maternidad, el trabajo, la administración del hogar e incluso cuando escribo un relato— que nunca seré perfecta, y que perseguir la perfección consumiría mi existencia.

> **Doy pequeños pero valientes pasos imperfectos, y estos pasos imperfectos me llevan a nuevas experiencias.**

Así pues, doy pequeños pero valientes pasos imperfectos, y estos pasos imperfectos me llevan a nuevas experiencias.

La autora Anne Lamott escribió: "El perfeccionismo es la voz del opresor, el enemigo de los seres humanos". Estoy de acuerdo.

Este verano tocaré el teclado para la banda de mi esposo en el SoulFest, uno de los principales festivales de música cristiana en Estados Unidos. Su banda requiere un tecladista en algunas canciones, y yo cumplo los estándares. Tengo más de cincuenta años y ciertamente no seré perfecta, pero lo haré porque es una experiencia nueva. Al correr de los años, he aprendido que los pasos imperfectos no dejan de ser pasos hacia delante en la vida.

~Mary C. M. Phillips

Mi encuentro con mi superhéroe interior

*Tendrás en la vida lo que desees si te pones
tus mejores galas.*

~EDITH HEAD

Estaba en un vestidor iluminado con lámparas fluorescentes cuando reparé en que no sabía cómo comprar un traje, o cualquier otra prenda de vestir.

En los ocho años previos, mi uniforme había consistido en un traje de vuelo del ejército y botas de combate. Cuando disponía de precioso tiempo libre, nada me gustaba más que la comodidad de una camiseta y un pantalón corto o unos pantalones deportivos.

Una vez que me separé honorablemente del ejército, era hora de que armara un guardarropa para la siguiente etapa de mi vida, y no tenía idea de cómo hacerlo. Guardé en mi teléfono algunas fotografías de atuendos que había encontrado en Google. Introvertida y enemiga de ir de compras, me sentía aterrada y perdida, demasiado avergonzada para pedir ayuda.

Así, el primer día fui a una enorme tienda departamental en un centro comercial igualmente enorme, y me sentí tan abrumada que dejé toda la ropa en el vestidor y me marché llorando.

—¡No puedo con esto! —me dije en la seguridad de mi automóvil bajo la débil luz de un estacionamiento.

Mi teléfono repicó en ese momento con la notificación de un nuevo correo. "¿Podría presentarse el próximo jueves a una entrevista?", decía la línea del asunto. Este día era lunes. Y esa noticia debía haber sido excelente para mí. ¡Una prestigiosa consultoría solicitaba una entrevista conmigo!

Sin embargo, en mi mente sólo veía el hueco en mi armario que debía ser ocupado por un atuendo profesional.

Sacudí la cabeza al tiempo que miraba la pantalla. ¡Claro que podía ir a la entrevista! De shorts y sandalias, porque eso era lo único que tenía después de mi mudanza de California a Washington, D.C., por la nueva misión militar de mi esposo.

Metí el teléfono en mi bolsa y busqué mis llaves, las cuales salieron acompañadas por un fragmento de mis baratos lentes oscuros. Una parte del armazón se había enredado en el llavero y se desprendió cuando jalé las llaves.

¡Sólo eso me faltaba! Solté incontables gritos frente al volante.

Desde niña me encantaban los lentes oscuros, pero hasta entonces siempre los había adquirido en el exhibidor giratorio de las gasolineras. Ya sabes, el que está junto a las salchichas que dan vueltas.

No más. Algo se había modificado en mí y pensé: ¡Basta!

Quizá fue el hecho de que viera pasar a otras mujeres con grandes bolsas de ropa y hermosos vestidos envueltos en bolsas de plástico, con el rostro encendido y una sonrisa de oreja a oreja. O el de que no pudiera permitirme que algo tan ridículo como un centro comercial me intimidara. *Es apenas un montón de ladrillos, prendas y cristales*, me dije.

Volví al centro comercial. Esta vez no me dirigí a una tienda de ropa, sino a una boutique de anteojos oscuros. Olía a cuero y limpiador de ventanas cuando entré.

Tomé unos magníficos lentes de aviador Ralph Lauren y me los probé. Sentí que un millón de dólares me miraban desde el espejo y vi la etiqueta. ¡Costaban más de trescientos dólares! ¡Eso era una locura! Miré de nuevo mi imagen con esos elegantes anteojos y advertí que la mujer en el espejo lucía distinta a como yo me sentía. Se veía fuerte, segura de sí misma, bella. Y deseé que se quedara mucho tiempo conmigo.

Respiré hondo y le tendí mi tarjeta al cajero. Desde luego que no abogo por que la gente incurra en deudas desmoralizadoras a causa de una fiebre de compras, pero ese día me di cuenta de lo poderoso que puede ser en la vida un "artículo de superhéroe". Podría ser un reloj, unos aretes o incluso el abrigo o la bufanda perfectos, algo que nos haga sentir invencibles siempre que nos lo ponemos. Para mí resultó ser un par de lentes oscuros.

La reacción en cadena en mi autoestima fue maravillosa, y esparció confianza en otras áreas de mi vida. Tenía unas gafas oscuras de superhéroe, y sentí que ahora valía un millón de dólares. Pero, sobre todo, sentí que algo en mi espíritu cambiaba y susurraba: "Vales un millón de dólares y más".

Con mis nuevos lentes orgullosamente guardados en su estuche de piel en mi bolsa, regresé a una de las tiendas enormes. Busqué los trajes. Y cuando la vendedora me preguntó si necesitaba ayuda, esta vez contesté:

—¡Sí!

Tres días más tarde me pavoneaba por las calles de Washington, D.C., como si ya hubiera triunfado en mi entrevista

> Ese día me di cuenta de lo poderoso que puede ser en la vida un "artículo de superhéroe".

de trabajo. Las palabras que mi esposo me dijo esa mañana resonaban en mi cabeza: "Nadie sabe que estás nerviosa a menos que se lo digas. Actúa como si no lo estuvieras".

Llovía a cántaros. Cuando llegué a la entrevista, mi frente estaba bañada de lluvia y sudor y yo había manchado mi suntuoso traje negro en el área de las axilas. Al entrar sequé mi rostro con un pañuelo desechable y la entrevistadora me saludó con una sonrisa. Me agradeció profusamente que hubiera sido puntual pese al mal tiempo. Cuando toqué mi bolsa, sentí el duro filo del estuche de mis lentes, el cual me recordó que era (o me empeñaba en ser) una mujer poderosa. Hice cuanto pude por sentirme la mejor candidata a ese puesto.

Después de la entrevista, el cielo se aclaró y salió el sol. Me puse mis lujosos lentes oscuros y paseé por la ciudad. Nunca había estado sola en una ciudad tan grande.

Habiendo tomado el Metro en la dirección equivocada, me percaté de ello cinco paradas más tarde y tuve que bajarme, buscar el tren indicado y retornar en la dirección opuesta. Decidí ir sola al Museo Smithsoniano, y me agradó tanto que fui a un museo más antes de detenerme a comer.

A la hora de la comida, pedí orgullosamente una mesa individual en un fastuoso restaurante de comida española y mediterránea y me senté junto a la ventana, algo que no habría hecho nunca antes. Cuando vi en el menú las deliciosas descripciones de los platillos que quería, con nombres impronunciables, me tragué mi orgullo y señalé. En vez de burlarse de mí, el mesero emitió la palabra en español, que repitió con una sonrisa para que yo pudiera decirla también. Más tarde disfruté de mi vino mientras veía pasar a personas desconocidas.

Mi teléfono trinó de nuevo. Esta vez, la línea del asunto decía: "OFRE-CIMIENTO". Sentí que flotaba en el aire en lo que me ponía mis lentes de trescientos dólares y regresé valseando a casa.

Seis años y tres mudanzas después, ya renuncié a ese puesto, hice estudios de posgrado (fui una de las estudiantes de mayor edad en mi grupo) y puse mi propio negocio, pero esos lentes siguen en mi bolsa.

Nada me da más ímpetu que ponerme esos lujosos lentes oscuros cuando necesito un empujón. Salgo a dar un paseo —usando con orgullo mis lentes de superhéroe— y recupero mi sonrisa de inmediato.

~Kristi Adams

En pugna con el síndrome del impostor

*El valor no siempre ruge. A veces es la débil
voz que dice al final de la jornada:
"Mañana lo intentaré de nuevo".*

~MARY ANNE RADMACHE

Llegué a mi primer congreso y taller de escritores inmersa en la idea de que ese viaje sería una gran pérdida de dinero y esfuerzo. Luego de varios años de trabajo había publicado algunos cuentos, pero no cumplido mi meta más importante: vender una novela. Y aunque conseguí los servicios de una agente literaria —lo cual fue un gran logro—, mi libro no se había vendido aún.

El último año había trabajado en una nueva novela y mi agente estaba a punto de enviarla a los editores. Si este libro no se vendía... quizá sería la señal de que debía dedicarme a otra cosa.

Sabía que esta sensación tenía un nombre: *síndrome del impostor*. El negativo parloteo dentro de mi cabeza me decía que yo no era escritora, que mis publicaciones y mi agente eran meras casualidades que indicaban buena suerte, no habilidad, y no me las había ganado. Seguía escribiendo y corrigiendo mi trabajo, pero la proximidad del ofrecimiento de mi nueva novela volvió demasiado ruidosa la voz de mi síndrome del impostor.

Me registré en el hotel del congreso y me forcé a abandonar el refugio de mi habitación. Mientras aguardaba el elevador y batallaba con mi inhibición, recordé que estaba ahí para hacer contactos y mejorar como escritora, lo cual no ocurriría si me ocultaba en mi habitación. Tampoco era mi intención dilapidar el dinero que había gastado en el avión y el registro.

Los responsables del taller montaban en ese momento una sala de reuniones. Respiré hondo y me presenté.

—¿Puedo ayudar? —inquirí.

Con amabilidad me pidieron que llenara unos formularios y me relajé; nadie me había identificado todavía como una farsante. Luego llegó la mayoría de los asistentes, entre ellos algunos escritores a los que conocía de grupos en internet. En poco tiempo, tenía una invitación a cenar con mis nuevos amigos.

> Sabía que esta sensación tenía un nombre: *síndrome del impostor.*

El congreso dio principio al día siguiente. Uno de los oradores contó que su primer libro fue rechazado por todas las editoriales, pese a lo cual pudo vender el segundo, y más tarde el primero también. Sentí un extraño brote de esperanza.

Abordé tímidamente a ese autor en el siguiente receso y le expliqué mi predicamento.

—¿Qué hace cuando un libro suyo no se vende? —le pregunté—. ¿Y si el siguiente no se vendiera tampoco?

Me miró a los ojos y me ofreció una sonrisa de comprensión.

—Hago lo único que sé hacer: seguir escribiendo.

Me retiré para cavilar en su respuesta. Éste era el *quid* de la cuestión: si no escribía, no sabía qué sería de mí.

Pero si mi nuevo libro no se vendía…

Mi síndrome del impostor no cerraría la boca jamás.

Esa tarde, los asistentes nos dividimos en grupos para llevar a cabo la sección del taller. Semanas antes habíamos intercambiado nuestros cuentos en línea, y preparado críticas de cada uno de ellos.

Aunque para entonces yo ya había hecho y recibido críticas en talleres literarios en internet, nunca había hecho nada semejante en persona. El primero en ser elegido fue el relato de otra autora, y los demás nos turnamos para manifestar nuestras evaluaciones, brutalmente honestas. Pronto llegó la hora de que mi cuento fuera desmenuzado.

Un compañero me entregó sus notas sobre lo que podía hacer para que mi cuento mejorara, ¡del doble de extensión que éste!, y procedió a detallarlas en forma apasionada. Yo me encogí en mi silla mientras asentía a sus explicaciones, pero por dentro me sentí mortificada. Pese a que los demás hicieron comentarios más afables, la conclusión era la misma: mi cuento era fallido.

Volví aturdida a mi habitación.

Había presentado ese relato porque sabía que necesitaba un poco de trabajo; algunas revistas ya lo habían rechazado, en amables términos. Sin embargo, ahora venía a enterarme de que era irreparable, una basura.

Quizás esta misma palabra describía la totalidad de mi carrera literaria, si acaso podía llamarla carrera.

Mi primera novela había terminado por ser invendible.

La nueva también podía ser un fracaso.

¿Por qué estaba en ese taller? Obtener rechazos por correo era ya lo bastante malo; recibirlos en persona resultaba físicamente insoportable, aun si los comentarios no buscaban ser crueles. Tal vez yo era demasiado susceptible para triunfar como escritora.

Miré el montón de críticas de mi cuento con las esquinas dobladas. Las hojeé sin remedio. Muchos consejos tenían sentido. Podía cambiar el punto de partida. Volver más profunda la relación entre madre e hija. Investigar más sobre la supervivencia postapocalíptica.

Eché a reír. Mi cuento era fallido, sí, pero en el pasado ya había resuelto cuentos fallidos. Era escritora. No podía hacer otra cosa que seguir escribiendo. Tomé apuntes en lo que buscaba un hilo conductor en los comentarios.

Satisfecha con mi somero plan de corrección, me aventuré a sumarme a la velada de mis compañeros. A pesar de que estaban igualmente sacudidos por la sesión de críticas, pronto nos relajamos y compartimos anécdotas de rechazos, aceptaciones y nuestra vida diaria. Mi persistente cohibición por mi fallido cuento se disipó en poco tiempo, reemplazada por el desesperado deseo de llegar a casa y ponerme a trabajar. Tenía un cuento que componer.

Mi urgencia de corregirlo no tenía que ver con volverlo presentable para que pudiera ofrecerlo a otras revistas, sino con demostrar que mi síndrome del impostor estaba equivocado. En el taller había quedado claro que sólo había una manera en que podía hacerlo: no dejar de escribir.

De regreso a casa, dediqué varias semanas a reescribir el cuento casi por completo. Sólo algunas oraciones quedaron intactas. Mientras que la premisa básica permaneció sin cambios, el relato desarrolló nuevos y sensibles niveles de emociones. Elevé las apuestas de mis personajes, y también las mías.

Entretanto, mi agente ofreció mi novela a las editoriales de Nueva York. Lo único que podía hacer ahora era esperar a que el manuscrito siguiera su curso. Intenté no pensar en eso y permití que mi labor en mi relato absorbiera todo mi tiempo y energía.

Cuando mi síndrome del impostor reaparecía, como era inevitable que lo hiciera, lo combatía con más trabajo.

Luego de varios meses de revisión, críticas y correcciones, envié la nueva versión a una revista, que la rechazó. Apreté los dientes y la envié a otra, que la rechazó también, igual que como lo hizo otra más.

Fue aceptada en el cuarto intento, ¡por una de las publicaciones que más admiraba! Lloré mientras leía el mensaje. Esto fue una reivindicación, la prueba de que tanto trabajo había valido la pena. Yo era una escritora de verdad.

Ésa no fue la única buena noticia que me salió al paso.

Mi nuevo libro, que temí que no se vendiera nunca, fue adquirido por una de las editoriales más importantes del mundo.

Aun con esos éxitos, todavía tengo que vérmelas con borradores sumamente defectuosos y largas series de rechazos y reseñas negativas. Aún batallo con el síndrome del impostor. Pese a todo, no dejo de escribir. Soy escritora, y eso es lo que sé hacer.

~Beth Cato

Las niñas femeninas
prueban algo diferente

*No hay confort en la zona de crecimiento
ni crecimiento en la zona de confort.*

~ANÓNIMO

Todas las mujeres de mi familia somos muy delicadas. A mi madre, mis tres hijas, mis dos nietas y a mí nos gusta todo lo femenino. A mí me encanta tejer con gancho o con agujas, coser, decorar pasteles, hacer joyería de fantasía, dar clases en un jardín de niños y leer revistas sobre estrellas de cine. A mis hijas y a mí nos fascinan el maquillaje, los peinados, la moda y todo lo que contenga satén o encajes. Hemos tomado cursos para ser bailarinas de ballet y de tap, bastoneras y porristas. Nos enloquece el color rosa.

Mi esposo ha estado en minoría en nuestro hogar desde tiempos inmemoriales. Una de sus frases favoritas es: "Siempre quise que me rodeara un harén de mujeres hermosas, pero ser papá en esta familia demuestra que Dios tiene sentido del humor".

No obstante, cuando las mujeres femeninas tuvimos que ayudar a nuestro hombre, lo hicimos inmejorablemente. Todo empezó cuando nos mudamos de California a Colorado para estar más cerca de nuestras madres, quienes requerían nuestra asistencia.

Experto de nivel cinta negra en el arte marcial chino conocido como kung fu san soo, mi esposo puso un gimnasio de esta especialidad. Pero como yo no tenía interés en eso, rara vez me presentaba en sus sesiones de ejercicio o sus demostraciones.

Una semana después de la inauguración de la escuela, mis hijas y yo decidimos ir a ver qué tan bien marchaba. Nos desalentó mucho no ver ni un alumno cuando llegamos. Mi esposo era el único en el dojo, a la espera de clientes.

¡Teníamos que actuar!

Cada una de nosotras consiguió un uniforme de kung fu (llamado *gi*), se rizó el cabello, se pintó las uñas y decidió convertirse en su alumna hasta que consiguiera estudiantes "de verdad". Pensamos que si acaso un transeúnte se asomaba a la ventana, sería preferible que viera a cinco personas, no nada más al instructor. Él nos enseñó movimientos y figuras. Descubrimos que algunas técnicas eran muy similares a los movimientos del ballet. Aprendimos a bloquear con la mano izquierda, avanzar, golpear con la derecha, barrer con la pierna y derribar al adversario. Era divertido, ¡y desafiante!

Con el tiempo, a nuestra escuela llegaron estudiantes de verdad. Había muchos señores y adolescentes, pero atrajimos por igual a una gran cantidad de mujeres.

Para entonces estábamos enganchadas, así que permanecimos como alumnas. Aprendimos a patear, bloquear, golpear, ejecutar diversas técnicas de aikido, luchar y protegernos si nos derribaban. Aprendimos a echarnos a cuestas un hombre, así como a ser lanzadas sobre los hombros de un varón. Aprendimos a romper tablas y usar numerosas armas, como espadas chinas, espadas mariposa, lanzas, astas y chacos. Claro que yo prefería los abanicos de combate, porque eran bellos además de funcionales. Y aprendimos a rechazar a agresores provistos de navajas y a repeler a múltiples atacantes.

Al paso de los años participamos en muchas demostraciones. Mis hijas y yo llegamos al nivel de cinta negra. Al final, fui nombrada maestra de las mujeres y los niños, con la ayuda de mis hijas. También daba clases de defensa personal a las mujeres del distrito. Fuimos maestras de kung fu durante diecisiete años. Yo llegué a ser una de apenas una docena de mujeres estadunidenses en ascender al grado de cintas negras máster en este arte marcial extremadamente físico. El kung fu san soo resultó ser una actividad maravillosa para unir a la familia.

Hicimos de la escuela de kung fu un lugar atractivo y abierto para todos. Teníamos una vitrina con premios para los chicos que destacaran en sus estudios y el kung fu. Además de armas de plástico tradicionales, revistas de Bruce Lee, cintas para la cabeza con los símbolos del yin y el yang y otros artefactos del gusto de los hombres, incluimos muñecas Barbie y joyería de fantasía. Esa vitrina tenía algo para cada persona. ¡Fue todo un éxito!

Una de nuestras alumnas más especiales fue una frágil niña de siete años, condenada a quedarse ciega y que padecía otros problemas de salud. Su madre la llevó un día a nuestra escuela. Con el auxilio y aliento de mis hijas, llegó a ser una auténtica karate kid. Aprendió a patear, golpear y participar en demostraciones. Aunque ahora ya está completamente ciega y ha llegado a la edad adulta, nos alegra que haya aprendido kung fu con nosotras, y estoy segura de que es capaz de protegerse si lo necesita.

> **Me enorgullece decir que mis hijas pueden protegerse si las atacan.**

Me enorgullece decir que mis hijas pueden protegerse si las atacan. Son más seguras en todos los aspectos de su vida. Aun así, cuando eran adolescentes mi esposo acostumbraba decir: "Sé que pueden rechazar a quienes quieran molestarlas. ¡Sus novios son los que me preocupan!".

Esta experiencia me enseñó a salir de mi zona de confort de otras formas también. Desde entonces he probado cosas que antes del kung fu no habría considerado. He practicado el parapente en el mar, participado en un concurso de toro mecánico y nadado con tiburones, y aprendí español cuando tenía ya más de cincuenta años, por mencionar unas cuantas. No he corrido con suerte en todos mis esfuerzos, ¡pero hago la prueba de casi cualquier cosa!

~Ginny Huff Conahan

35

Párate y habla

Nunca temas probar algo nuevo. La vida se vuelve
aburrida cuando te conformas con lo que ya conoces.

~ANÓNIMO

C asi todos los días soy una mamá que conduce una miniván y supervisa las tareas escolares. Cuando no pienso en mis hijos, lo que me quita el sueño es cumplir las fechas límite en mi trabajo.

Ese fin de semana, sin embargo, sostenía un micrófono en un bar de Edimburgo, Escocia, y a mis cuarenta y ocho años ¡actuaba por primera vez como comediante! Aunque siempre he hecho reír a la gente con mis bromas, jamás pensé que podría brillar en una sala repleta de desconocidos.

Ahí estaba yo, contando chistes en un país muy alejado —tanto en lo geográfico como en lo experiencial— de mi vida común.

Edimburgo es la sede cada verano de un extravagante Festival Fringe, durante el cual la ciudad se llena de sketches y comediantes. Estábamos en Escocia para que mi esposo asistiera a una conferencia. A mí no me hacía nada feliz la perspectiva de pasar sola dos días. No quería ir sin David a ningún sitio de interés, ¿y cuántas tiendas podía visitar? Desesperada, opté por leer el catálogo de trescientas páginas del festival en busca de distracciones.

Fue entonces que vi el anuncio: "Aprende comedia en dos días @ The Edinburgh Fringe".

Parecía una de esas portadas de cajita de cerillos: "Aprende a manejar un tráiler". Igual que esos señuelos, este anuncio prometía mucho: en dos sesiones de cuatro horas aprendería los rudimentos de la comedia y desarrollaría al mismo tiempo una rutina de cinco minutos, todo a cambio de ochenta dólares. Supuse que sería divertido, aun si no creía tener valor suficiente para subir al escenario.

El taller tendría lugar en el edificio de la Royal Air Force (RAF) —la versión escocesa del Salón de la Fama de los Veteranos de Guerras en el Extranjero—, el cual olía a cerveza rancia y cigarros. Luego de trepar por maltrechos peldaños cubiertos con una alfombra azul, entré en un salón largo y angosto que contenía un pequeño escenario con un micrófono. Me bastó lanzar una somera mirada a quienes serían mis colegas para que me dieran ganas de salir corriendo. ¡Aquello era horrible!

Mi alarma no cedió cuando el maestro, un comediante profesional, nos pidió que "saludáramos con una voz graciosa". El primero que lo hizo sonó como un pirata; la siguiente mujer, como Dame Edna, el personaje encarnado por el célebre comediante australiano John Barry Humphries. Yo solté cualquier cosa con un lamentable acento neoyorquino. ¡Qué espanto!

> Sostenía un
> micrófono en un
> bar de Edimburgo,
> Escocia.

Entre mis compañeros se contaban un escocés con sobrepeso y cuarenta y tantos años de edad que era analista de computación; un desmelenado trabajador social de cuarenta y siete años que vivía en Edimburgo; un apuesto chico de dieciocho que parecía un híbrido entre Harry Potter y Bob Dylan joven; dos treintonas inglesas, y una pareja de adolescentes que acababa de mudarse a Escocia desde Estados Unidos.

Pero sucedió algo inesperado. Al final del primer día ya me sentía ligada a todas esas personas graciosas, y un poco más a gusto en una ciudad en la que no conocía a nadie. De vuelta en mi hotel, trabajé en mi rutina, convencida de que poseía tanto humor como el noticiario de las seis. A la mañana siguiente regresé de mala gana y me encontré con que mis nuevos amigos estaban igual de inseguros que yo de la eficacia de su trabajo, aunque nos animamos unos a otros. Cada quien puso a prueba su material. Algunos de los números de mis compañeros me arrancaron carcajadas.

Cuando sometí a prueba el mío, mis colegas me ayudaron a volver más divertidas mis sarcásticas observaciones. Al final, y con la ayuda del grupo, tuve un sketch de cinco minutos. Camino al hotel, repasé mentalmente mi monólogo. Cuando David les reveló a sus amigos de la conferencia a qué había dedicado mi estancia, quisieron que actuara para ellos.

Así pues, esa noche tomé el micrófono en el bar donde se habían reunido todos los participantes en la conferencia. Bromeé acerca de vacacionar en Edimburgo y la diferencia entre hombres y mujeres al viajar. Pensé que arrebataría algunas risas ¡pero la gente aullaba de gusto! Los cinco minutos transcurrieron con la rapidez de cinco segundos, y sólo al terminar temblé de nerviosismo.

Aunque es improbable que cambie de carrera, esa experiencia transformó mi vida. En ese viaje me liberé de muchos miedos, y volví a casa con una nueva seguridad en mí y la certeza de que soy capaz de salir de mi zona de confort, por aterrador que esto sea.

~Andrea Atkins

¿Cuál es la noticia?

Si no te atreves a nada, no habrás ganado nada
cuando el día termine.

~NEIL GAIMAN, THE GRAVEYARD BOOK

—Me gustaría saber por qué no cubren más deportes femeniles —algunos de los presentes voltearon a verme, con los brazos en la cintura en la oficina de *The Silhouette*, la revista estudiantil de la McMaster University.

La indignación me había empujado a presentarme en las oficinas de *The Silhouette*, ubicadas en uno de los antiguos y majestuosos edificios de ladrillo que salpicaban el campus. En cuanto revelé la fuente de mi ira, me sentí mal.

¿Quién era yo para irrumpir en ese sitio con mis exigencias?

No sé qué habría hecho si hubiera estado en los zapatos del editor de deportes, quien quizá se sentía tentado a poner en su lugar a una advenediza, pero lo cierto es que asumió otra actitud y me contempló por un momento.

—Me encantaría incluir artículos sobre deportes femeniles —contestó con voz animada—. El problema es que nadie se ha ofrecido a cubrir esos eventos —hizo una pausa—. ¿Te interesaría hacerlo?

—Yo… bueno… —no me esperaba esto—. ¿Yo?

Sentí un arranque de pánico. Claro que cuando estaba en la primaria había participado en la edición de un boletín, pero un semanario universitario impreso en toda forma operaba en un nivel totalmente distinto.

Una parte de mí quiso volverse y echar a correr, para refugiarse en las clases, las visitas a la biblioteca y la ocasional noche en el pub del campus.

Otra se sintió intrigada y dijo:

—¡Desde luego! Haré la prueba.

Durante el resto de mis estudios de licenciatura, e incluso de posgrado, en la Dalhousie University, asistí a toda suerte de encuentros deportivos, sobre los que escribí artículos y hasta columnas de opinión. A menudo me sentía insatisfecha: entrevistaba a los entrenadores para obtener sus comentarios después de los partidos, viajaba con los jugadores a encuentros fuera de su sede y sudaba de ansiedad mientras consultaba mis apuntes y escribía mis notas en una carrera contrarreloj.

> **Una parte de mí quiso volverse y echar a correr.**

No obstante, esa experiencia pulió habilidades que más tarde aplicaría en mi empleo remunerado como reportera deportiva de un periódico en Halifax, y posteriormente como escritora *freelance*. Incluso hice amigos entre los atletas universitarios.

Estaba, además, la emoción que aún siento hoy cuando veo estampada mi firma en un artículo.

Por petrificada que me haya sentido el día en que el editor de deportes hizo su ofrecimiento inicial, jamás lamenté haber aceptado el desafío. Esto me colocó en una trayectoria profesional que de otra forma quizá no habría seguido nunca.

~Lisa Timpf

37

Sensibilidad para los caballos

Hay muchas posibilidades en fingir.

~SUZANNE PALMIERI,
THE WITCH OF BELLADONNA BAY

Mi esposo y yo teníamos seis meses de casados cuando compramos dos caballos. Queríamos renovar el gusto por la equitación que ambos habíamos tenido en nuestra infancia. Mi caballo era una yegua mitad árabe muy mansa que respondía al nombre de Se-Se. Más arriesgado, John compró un brioso semental purasangre llamado Jur-Raja.

—Me dijeron que es de un linaje muy fino —comentó.

Incapaz de distinguir entre el pedigrí de un caballo y cualquier otro, repliqué:

—¡Qué bien, cariño! Sólo que no me pidas que lo monte.

No quería que supiera que entre la niñez y mis veintitantos había adquirido un profundo temor por los caballos. Me preguntaba si la vida urbana me había arrebatado mi temeridad de la infancia.

En nuestro primer día en la cuadra, nos sumaríamos a un grupo de expediciones a caballo.

—No puedo montar a Se-Se —le dije—. Tengo miedo.

—¡No seas ridícula! —exclamó—. Es el caballo más manso del mundo.

—Lo sé —repuse—. Tendré que trabajar en mi valor.

Hizo sin mí la primera excursión y yo me quedé en el establo, frente a la casilla de Se-Se, donde traté de utilizar el pensamiento positivo para armarme de valor. Ella sacó la cabeza y acarició mi hombro con el hocico. Aun esto me sobresaltó.

A punto de emprender el recorrido siguiente, me resistí de nuevo. Había ensillado a Se-Se. Incluso logré ponerle la brida. Pero fui incapaz de montarla.

—¡No puedo! —insistí—. Tengo mucho miedo.

—¡Haz lo que quieras! —John se internó en el bosque con los demás jinetes—. Nos veremos a mi regreso.

Me di cuenta de que aplicaba la psicología inversa, pues sabía que no me movería si no era por voluntad propia.

Esta vez no aguanté. No quería quedarme atrás de nuevo. Danny, el mozo de cuadra, me subió al lomo de Se-Se ¡y allá fuimos!

—¡Miren nada más quién llegó! —dijo John en son de burla—. La gatita miedosa. ¿O debo decir la yegüita?

—¡Ja, ja! —lo ignoré en tanto Se-Se y yo nos agachábamos bajo unas ramas colgantes y cruzábamos algunos troncos tirados en la vereda. Terminado este recorrido, respiré otra vez.

—Estuviste bien hoy —me dijo John.

—No precisamente gracias a usted, Señor Malo. Pudo haberme tenido un poco de compasión.

—La compasión no hace valiente a un cobarde —repuso con su acento de cowboy y se agachó cuando lo golpeé con mi sombrero.

Durante el verano recorrimos juntos los senderos aledaños al establo, e incluso nos aventuramos a otros en el área. Esto me permitió conocer mejor a Se-Se y confiar en ella. Me reconfortaba de este modo cuando llegó la máxima prueba de valor.

—Tendré que ir a Los Ángeles la semana próxima y necesito que le muestres a Raja a un posible cliente que viene de Tillamook —John había decidido vender su caballo y buscar uno más grande.

—¿Es una broma? —pregunté—. ¡Imposible!

—Lo único que tienes que hacer es ponerle una soga guía para que corra en el establo y el cliente observe su conformación y su paso.

—¡Ni loca! Ese caballo resopla cada vez que corre. Sabes cómo se pone con las yeguas de la cuadra.

—Raja es impetuoso, pero podrás dominarlo.

Para colmo de males, el domador de Tillamook decidió presentarse un día antes, así que no tuve tiempo de practicar con John presente aún.

Llegó el día del juicio final. Mi gran temor era perder el control de Raja. Podía pisotearme. ¡Podía aplastar al comprador! Cuantos más problemas imaginaba, más crecían los desastres.

Pensé: *¿Dónde está Danny? Le pediré que lo haga.* Fui a la oficina y pregunté por él.

—Es su día de descanso, señora.

—¡Caramba! —exclamé ya en dirección a la casilla de Raja.

El comprador se presentó y tuve que hacerme cargo del asunto.

—Muéstreme el caballo, señorita. Tengo quince minutos para inspeccionarlo.

Mi mano tembló cuando tomé la soga guía y caminé hacia la casilla de Raja. Había llovido tanto que él había permanecido en su compartimiento un día extra. Ansiaba salir, por decir lo menos.

Cuando llegué al corral y lo abrí, Raja intentó hacerme a un lado. Cerré la puerta y me recargué de espaldas en ella. Vi que el cliente daba vueltas en la entrada del establo. Cerré los ojos para respirar hondo y entonces recordé lo que me decía mi maestro de teatro en la universidad.

> **"Actuar es fingir. Puedes ser quien quieras."**

—Actuar es fingir. Puedes ser quien quieras. Sólo sé alguien más.

Algo se acomodó en mí. Me encantaba actuar. Podía ser quien quisiera. El temor estaba de sobra.

¡Vamos!, pensé. *Aplica las reglas de la actuación. Eres una domadora profesional. Has manejado caballos toda tu vida. Sabes hechizarlos. ¡Se arrodillan a tus órdenes!*

Tal como lo había hecho en la clase de teatro, fingir surtió efecto ahora. Tomé la soga guía, abrí de golpe la casilla de Jur-Raja y lo prendí del cabestro. Mientras agitaba la cuerda, le dije:

—¡Ya está bien, señor! Saltará por el pasillo de este establo como el semental purasangre que es. Y no se detendrá a olisquear a las yeguas, o tendré que darle con la fusta. ¡No quiera pasarse de listo conmigo!

Me miró con asombro y se inclinó para que lo sujetara con la soga guía. Echó a andar y sentí un miedo aterrador, pero aquél era mi momento. Yo hechizaba a los caballos, y estaba resuelta a ganar un Oscar haciéndolo.

Trotamos por el pasillo, él a saltitos y yo agarrada de la soga con todas mis fuerzas. Pasó volando frente a los corrales de las yeguas y se detuvo ante el comprador como un paladín. Nos pavoneamos de un lado a otro frente a él, para que viera el elegante paso de Raja.

—Es un bello semental. Su conformación es buena —dijo—, igual que su color.

Raja dio un par de vueltas más y el hombre se marchó, no sin antes dejarme su tarjeta.

—Gracias, señorita. Fue una estupenda demostración.

Raja resopló y miró los corrales de las yeguas.

—¡De ninguna manera, amiguito! —le dije—. Volverá usted a su compartimiento.

Cuando John regresó, me informó que aquel hombre había decidido no comprar a Jur-Raja, pero que le preguntó:

—¿Quién es la domadora que me lo enseñó? Realizó un buen trabajo.

John respondió:

—Esa magnífica domadora es mi esposa, y su opinión le complacerá. Pero debo decirle algo: aún tiene mucho por hacer.

—¿De verdad? —inquirí.

~Kaye Curren

Capítulo **5**

El poder del ¡SÍ!

Hazlo aunque tengas miedo

Combate tus temores y estarás siempre en guerra. Enfréntalos y serás libre toda la vida.

~LUCAS JONKMAN

38

Una montaña de dudas

No temas tanto al fracaso que te niegues
a probar cosas nuevas. El más triste resumen
de una vida contiene tres descripciones:
"pudo", "podría" y "debió".

~LOUIS E. BOONE

El comité social de la compañía en la que trabajaba planeó un viaje de dos días para ir a esquiar a las Rocallosas, a sólo cinco horas de mi ciudad natal, Edmonton, Alberta. Mi colega Michelle era esquiadora y se entusiasmó mucho con la idea.

—¡Ven con nosotros! ¡La pasaremos muy bien! Esquiaremos todo el día y bailaremos toda la noche. ¡Te divertirás como nunca! —me aseguró.

Aunque acepté que era un hecho que ella se la pasaría increíble, esquiar era algo "deportivo" que hacía la gente y yo era un ratón de biblioteca. Jamás había practicado deporte alguno, y a mis veinticinco años, razoné, ya era demasiado madura para empezar.

Al principio usé el dinero como pretexto.

—No puedo pagar el viaje —aseveré, segura de que esto pondría punto final a la conversación. Pero me equivoqué.

—Viajaremos en autobús, cuatro personas compartirán cada habitación y llevaremos comida de casa —explicó Michelle. En suma, incluso yo tenía que admitir que el costo era razonable.

Señalé que no tenía ropa ni equipo para esquiar y que no iba a invertir mil dólares en esquís para un fin de semana. Ella descartó estos argumentos con la afirmación de que tenía ropa extra que me quedaría y de que en la montaña podría rentar botas, esquís y bastones a cambio de una cuota simbólica.

—¿Cuánto gastas normalmente en diversión un fin de semana? —me preguntó.

Aun así, me resistía. Recordé el club de esquí de la preparatoria. A él pertenecían los deportistas y los ricos. Esquiar era para la élite, no para inadaptadas como yo.

Luego de perder el argumento económico, recurrí como excusa a mi novio.

—No quiere ir ni que vaya sin él.

> **Me pregunté de qué más me había perdido a causa de una aprensión e inseguridad infundadas.**

Amablemente, mis compañeros me hicieron ver que eso era poco razonable, y una mala razón para que me quedara en casa.

Derribaron uno por uno todos mis argumentos, basados menos en el temor que en la arraigada creencia de que esquiar era para la gente bien y yo no podía ser una esquiadora. Nadie en mi familia había esquiado nunca, pese a la cercanía de varias de las estaciones de esquí más concurridas del mundo. Admití que el viaje era muy prometedor, pero que de todas formas no contaran conmigo.

Sin embargo, no estaban dispuestos a aceptar un no por respuesta. El elemento decisivo fue que Don, compañero y exinstructor de esquí, anunció que pasaría conmigo la primera mañana en la montaña y me enseñaría a esquiar, timonear y, sobre todo, frenar. Me aseguró una y otra vez que en menos de tres horas aprendería lo suficiente para sortear con éxito las laderas de los principiantes.

Había agotado todos mis pretextos. Me gustara o no, iría a ese viaje.

Subí nerviosa al autobús un viernes por la noche, con un juego prestado pero completo de la ropa apropiada y una bolsa de galletas hechas en casa para compartir con mis compañeros. Ellos estaban felices y emocionados, y durante el largo viaje a Sunshine Village, en las hermosas Rocallosas, no paramos de cantar y bromear.

A la mañana siguiente sentí un acceso de confianza mientras me ponía unos pantalones prestados, un suéter de cuello de tortuga y unos calcetines pesados y abrigadores. Cuando subí el cierre de la radiante chamarra azul de Michelle, pensé que ese color me sentaba de maravilla y que por lo menos me vería bien en las actividades que realizaríamos después de esquiar.

Me reuní con Don en la base de la montaña y me dijo:

—Primero te enseñaré a frenar y luego a subir y bajar del telesquí.

Mi valor se desvaneció cuando vi este último: pequeños bancos descubiertos que colgaban de un cable a través de una barra de metal y en los que los esquiadores ascendían a las nubes hasta perderse de vista.

¡Esto fue un gran error! ¡Nunca llegaré allá! ¿En qué estaba pensando?, me dije, presa de pánico. Ni siquiera podía oír lo que Don me decía. Lo miraba enmudecida mientras me enseñaba a doblar el pie hacia dentro para producir una cuña que redujera mi velocidad.

—Dobla las rodillas y agáchate para acelerar. Inclínate hacia atrás y haz la cuña para frenar —me instruyó.

Aturdida, vi que unos niños subían confiados al telesquí y le dije:

—¡No podré hacerlo! ¿Qué tal si alguien choca conmigo y me rompe el cuello? ¿Qué tal si choco con alguien y lo tiro?

—Mantén dobladas las rodillas y los bastones abajo, cerca del cuerpo. No irás tan rápido como para que lastimes a alguien, te lo aseguro. Y estaré junto a ti todo el tiempo.

Por fin, luego de múltiples comentarios persuasivos y reconfortantes de Don, hundí los bastones en la nieve, doblé las rodillas y me impulsé hacia el telesquí. Mientras me elevaba en el cielo, la belleza de los alrededores me sorprendió. Me di cuenta de la cristalina claridad de la que había estado a punto de perderme en una experiencia realmente fabulosa sólo porque me sentía demasiado indigna de correr el riesgo de algo nuevo.

Bajé del telesquí con poca soltura, aunque al menos no me caí. Fiel a su palabra, Don permaneció a mi lado desde mi primer intento de descender por la blanca montaña, a lo largo del cual produje meticulosas cuñas al tiempo que unos niños pasaban disparados junto a mí y reían embelesados por su rapidez.

No puedo decir que no me haya caído una sola vez ese día, pero la nieve era blanda y aprendí a usar los bastones para levantarme. Un mundo completamente nuevo de belleza y alegría se abrió para mí, conseguí dominar los descensos más sencillos y descubrí que me fascinaba esquiar.

En el largo viaje en autobús de regreso a casa, me pregunté de qué más me había perdido a causa de una aprensión e inseguridad infundadas. Juré mantener una mente abierta a medida que se presentaran nuevas oportunidades en el futuro.

~Jo-Anne Barton

39

La distancia más difícil de mi vida

Vencerás cualquier temor si así lo decides.
No olvides que el miedo sólo existe en la mente.

~DALE CARNEGIE

Volvía de Chicago cuando lo vi: un letrero que anunciaba la proximidad del túnel de los montes Allegheny. El pánico me sobrecogió. "No, no, no. ¡No puede ser!".

Ese mismo túnel me había agobiado casi por entero una semana antes. Sería imposible que lo atravesara otra vez.

Apenas podía decir la palabra *túnel*, y menos todavía cruzar uno. Esta asfixiante fobia me había acompañado desde fines de mis veinte años. Aunque durante años había vivido en grandes ciudades antes de enlistarme en el Cuerpo de Paz, a mi regreso sufrí inesperadamente un ataque de pánico cuando el atestado vagón del Metro en el que viajaba hizo un súbito alto entre un par de estaciones. Al instante me inmovilicé y dejé de respirar. Sentí sobre mí todo el peso del acero y el cristal de la ciudad, que apretaba mi garganta y me quemaba viva. Mi mente clamó que saliera de ahí, viera la luz del día y sintiera el calor y el viento a los que me había acostumbrado después de vivir dos años bajo el inmenso cielo africano. Claro que, encerrada en un vagón metálico dentro de un oscuro túnel bajo una ciudad de concreto, me era imposible salir. Lo único que podía hacer era alarmarme.

Superé este incidente gracias a que un amable señor que vio inundados mis ojos por un miedo incontenible me dirigió una sonrisa de aliento. Ese contacto humano activó en mi cerebro un misterioso interruptor, demasiado fuera de mi alcance como para que pudiera encontrarlo sola.

Desde ese episodio, ocurrido hace más de veinte años, he evitado los túneles cada vez que puedo, con tanta diligencia como exasperación. En las grandes ciudades tomo autobuses o taxis, o camino. En viajes por carretera, estudio los mapas para identificar las rutas sin túneles. Pese a que algunos sistemas GPS incluyen procedimientos sencillos para evitar autopistas o casetas de peaje, la búsqueda de túneles es un proceso manual. Localizar túneles bajo el agua es fácil, porque los mapas señalan el agua con color azul; en cambio, los túneles terrestres suelen carecer de indicaciones.

Eso era lo que me había ocurrido una semana antes. De viaje al oeste por la autopista de cuota de Pensilvania, fui a dar al túnel de los Allegheny. Iba con mi novio, el hombre más apacible y comprensivo que he conocido. Era un magnífico día de verano y hacíamos juntos nuestro primer viaje por carretera. Yo acababa de asumir un nuevo puesto. Estaba tranquila y feliz. Mi fobia era un recuerdo remoto. *Por supuesto que a estas alturas puedo resolver un pequeño túnel*, pensé. Había poco tráfico, los caminos estaban vacíos. Años antes había logrado pasar un pequeño túnel cerca de mi casa con un moderada sensación de alarma.

—Puedo hacerlo —le dije a mi novio.

Falso. No pude. A medio camino en ese túnel de un kilómetro y medio de largo, sentí el horrible presagio del pánico. *¡Oh, no!*, pensé. Cuando quise combatirlo, descubrí que mi rebelde cerebro ya se hallaba en estampida. Sabía que estábamos bajo incontables toneladas de rocas. Sabía que ambos extremos del túnel podrían cerrarse, y que moriríamos ahí como mineros bajo una avalancha.

—¡No! —grité mientras sentía que mi cuerpo se desvanecía.

En un túnel no hay salida. Mi novio puso una mano cordial sobre mi pierna y me susurró palabras de aliento.

—Puedes hacerlo, cariño —me dijo. Tenía que lograrlo. La otra opción era chocar.

Me aferré al volante y rogué que mi desenfrenado cerebro se concentrara en el camino, lo mismo que en la mano y la voz de mi pareja. Emergí del túnel abatida y temblorosa. Me detuve y ambos respiramos. Los ataques de pánico son aterradores. Sentí que el corazón iba a estallarme, que moriría en cámara lenta. Mi cuerpo y mi psique tardaron varias horas en serenarse. Supe que no podría atravesar ningún otro túnel en todo lo que me quedaba de vida.

De vuelta a casa una semana después evité el túnel de los Allegheny. Desde luego que por esta causa añadiría cuarenta y cinco minutos o más a un viaje por carretera de por sí largo, pero por ningún motivo podía exponerme a otro ataque de pánico.

Así que imagina mi horror cuando me vi frente a la enorme boca negra de ese mismo túnel.

En esta ocasión me detuve de inmediato. No pondría una vez más en peligro la vida de nadie. Me hallaba con mi hermana ahora. Revisamos el mapa de mi teléfono, buscamos vías de salida; no había ninguna. Estábamos en una autopista dividida sin acceso al carril contrario. No había forma de eludirlo. Me bajé del coche para gritar. Me sentía anegada en décadas de prolongados rodeos, humillaciones y un pánico desmoralizador. Todo esto me aconteció a un costado del camino.

> **Esta fobia me había controlado mucho tiempo.**

Después de que grité, me sentí mejor. Y luego me enojé. Esta fobia me había controlado mucho tiempo. Me mudé sola a Nueva York cuando tenía diecinueve años. Viajé sola por Marruecos a los veinte. Subí montañas. Me uní al Cuerpo de Paz. Concluí mis estudios de Derecho en condiciones de embarazo y lactancia. Abandoné un matrimonio destructivo que había durado casi veinte años y empecé de nuevo. A fines de mis cuarenta años me convertí en una nadadora competitiva en mar abierto. Era temeraria. Estaba hecha de titanio. Cruzaría *este* túnel.

Evalué los instrumentos a mi disposición. Mayor que yo, mi hermana es una de las personas a las que más quiero y en las que más confío en el mundo. Familiarizada con los problemas de la salud mental, no juzga el mío. El yoga me ha enseñado a respirar hondo para meditar y centrarme en mi mente y mi cuerpo. Tenía igualmente un disco compacto de música house; desde mi adolescencia, la música y la danza han sido para mí motivo de una trascendencia exultante. En el asiento trasero había una toalla que usaba para nadar, actividad que me tranquilizaba.

Hice un plan. Me cubrí los ojos con la toalla, aspiré su olor a cloro, puse a todo volumen mi música, bajé la ventanilla y le dije a mi hermana que condujera como el demonio. Impuse a mis pulmones una secuencia conocida: contar hasta ocho para inhalar, hasta siete para contener el aliento y hasta doce para exhalar.

Las llantas de mi Mazda imprimieron su huella en el pavimento. Rodeada de amor, deporte, música y una voluntad inquebrantable —todo lo cual me ha sostenido la vida entera—, mi cerebro y yo nos deslizamos sin esfuerzo por ese túnel.

—¡Lo logramos! —exclamó mi hermana cuando vio la luz del crepúsculo al otro extremo de ese kilómetro y medio interminable—. ¡Lo logramos!

Así fue.

Ahora mi fobia y yo sabemos quién soy.

~Joyce Lombardi

El valor de cantar

Quien canta ahuyenta sus males.

~MIGUEL DE CERVANTES

Soy muy introvertida. De chica temía siempre que alguna de mis amigas me invitara a dormir a su casa. Y aunque iba y me divertía mucho, no esperaba con ansia que el teléfono sonara de nuevo. Me costaba mucho dejar mi lugar de lectura en el sofá. Los grupos juveniles, los juegos y los bailes que la gente de mi edad adoraba, a mí me agobiaban y consumían.

No cambié de adulta. Los picnics de la iglesia, los banquetes, las juntas de negocios: todo era una tortura. ¡Tenía que armarme de valor aun para las reuniones familiares!

¿Qué era lo que no me gustaba? Enumeraré los factores.

Detestaba arreglarme. Manejar a cualquier lado. Entrar en una sala repleta de gente que hablaba o, peor todavía, volteaba a verme.

Sabía en el fondo que interactuar con la gente era sano. Así pues, me forzaba a hacerlo, sobre todo cuando vi que mi madre caía en la demencia senil, sin duda acelerada por su aislamiento.

Mi iglesia era en sí misma un desfogue social, pero yo tendía a evitar los picnics, conciertos, cenas y todas las demás actividades que implicaran reuniones.

Esta evasión se extendía al coro. Me gustaba mucho cantar, pero lo reservaba para las mañanas del domingo en la banca, cuando entonaba los himnos a voz en cuello como si audicionara para Broadway.

Un día el ministro me dijo:

—Deberías integrarte al coro. Dios te dio un don y debes usarlo.

Aunque agradecí su comentario y le prometí que lo pensaría, no le dediqué mucho tiempo. Supuse que él era como todos los demás que se sentaban junto a mí, quienes ocasionalmente me decían lo mismo. Sabía que el ministro era desentonado y un mal juez del talento musical, que para él se restringía a un entusiasmo estridente.

Escuché himnos y cantatas de Pascua durante tres años. Seguía con los labios mis canciones preferidas, a cuya interpretación deseaba poder unirme. Pero cuando se trataba de hacer precisamente eso, no lograba convencerme de enfrentar a un numeroso grupo que llevaba mucho tiempo cantando. Y tampoco podía comprometerme a nueve meses de noches de miércoles y mañanas de domingo.

> Sabía en el fondo que interactuar con la gente era sano.

Sin embargo, todas mis excusas se reducían a temor. Temía que no tuviera cabida en ese coro de un sonido tan refinado. Que no me aceptaran.

Un domingo me embebí en el "Blessed Assurance", uno de mis himnos favoritos. Cuando cerré los ojos, me vi sentada en una dura banca entre mi madre y mi abuela. Oí el resuello del órgano y olí las flores del altar en la iglesia de mi infancia. Recordé que vi desfilar al coro con su atuendo blanco y negro y que ansiaba crecer para pertenecer a él.

Quizás era cierto que ése era mi don, y mi pequeño grupo social. Tal vez lo había sido siempre.

Ese día me abordó un señor que en ocasiones tocaba la trompeta en las ceremonias:

—Deberías cantar en el coro.

Aun así, dejé pasar más noches de miércoles, incapaz de persuadirme de que debía entrar y ver los rostros que volteaban a mirarme. Incapaz de tomar una partitura que apenas sabía leer y animarme a cantar.

Un domingo sucedió de nuevo. Una señora que estaba adelante se volvió hacia mí.

—Tienes una voz hermosa. Deberías cantar en el coro.

Le di las gracias, no sin rubor. Nancy era cantante profesional y maestra de canto. Y me había abordado en cuanto terminó el himno, sin que esperara al final de la ceremonia. Quizás era cierto que podía hacerlo. Tal vez ésta era una señal.

Decidí aceptar el reto. Pero la noche de mi primer ensayo, vi desde mi coche que otros cantantes entraban al edificio y pensé que aún tenía tiempo para acobardarme.

Por fin me incorporé y entré. No obstante, me paralicé de nuevo. ¡Ya habían comenzado a cantar! Era mi primer ensayo y llegaba tarde.

Aunque quise huir, el canto se detuvo, así que resolví entrar a hurtadillas durante el receso.

El himno se reanudó tan pronto como crucé la puerta. Me habría marchado otra vez si no me hubieran visto. El canto se detuvo de nueva cuenta… ahora por mi causa.

—¡Bienvenida! —dijo el director—. Nos alegra que estés aquí. ¿Qué parte cantas?

Mi primer ensayo fue tormentoso. Pese a que me fascina cantar, no soy buena para leer partituras. En el pasado aprendía mis partes de memoria. Hoy me encontraba en un grupo más adelantado que yo y que avanzaba a toda prisa interpretando música difícil.

Antes de escapar al final, le dirigí una avergonzada inclinación al director, quien me agradeció que me hubiera integrado al grupo. Temí regresar, aunque confié en que las cosas mejorarían una vez que tomara el paso y conociera a los demás miembros del coro.

No fue así, al menos por un largo periodo. En mi primera ceremonia me estresé: de repente no sabía hacia dónde caminar, dónde parar, doblar y sentarme. A pesar de que la ejecución del himno fue aceptable y mis pequeños errores no se notaron, la ansiedad me dejó exhausta. Esto se repitió en mi segunda ceremonia, y también en las posteriores.

En los meses siguientes aumentaron las melodías nuevas, debido a la cercanía de la Navidad, y tuve escasa oportunidad de conocer a los demás cantantes. Aunque sonreíamos y conversábamos de trivialidades, nuestro tiempo era tan limitado e intenso que nunca sosteníamos una conversación de verdad.

Sobreviví la Navidad como pude, y después pasamos a la música de Pascua. Si antes había pensado que las canciones por aprender eran demasiadas, ahora su número era mucho mayor.

Aun así, la música era hermosa, y esto me motivaba a cantarla. Me gustó descubrir que a la comunidad le ocurría lo mismo. Ahora sabía cuándo y dónde pararme y en qué dirección dar vuelta.

Resolví por igual cómo hacer mi mejor esfuerzo y no estresarme tanto. Me di cuenta de que los demás también cometían errores. Como dijo una noche el director, nuestro coro estaba formado por voluntarios. Nuestro tiempo para ensayar era más reducido que el de otros coros.

—Pese a ello, lo hacen muy bien —añadió, y por una vez sentí que me incluía en sus comentarios.

Intimé con quienes se sentaban a mi lado. En la Pascua hubo un receso entre dos ceremonias y los integrantes del coro compartimos un ligero almuerzo, durante el cual charlamos. La señora que estaba junto a mí tejía un suéter. Hablamos de tejidos, de la nuera a la que éste estaba destinado y de la reciente cirugía de mi nueva amiga. La señora del otro lado me confió sus preocupaciones acerca de su hijo, y yo le confié las mías.

Tras la segunda ceremonia volví a casa, para hacer de comer y ver a mi nieta buscar sus huevos de Pascua. En el trayecto no cesaba de cantar uno de nuestros himnos. Hacía un clima maravillosamente cálido y soleado. El césped era verde y las flores abrían por doquier.

La felicidad que esa hermosa Pascua me confería aumentaba por el hecho de que hubiera cumplido una pequeña parte en volverla disfrutable para los demás. Y me alegraba haberme librado de mis ansiedades. Que por fin hubiera dicho sí a todas las sugerencias y perseverado hasta convertirme en un miembro más del coro.

~Katie Drew

Saltar o no saltar

Aprendí que el valor no es la ausencia de miedo,
sino triunfar sobre él. El hombre valiente no es el
que no siente temor, sino el que lo vence.

~NELSON MANDELA

El río descendía junto a nosotros en nuestro ascenso a las Siete Pozas Sagradas, situadas en la costa este de la isla de Maui, en Hawái, poco después del pequeño poblado de Hana. El sendero, de tres kilómetros de largo, atravesaba un bosque de bambúes y pasaba por una serie de pequeñas cascadas. Los seis amigos hablábamos y reíamos mientras ascendíamos y cruzábamos el río, y a ratos pensábamos en lo maravilloso que sería resbalar en aquella agua fresca para que nos diéramos un chapuzón. Llevábamos las llaves y carteras en mochilas secas, y los trajes de baño debajo de nuestras camisetas y pantalones cortos.

Al llegar a la última cascada, su altura me inquietó, y experimenté un incómodo cosquilleo en las piernas cuando vimos que unos cuantos intrépidos se arrojaban desde la cima y flotaban en el aire lo que pareció una eternidad.

—No querrás que saltemos, ¿verdad? —le pregunté al organizador de la excursión.

—No te preocupes —dijo y nos condujo a un lugar diez metros arriba de la poza.

Ahora sí estaba preocupada. Mi temor aumentó cuando él señaló una angosta roca suspendida tres metros debajo de nosotros y dijo:

—Saltaremos desde ahí.

Al tiempo que los demás descendían, yo me rezagué, miré a mi alrededor y pensé en escapar, aunque no quería quedarme sola. Además, iba en sandalias. Novata como era, imaginé lo que sería bajar la colina con esas cosas de plástico húmedas y resbalosas, o sin ellas sobre ásperas ramas y rocas afiladas.

Mis amigos llegaron uno por uno a la pequeña saliente y saltaron. Atrás nos quedamos únicamente Jerry y yo. Me convenció de que bajara a la saliente, donde me apreté contra la rugosa cara de la roca y me agarré de ella con todas mis fuerzas. Cuando volteé para mirar hacia abajo, calculé que la caída era de treinta metros y me paralicé de temor.

Los cuatro amigos en el agua me alentaban a saltar.

—Es fácil. ¡El agua está deliciosa! —coreaban, pero yo no podía moverme.

Jerry se impacientó.

> ¿Por qué algo que a los demás les parecía tan fácil era tan aterrador para mí?

—¡Apúrate! —rezongó—. Ya me están picando las hormigas.

¿Hormigas? No me había dado cuenta de que las hubiera. Permanecí pegada a la pared.

—¡Dame tus sandalias! —exigió, obedecí atontada y las arrojó al agua—. Así no podrás regresar.

Acostumbro pensar de más, y este mecanismo estaba incontrolable. Demasiadas cosas podían salir mal: que tropezara y cayera de cabeza, que me rompiera las piernas si me golpeaba con una roca bajo el agua, que me asustara y me ahogara, que cayera encima de alguien… La lista era infinita y pavorosa. Yo estaba en un punto muerto, no podía retroceder ni avanzar. ¿Por qué algo que a los demás les parecía tan fácil era tan aterrador para mí? Mis amigos habían saltado y todos se encontraban bien. Estos pensamientos y la impaciente voz de Jerry que repiqueteaba en mi cerebro me hastiaron y apabullaron, así que de repente cedí y me solté.

—¡No me importa si muero! —anuncié y brinqué.

El agua fría representó una gran descarga para mi tibio cuerpo y sentí que permanecía demasiado tiempo bajo el agua. Cuando salí a la superficie, sin embargo, estaba eufórica. ¡Lo había conseguido!

Mis amigos me vitorearon y mi estrés desapareció.

Bajamos uno a uno las escurridizas rocas de la primera cascada hasta otra poza, y luego a otra más, en las que nadamos, resbalamos y nos tendimos sobre grandes piedras secas para relajarnos, calentarnos y zambullirnos una vez más.

Aquél fue un día idílico, y a menudo pienso en lo que me habría perdido si no hubiera dado ese salto. Este recuerdo me sirve de mucho cuando temo hacer algo que no he hecho antes. Así se trate de un reto físico o mental, ahora estoy más dispuesta a correr el riesgo de tener una experiencia nueva. Sé que quizá sienta miedo, pero de todas formas salto.

~Jennifer Crites

Aprovecha el aventón

En el fondo sabemos que del otro lado de cada miedo está la libertad.

~MARY FERGUSON

Me senté al volante del Saturn Ion de mi papá e intenté contener las lágrimas.

—Ya lo aplazaste demasiado —dijo y se puso el cinturón de seguridad.

Durante años él me había llevado y traído del trabajo sin queja alguna. Sabía que me aterraba manejar y no me había presionado nunca. Incluso parecía que le gustaba llevarme, quizá para pasar conmigo un rato sin interrupciones. Y aunque yo me resistía a admitirlo, también disfrutaba mucho de nuestros paseos.

Ahora me preguntaba a qué se debía que hubiera cambiado de opinión. ¿Yo había hecho algo malo?

Sentía como si alguien estuviera sentado en mi pecho y no me dejara respirar. La temperatura era apenas de 10 grados, pero se sentía como si rebasara los 20.

—¡No puedo! —farfullé.

—¡Claro que puedes! —puso su mano en mi hombro—. Sabes manejar. Respira hondo y enciende el motor. Estoy aquí, a tu lado —sonrió y me guiñó un ojo.

Asentí, respiré hondo y encendí el auto. Abandoné sin incidentes el estacionamiento y salí a la calle.

—¿Lo ves? —me dijo—. ¡Ya estás manejando! Es como andar en bicicleta. Una vez que aprendes, jamás lo olvidas.

¡No lo podía creer! En verdad conducía. No había estado ante un volante desde la preparatoria, cuando hice mi examen de manejo. Ni siquiera sabía por qué me daba miedo hacerlo, hasta que vi un letrero de velocidad que alguien había arrollado. Visiones de accidentes terribles aparecieron en mi cabeza. Apreté el volante y las deseché de mi mente.

—¿Recuerdas cuando aprendiste a andar en bici? —mi papá interrumpió mi momentáneo pánico—. A cada rato te caías. ¡Hasta te estrellaste con los setos! —agregó entre risas. ¡Cómo no iba a recordarlo! Todavía tenía las cicatrices en las piernas—. Estabas muy resuelta a aprender. Te dije que podías hacer todo lo que te propusieras y un momento después ya volabas por la calle —su risa terminó en un acceso de tos.

Le lancé una rápida mirada cuando hicimos alto en un semáforo.

—¿Aún tienes esa tos?

Le restó importancia con un gesto.

—Me arde un poco la garganta —se arrojó a la boca una pastilla de menta, subió el volumen de la música y se puso a cantar. Eran los grandes éxitos de The O'Jays. Los viernes eran días de The O'Jays. Sabía que "Livin' for the Weekend" era mi canción favorita ese día.

Llegamos a casa en un instante, sin pérdida de vidas ni piernas, aunque no pude decir lo mismo de los setos. Me estampé con ellos cuando intentaba estacionar el coche en la entrada.

Papá sacudió la cabeza.

—¡No sé qué tienes contra esos setos!

—¡Me salen al encuentro! —sonreí—. ¿Oye, papá?

—Sí —avanzó hacia el pórtico.

—¿Por qué me obligaste a que manejara hoy?

Suspiró y entró en la casa.

—No quise preocuparte, pero no veía bien, y por un minuto vi doble. ¡Incluso choqué con un letrero cuando iba a recogerte! —evité mostrar alarma. ¿Y si hubiera sucedido algo peor? Habría sido mi culpa y nunca me lo habría perdonado—. Pero ya estoy bien —interrumpió mi pequeño ataque de pánico—. Quizá sea la presión otra vez. El lunes

> No había estado ante un volante desde la preparatoria, cuando hice mi examen de manejo.

te llevaré al trabajo, al menos por el bien de los setos. Ahora ayúdame a hacer de cenar.

Lamentablemente, ése fue el último viaje que hice con papá. No era la presión, fue el cáncer, que ya se le había extendido a los pulmones y el cerebro. Aun así, no dejé de manejar, y siempre agradeceré todos los viajes que hice con él. Agradezco sobre todo que me haya recordado que no hay nada que no pueda hacer si me lo propongo, incluso vencer el paralizante miedo a conducir. Cada vez que me coloco frente al volante, oigo que canta a The O'Jays y siento su apaciguadora mano sobre mi hombro.

~Tammy Nicole Glover

Un vuelo prodigioso

Pensar no vence el temor. Actuar sí.

~W. CLEMENT STONE

—No puede regresar, señora. Tiene que seguir —me instruyó el empleado de las telesillas.

—¿Qué? —pregunté incrédula—. Quería pasar sobre la selva costarricense una vez… ¡sólo una vez! Y ya lo hice. Ahora siento que voy a vomitar.

—Lo lamento —contestó, como si no fuera culpa suya—. Así son las reglas. Además, las sillas siguen una sola dirección. Tiene que llegar forzosamente al final.

Todo mi propósito había sido presumir en el hotel a mis amigas lo que había hecho. ¡Y claro!, retarme heroicamente a vencer mi paralizante temor a las alturas y balancearme en el aire. Pero la idea era hacerlo una sola vez y se acabó.

—¿Cuántas sillas faltan? —pregunté con voz trémula mientras intentaba contener la náusea.

—Nada más ocho —murmuró con indiferencia, como si fuera cosa de niños.

—¿*Nada más* ocho? —mi voz estaba ahora una octava más arriba—. Apenas soporté la primera. ¡Usted no entiende! Temo a las alturas. El arnés es muy pequeño y me caeré. ¡Y además hace mucho viento! —gemí y miré la cascada sobre la que milagrosamente acababa de pasar, con los ojos bien cerrados. La que no cerré fue la boca, que repetía sin cesar "¡Santo Dios, Santo Dios, Santo Dios!".

—Lo siento, señora. Ya le dije que así son las reglas —repitió.

—¡Pues las voy a cambiar! —me obstiné, al tiempo que veía a la gente a mis espaldas, que esperaba con ansia montar sobre su artefacto.

—No puede hacerlo —ya contaba cuántas personas aguardaban en la fila—. Es imposible que vuelva de otra forma a la entrada. Tiene que pasar por las otras ocho sillas. ¿No leyó las instrucciones en la recepción?

—¿Qué recepción? ¿Cuáles instrucciones? —pensé en ese momento que todas mis pulseras de baquelita acabarían en manos de desconocidas, porque tendría que firmar mi testamento. ¡Y eso no iba a permitirlo!—. ¡Llame al gerente! —chillé como si discutiera en Macy's por un producto.

—¡Yo *soy* el gerente! —me fulminó con la mirada.

Oí que la gente arrastraba los pies detrás de mí.

—¡Avance! —gritó un señor con impaciencia—. ¿Por qué vino si no se va a subir? —era una buena pregunta, que ponderé a la par que mi rostro se sonrojaba y el corazón me latía más rápido.

Intenté fingirme enferma, para que no tuviera que pasar nuevamente por lo que consideraba el infierno de Dante.

—No me siento bien. ¿Podría llamar a los paramédicos, una ambulancia o un helicóptero que me saque de aquí? —gimoteé.

—Se sentirá mejor cuando llegue al otro lado —respondió, con lo que juzgué una muy escasa compasión—. Además, no tenemos paramédicos ni helicópteros.

> **Había salido de mi zona de confort y entrado en el país de las maravillas.**

—¿No tienen helicópteros? —mascullé derrotada y no me quedó más remedio que subir de nuevo a la telesilla.

Esta vez me propuse abrir los ojos. Mi corazón estaba muy acelerado aún y lo único que yo quería era gritar "¡Sálvenme, sálvenme!", pero mi orgullo se interpuso y evité ponerme en ridículo ante las personas que sonreían felizmente en la fila.

Me convencí de que, después de todo, aquella altura no era desmesurada, lo que mejoraba mis posibilidades. Ya había sobrevivido a una silla y sólo me faltaban ocho más. Me armé de valor. Sorprendentemente, con cada una sentía que mi ansiedad amainaba, y abría más los ojos para ver en verdad esos increíbles paisajes de cascadas azul turquesa, selvas de un matiz esmeralda, el arcoíris de las aves y el verdor excepcional de la jungla. ¡Incluso saludé a un tucán que pasó volando a mi lado! Había salido de mi zona de confort y entrado en el país de las maravillas.

Cuando llegué al final del octavo tramo, me sentía extasiada y no deseaba marcharme. Había dicho sí a la aventura y experimentado el poder de enfrentar mis temores. Era una sensación magnífica.

~Linda Holland Rathkopf

¡Pero si usted es maestra!

*La peor clase que impartas será mucho
mejor que la que no des nunca.*

~FRED MILLER

Acababa de hacer una exposición oral sobre la invención de la máquina de rayos X.

—¡Muy interesante, señorita Nilsen! —me dijo mi maestra de lengua inglesa de décimo grado—. Pero dirigió toda su presentación al arce de la ventana.

Corrí mortificada hasta mi asiento y fijé la vista en mi banca.

De chica era tímida. Jugaba libremente con mis hermanos y amigas, y nos reíamos y platicábamos de todo. Pero ¿colocarme frente a un grupo de hiperactivos chicos de quince años y hacer una presentación? Prefería que me quitaran todos los dientes.

Después me hice maestra. ¡Vaya que fue peculiar la profesión que elegí!

—¿En qué diablos piensas? —me preguntaban mis familiares y amigos.

"¿En qué diablos piensas?", me pregunté durante todos mis años en la universidad. Aquello resultaba ilógico, pero a fuerza de muecas y sudor me abrí paso en las presentaciones orales que tuve que dar entonces y en mis clases como practicante. Estos alumnos de séptimo grado no me fastidiaron mucho, quizá porque su mente estaba en otra parte.

No obstante, la primera mañana de mi trabajo como maestra "de verdad" abrí los ojos, apagué el despertador y decidí que me reportaría enferma. Mi esposo sintió mi reserva, me puso en la mano la bolsa del lunch y me sacó de la casa.

—¡Que te vaya bien! —gritó mientras yo salía nerviosamente en reversa y chocaba con el bote de basura en la banqueta.

Los adolescentes de preparatoria pueden ser feroces críticos, pero también muy indulgentes. Me escudriñaron ese primer día y sudé profusamente. Pero eso fue todo. Después me aceptaron, y pude soltar los hombros y despegar la mirada de la pared del fondo. Por una extraña razón, en el curso de mis veinticinco años en la docencia rara vez me sentí incómoda, aunque me trastornaba tener que forzar a los chicos tímidos a hablar frente al grupo. Sentía lástima por ellos.

Los años pasaron velozmente y en las últimas semanas de mi año de clausura como maestra me sentía relajada y lista para un muy ansiado retiro. Entonces cayó la bomba. Los demonios de mi juventud regresaron de la nada.

Me preparaba una mañana para mi primera hora de clases cuando una alumna de último año se me acercó con una gran sonrisa y me preguntó si aceptaría ser la oradora invitada en la National Honor Society Induction Ceremony. Ordené unos papeles más, farfullé sílabas incoherentes y conseguí emitir un graznido por respuesta:

—Sería un honor para mí, Susan. Lo pensaré esta noche y mañana te aviso.

Aquella noche mis pensamientos se bambolearon con cruel violencia: "Sí, lo haré; no, no lo haré". Mi esposo razonó que no debía preocuparme, ya que no tenía ninguna dificultad para dar mis clases. Sin embargo, instruir a alumnos de preparatoria era diferente a hablar ante padres, maestros, directivos y autoridades de la ciudad. Así pues, tomé una decisión; optaría por la salida fácil.

Al día siguiente le di mi respuesta a Susan, y la suya no fue la que yo esperaba.

—¡Pero si usted es maestra! —frunció el ceño.

—Aun así —contesté—, siento que debo rechazar tu petición.

—¡Pero usted les pide a sus alumnos que hablen en público! —repuso.

Esto iba a ser más difícil de lo que pensé. Le dije que ese fin de semana lo pensaría de nuevo y el lunes le daría una respuesta definitiva. Esa tarde lloré por mi falta de determinación. Di vueltas en la cama toda la noche hasta que pensé en la forma en que Susan me había mirado.

No lo había hecho con tristeza o enojo, sino con decepción. Y supe que la había decepcionado como maestra, como alguien que se supone que enseña con el ejemplo.

John A. Shedd dijo en una ocasión: "Un barco está a salvo en el puerto, pero no se hizo para eso". Yo había optado por dejar mi barco en puerto seguro y ahora me defraudaba a mí misma. Busqué a Susan la mañana del lunes y le dije que había cambiado de opinión.

El tema de mi discurso sería el valor y su función como un arma eficaz contra nuestros temores. Escribirlo fue cosa fácil; lo complicado fue prepararme para pronunciarlo.

Mientras esperaba aquella noche en el estrado, las piernas me temblaban y se me secó la boca. Me aferré con manos sudorosas a la orilla del podio. En vez de mirar hacia la ventana o ver a los profesores y padres al fondo, miré a los alumnos de las primeras filas. Pensé en mis estudiantes, en los que temían dar un discurso pero lo hacían de todas formas en mi aula. Y pensé en Susan y su comentario: "¡Pero si usted es maestra!". No podía defraudar a esos alumnos ni a Susan. No podía defraudarme a mí misma.

> Este acto era una viva demostración del tema de mi discurso.

Comencé por referirme a mi temor, simple pero paralizante. En su viaje por la vida, ellos se enfrentarían a impetuosos océanos más desafiantes que tener que dar un discurso. Su fe en sí mismos sería puesta a prueba, como lo había sido la mía. Y al igual que yo, podían poner pretextos para no aceptar el desafío y preferir la salida fácil de mantener su barco en puerto seguro. Pero el valor nos enseña que los retos y obstáculos de la vida sólo existen en nuestra mente.

Los ojos ante mí me miraban atentos, y había también inclinaciones y sonrisas. Probablemente no habían oído nunca que una profesora admitiera las inseguridades que ellos también tenían.

Durante mi alocución sentí que me quitaba un peso de encima. Este acto era una viva demostración del tema de mi discurso. Y no tenía miedo. Como dijo una vez Eleanor Roosevelt: "El valor es más estimulante que el miedo, y a la larga más fácil. No tenemos que ser héroes de la noche a la mañana, sino enfrentar paso a paso lo que se presente, descubrir que no es tan terrible como parecía y confirmar que tenemos la fuerza requerida para dominarlo".

No estoy segura de que esa noche haya disipado las dudas de los estudiantes sobre su futuro, pero confío en haber demostrado que, si tenemos valor, podemos vencer todos los retos que nos salgan al paso. Los demonios de mi juventud fueron ahuyentados gracias a que una alumna me recordó que era maestra, un modelo a seguir. Gracias a ella, pude asomarme a lo hondo de mi alma y comprobar que los obstáculos sólo existen en nuestra mente.

~Gretchen Nilsen Lendrum

Café para asesinas

Quien no vence un temor cada día, no ha aprendido
la principal lección de la existencia.

~RALPH WALDO EMERSON

U n soleado día de primavera de mayo de 1983 empecé a trabajar en el Edna Mahan Correctional Facility for Women de Clinton, Nueva Jersey. Tenía veintidós años. Esta cárcel ocupaba varias hectáreas rurales, epítome de libertad y una ofensa para las mujeres que estaban encerradas en ella. Manadas de venados merodeaban por los alrededores y miraban a las reclusas, de quienes se burlaban con su despreocupado ir y venir.

Como nueva empleada de correccional, ingresé en las instalaciones de la prisión con apenas un recién adquirido título de penalista, una exorbitante cantidad de maquillaje y gigantescos zapatos de hombre que parecían pesar más que yo.

En la preparatoria se me eligió como la "Más callada", porque nada temía más que hablar. Socialmente inepta, nunca encajé. Mi madre se infartó con mi decisión de ser empleada de correccional. Vivíamos juntas aún, y ella sabía que me daba miedo bajar sola al sótano y quedarme sola en casa durante la noche.

No me pasó inadvertida la ironía de que hubiera elegido una de las áreas laborales más peligrosas. Supongo que mi determinación de tener éxito en el terreno de la justicia penal pesó más que cualquier otra consideración, incluido el temor. Igualmente, en ese entonces no había muchas opciones profesionales en este campo.

Cuando comencé a trabajar en la Administration Segregation Unit, me aterró saber que pasaría encerrada de ocho a dieciséis horas diarias en una unidad que alojaba a mujeres que habían cometido asesinatos. Estaría prácticamente atrapada en un largo y mal iluminado pasillo junto a veinte reclusas. Me perturbó enterarme de que mi predecesora había sufrido agresiones severas; muchas empleadas se negaban a trabajar en esta unidad.

El miedo de que me prensaran la garganta con mi propia trenza, una repetida advertencia, pronto fue superado por el temor a que las internas no me aceptaran como su guardiana. ¿Qué tal si no podía controlar aquella unidad? Más tarde supe que mis colegas apostaron a que no duraría en ese puesto. Me miraron y dijeron: *Ya veremos si esta muñeca Barbie llega al fin de semana.*

También las internas me juzgaron con aspereza y me reprobaron al instante. Querían una empleada mayor y robusta, y yo era todo menos eso. Tal vez les desagradó el brillo rojizo de mis labios, y que mis pestañas conservaran su espesura y abundancia pese a que la noche anterior hubiera escapado a una discoteca, en marcado contraste con sus rostros pálidos y demacrados. Sonreían y me miraban de arriba abajo como si fuera una niña tonta a la que no le incomodaba trabajar en una prisión.

En realidad no eran distintas a las chicas abusivas de la preparatoria, quienes entornaban los ojos frente a mí, se reían de mis lustrados zapatones y me llamaban "plana de pecho", "cara de payaso" y Pippi Longstocking. Pippi era un personaje de un libro de cuentos infantiles, una niña con una trenza atroz que poseía una fuerza sobrehumana y era muy intrépida. Aparte de la trenza, no teníamos nada en común.

Las presas se burlaban constantemente de mí: *¿Cómo es que una flaquita como ella tiene unos brazos tan gordos? ¿Por qué tiene cara de payaso? ¿De dónde salieron todas esas pecas?*

A palabras necias, oídos sordos.

Las agresiones verbales eran a veces la parte más difícil del trabajo. En sí mismo, éste no se diferenciaba mucho del de una asistente de vuelo, pues mi deber se limitaba a recorrer el pasillo para servir tres comidas diarias. Mientras transitaba de una reclusa a otra, aprovechaban la oportunidad de arrojarme cosas y burlarse de mi apariencia. Percibían mi temor. Yo no podía ocultar mi sonrojo, el sudor en mi frente ni el temblor de mis manos cuando les servía café cada mañana.

Curiosamente, pronto me di cuenta de que mi capacidad para llevarme bien con ellas y ganarme su aceptación y respeto dependía de que hiciera bien el café. No ayudó que en ese entonces yo no frecuentara este bebida ni supiera hacerla. Las reclusas no cesaban de reprobarme con aparatosas sacudidas de cabeza, y algunas me lo escupían en la cara. Las quejas variaban: demasiado aguado, muy espeso, demasiado fuerte, ralo. Yo probaba en todo momento recetas diferentes. Ponía más o menos café y experimentaba con el nivel del agua. Me empeñaba en perfeccionarlo todos los días.

Al final tuvieron que admitir que ya lo hacía como debía. Fue una victoria difícil, después de largos meses de prueba y error, pero llegó el día en que sonrieron y aprobaron mi café. Con todo, no era nada más el café. Al final aprendí que ser una buena empleada de prisión no requiere que seas ruda e impositiva. Debes ser justa, respetuosa y congruente. Las internas acabaron por apreciar esto y me empezaron a respetar. Cuando vieron que no me movería de ahí, me respetaron aún más. Con el tiempo, mi miedo se disipó. Lo saqué de mí. Destaqué como empleada de correccional y, más todavía, me gané el respeto de mis compañeras. Supongo que muchas de ellas perdieron dinero en aquella apuesta.

Cuando pienso en mi ya distante periodo en esa prisión, tengo recuerdos circunstanciales: el rancio y fétido olor de la unidad; los veranos bochornosos y sofocantes; un viejo y decrépito ventilador de piso que giraba muy despacio y me deshacía la trenza varias veces al día. Recuerdo que AC/DC y John Cougar Mellencamp se escuchaban en la radio. El ruido de toses y el accionar de un inodoro cuando la unidad despertaba a un nuevo día. El aroma agrio cuando abría la gigantesca jarra del café y el olor me daba de frente.

> La libertad habita en mi cerebro, es la cara opuesta del temor.

Recuerdo la fatiga que sentía al cabo de un turno de dieciséis horas a la vez que veía que el sol iniciaba su ascenso por los árboles al amanecer, el cual era siempre un símbolo de la oportunidad de empezar de nuevo.

Me acuerdo de que cuando salía de la cárcel tras una jornada agotadora, el aire fresco chocaba con mi rostro sudoroso. Afuera de la prisión, recorría en mi automóvil una calle que llevaba el irónico nombre de Avenida de la Libertad. En un sentido, iba a la libertad; en el opuesto, me alejaba de ella. Aprendí, no obstante, que todo eso era ilusión. Que la libertad habita en mi cerebro, es la cara opuesta del temor.

Lo que más recuerdo es esto: cómo vencí ese temor.

El miedo es y será siempre lo que nos impide ser libres.

~Carolyn McGovern

46

Amanecer en la montaña

*Viajar y cambiar de sitio dota a la
mente de un nuevo vigor.*

~SÉNECA

Cuando a mi padre se le diagnosticó cáncer, nos pusimos a planear. Acordamos que, tan pronto como se mejorara, viajaríamos a algún sitio que ninguno de los dos conociera, un paraje imponente. Cumplir este requisito no sería difícil para mí, pero papá había viajado mucho. Tras incontables debates, nos decidimos por Perú.

Estudiamos a fondo las guías y hojeamos revistas de papel satinado para determinar a qué puntos iríamos y lo que veríamos. Practicamos nuestro terrible español en tanto él recibía quimioterapia. Nuestro viaje sería una celebración, la aventura de toda una vida.

Papá perdió la batalla ese noviembre.

Me sentí devastada. Estaba furiosa. Había tenido la certeza de que lo conseguiríamos. Jamás me permití considerar otra cosa. Mi vida se descarriló violentamente e hice lo que pude para afrontar el pasado y darle sentido. Los libros y revistas de viajes fueron guardados y olvidados.

Un año más tarde, preparaba mi mudanza después de la graduación cuando hallé todas esas guías y folletos. Fue una gran sorpresa. Creí que los había tirado. Le mencioné este descubrimiento a mi madre y me dijo:

—Haz ese viaje.

Era ridículo. En mis paseos nunca había llegado más allá de Disney World, adonde fui con mi familia cuando tenía doce años. Además, iría completamente sola y detestaba volar.

Con todo, no dejaba de pensar en ello y me pregunté: "¿Qué tendría de malo indagar un poco?". Hice algunas llamadas y hablé con ciertas personas. Cuando reparé en ello, ya había reservado vuelos y hoteles.

Llegar en taxi al aeropuerto fue una de las cosas más complicadas que haya hecho nunca. Me aterré tanto que estuve a punto de romper a llorar. Penosamente tímida y una introvertida de talla mundial, volaba no sólo a otro país, también a un subcontinente, donde no conocía ni un alma. Dediqué la mayor parte del viaje a evitar que me diera un colapso.

> Llegar en taxi al aeropuerto fue una de las cosas más complicadas que haya hecho nunca.

Dieciséis horas más tarde ya estaba en Lima.

A pesar de que no seguí al pie de la letra el itinerario que había planeado con papá, tuve la aventura de mi vida. Acampé en el Amazonas bajo el chillido de loros y monos en las copas de los árboles. El río era nuestra vía de transporte; cuando no caminábamos, abordábamos una lancha, desde la que veíamos a los caimanes que tomaban la siesta en la fangosa orilla. Había árboles tan grandes que ni siquiera doce de nosotros podíamos rodearlos estirando los brazos, e insectos, ranas y serpientes tan coloridos que parecían gemas talladas.

Viajé a Cuzco, a 3,350 metros sobre el nivel del mar, y exploré monasterios y viejas catacumbas de techos bajos al tiempo que sentía sobre mi cabeza el peso de piedras muy antiguas. Tomamos una embarcación a las islas Ballestas, en el océano Pacífico, y vimos leones marinos que dormían bajo el sol. Comí ceviche en compañía de nuevos amigos en la playa y me tropecé en una excavación arqueológica.

Volé sobre las líneas de Nazca, navegué a una aldea de islas entretejidas en el lago Titicaca y caminé hasta la Puerta del Sol en el Sendero Inca.

En un una terraza en Machu Picchu, ciudad que los incas erigieron en las montañas hace medio milenio, vi el amanecer y tuve una revelación. Este viaje me había permitido descubrir la grandeza y hermosura del mundo. Me ayudó a hacer a un lado la ira y decepción que sentía de que la vida pudiera terminar tan cruelmente como le había sucedido a mi padre.

Aunque en su momento me aterró marcharme, ahora no podría imaginar mi vida sin esa experiencia. Cuando cierro los ojos, siento todavía un regusto limoso y salado en la lengua y oigo la música de tambores que la gente me convenció de que bailara. Y pese a las probables resistencias de una parte de mí, volvería a hacer ese viaje sin pensarlo dos veces. Es normal que tengamos miedo, siempre que no nos impida hacer lo que deseamos.

Mi vida me pertenece por entero. El mañana es un regalo, nunca una promesa. Iré a lugares en los que no he estado nunca, conversaré con personas de los más remotos confines del mundo, comeré platillos desconocidos, amaré y viviré.

~A. L. Tompkins

El poder del ¡Sí!

Cree en ti

*No permitas que el ruido de las opiniones ajenas
ahogue tu propia voz.*

~STEVE JOBS

El desafío de Bon Jovi

*Es grandioso descubrir que conservas tu capacidad de
asombro. Te maravillará saber que puedes hacer muchas
cosas que habías olvidado.*

~ALAN BALL

Ya había cumplido cuarenta años cuando mi esposo me sorprendió con boletos para la presentación local de la gira Have a Nice Day de Bon Jovi. Esta banda era una de mis favoritas desde la década de 1980, cuando no me cansaba de escuchar canciones como "You Give Love a Bad Name", "Wanted Dead or Alive" y "Livin' on a Prayer". Me emocionó la idea de que volvería a ver a los chicos de Jersey y a disfrutar del sonido de mi pasado, y que oiría quizás una o dos canciones de sus éxitos musicales más recientes.

Fui a ese concierto dispuesta a recuperar los gloriosos días del ayer. Aunque no me deprimía que hubiera llegado a la madurez, estaba segura de que todos los "grandes momentos" de mi vida habían quedado atrás. Me casé con un hombre maravilloso, tenía tres bellos hijos y había escrito varios libros de consulta, publicado artículos en revistas nacionales y trabajado en diversas producciones de televisión. Pensaba que los años que me quedaban serían un periodo de tranquila complacencia, carentes de toda nueva conquista. Claro que aún me ilusionaban ciertas cosas —las graduaciones de mis hijos, sus bodas y ser abuela algún día—, pero éstos serían hitos "vicarios" que presenciaría como espectadora y no como participante directa.

El concierto empezó con "Last Man Standing", tema del álbum más reciente de Bon Jovi. La letra aseguraba que habría "magia en la noche" para quienes asistíamos a ese show, lo que resultó ser cierto. Desde la primera canción me impresionó la complejidad de esa nueva música, y me percaté de que Jon y sus compañeros eran más o menos de mi misma edad, pese a lo cual seguían creciendo y desarrollándose como creadores mientras que yo había abandonado la partida. Pensé entonces que debía aventurarme en direcciones novedosas y no puestas a prueba aún. Si este grupo podía hacerlo, ¿por qué yo no?

Al día siguiente compré el disco compacto *Have a Nice Day* y lo oí completo durante varias semanas, por lo menos una vez al día. La canción "Welcome to Wherever You Are" me pareció especialmente estimulante, como si se refiriera a mi situación específica. La letra invitaba a no ceder ante la duda y a creer en cambio en el potencial aún sin aprovechar. Mientras la oía, resolví que ampliaría mis horizontes y perseguiría metas que no había imaginado antes.

Esto significaba incursionar en la ficción literaria. En mi calidad de periodista, tenía antecedentes en el reportaje de investigación, así que no me creía capaz de producir obras creativas. Después de todo, siempre me había considerado una ingeniera de las palabras, no una artista, pero he aquí que había llegado la hora de que rebasara ese límite que yo misma me había impuesto.

Cuatro meses más tarde —auxiliada por la dulce voz de Jon— ya había escrito y vendido mi primer cuento, sobre un padre que afronta su pérdida ayudando a los indigentes. A esta venta le siguió otra muy pronto, y tiempo después un poema mío sobre el verano que da paso al otoño recibió un premio nacional. A fines de ese año había publicado ya media docena de piezas de ficción listas para que las añadiera a mi currículum.

> Gracias, Bon Jovi, por demostrarme que la creatividad no tiene fecha de caducidad.

Animada por esos éxitos, decidí hacer la prueba en algo de lo que nunca me creí capaz: escribir un libro para niños. Lograrlo supuso dos años y ocho versiones, pero encontré una editorial interesada en mi cuento, el cual está ahora en la imprenta. Todo comenzó con ese concierto de Bon Jovi, donde lo que pensé que era un destino se convirtió en una encrucijada. Seguir un camino desconocido me llevó a sitios increíbles que no sabía que existían, y aún me aguardan muchos otros territorios por descubrir.

Así que gracias, Bon Jovi, por demostrarme que la creatividad no tiene fecha de caducidad y que los únicos límites que nos restringen son los que nos imponemos. El camino será tan maravilloso y satisfactorio como queramos, ¡y ya ardo en deseos de saber qué hallaré después de la curva siguiente!

~Miriam Van Scott

Un momento difícil

*Todas las personas que han obtenido grandes logros
apuntaron alto, fijaron la mirada en una meta ambiciosa
por más que pareciera imposible.*

~ORISON SWETT MARDEN

Bajo la tenue luz de las primeras horas de la mañana, entrecerré los ojos para ver las boyas en la oscuridad del lago. Aquel día se correrían tres triatlones. Yo haría el más largo de ellos, con una distancia de 113 kilómetros, también conocido como Medio Hombre de Acero: 2 kilómetros a nado, 90 kilómetros en bicicleta y 21 kilómetros corriendo. Sin embargo, ninguna de las boyas parecía lejana. ¿Daríamos vueltas y nadaríamos varias veces entre las dos, cerca de la orilla? Yo era una novata en este deporte, así que ignoraba el procedimiento.

Les pregunté a quienes me rodeaban —ataviados con elegantes pantalones deportivos, goggles costosos y relojes a prueba de agua para medir el progreso— si harían la distancia de 113.

No, harían las de "Sprint" u "Olímpica", opciones más cortas, y me asusté. Todas aquellas personas eran más jóvenes y esbeltas que yo, por lo menos diez años y nueve kilos, y aun así yo haría el triatlón más largo. Tenían cero grasa y pantorrillas de acero, contra mis muy poco firmes músculos. Me vino a la mente una canción de *Plaza Sésamo*: "Una de estas cosas no es como las demás. Una de estas cosas está fuera de lugar".

Me abrí paso entre la gente hasta que hallé a alguien que hacía la distancia 113, un joven que parecía capaz de levantar un Volkswagen. Por su edad, bien podría haber sido mi hijo. Él me aclaró que el recorrido sería únicamente de ida y vuelta.

—Allá está el retorno —apuntó con un dedo. Seguí su mirada más allá de las boyas visibles y percibí una señal flotante de color naranja. Estaba tan lejos que parecía situarse en otro huso horario. ¿Tendría que nadar hasta ahí? ¿Y regresar a continuación?

Oí un trueno mientras comenzaba a llover a cántaros.

—Supongo que la carrera empezará tarde —le dije al joven.

—¡Buena suerte! —corrió para cubrirse. Pensé por un instante que si me caía un rayo, al menos tendría una excusa para no participar en el evento.

Mi presencia ahí se debía a un exceso de confianza del que había caído presa meses atrás. Cuando terminé mi primer maratón, me sentí tan bien que pensé que podía lograr cualquier cosa. En tanto descansaba para aliviar mi dolor de piernas, leí el reporte de una amiga sobre un triatlón de Medio Hombre de Acero en el que había participado. Decía que la carrera había sido muy entretenida, y que resultaba ideal para quien hiciera su primer triatlón. Un primer triatlón. Yo acababa de concluir mi primer maratón. ¿Debía consumar otro primer intento?

Jamás había pensado participar en un triatlón. Aunque me agradaba correr, no pasaba de ser una ciclista informal, y era además una no nadadora profesional. Siempre había concebido el triatlón como una de esas Cosas que Nunca Haré, igual que escalar el Monte Everest o bailar con el Joffrey Ballet. Sin embargo, el auge de mis endorfinas tras el maratón me hacía sentir beligerante. Antes de que tuviera la sensatez de cambiar de opinión, encontré en internet una carrera que se ajustaba a mi agenda e hice clic en el botón "Regístrate ahora". Enseguida me precipité a las redes sociales, para informar al mundo entero que acababa de inscribirme en mi primer triatlón.

A la mañana siguiente, desperté y pensé: *¿Qué he hecho?* No sabía nada de triatlones. Por fortuna, mi amiga triatleta resolvió encantada todas mis dudas y accedió incluso a ser mi entrenadora. Me preguntó cuáles eran mis metas. Decidí que eran *a)* terminar la carrera, *b)* de preferencia de pie, *c)* sin que hubiera vomitado y *d)* en menos de siete horas. Ella me dijo que si seguía un plan de entrenamiento y "practicaba" con un par de triatlones más cortos, cumpliría incluso el límite de siete horas.

No obstante, el entrenamiento fue muy difícil. Los ejercicios que debía hacer casi a diario me dejaban exhausta. Mi hambre era insaciable y comía demasiado. Pensé que tendría que abandonar mi propósito. No disponía de tiempo libre, estaba agotada y subía de peso; ¿qué caso tenía?

Pese a todo, quería probar algo nuevo y desafiarme. Además, ya había difundido a los cuatro vientos que participaría en la carrera, y me daría mucha vergüenza retroceder. Así, acabé en esa playa bajo la lluvia, tan ansiosa de que la carrera diera inicio como confiada en que la cancelarían. Un anunciador informó que el clima mejoraba ya y que la carrera empezaría en quince minutos. Me acerqué a la línea de partida y poco después sonó la campana. Al tiempo que nadaba, repetía mi mantra: *No te ahogues*. A la zaga de una señora que avanzaba al mismo ritmo que yo, opté por seguirla. No mucho después de eso, ya había llegado a la boya —la misma que me pareció demasiado lejos de la orilla— y emprendido el regreso. Pronto estaba fuera del lago. Llovía menos y la etapa de la natación había concluido. Mis perspectivas mejoraban, a pesar de que fui una de las últimas en iniciar el tramo en bicicleta.

Olvidé ver el reloj cuando salí del área de transición, así que no sabía cuál era mi tiempo hasta entonces. Empezó a diluviar otra vez. Peor todavía, el viento arreció y yo avanzaba en su contra. Renuncié a mi propósito de terminar la carrera en menos de siete horas.

> **Me daría mucha vergüenza retroceder.**

Por suerte, la lluvia amainó al final del recorrido. Entré volando al área de transición, me bajé de la bicicleta de un salto y me quité la ropa mojada para ponerme una gorra, calcetines y zapatos secos y estar lista para correr. Vi el reloj del evento: 4:38. Tendría que consumar en 2:22 la etapa de correr si quería cumplir mi meta de siete horas, y sentí confianza en que lo lograría. Dos kilómetros después llegué a la Colina Mortal, como había oído que se referían a ella. Parecía interminable. Dado que la carrera requería dos vueltas, tendría que completar el trayecto dos veces. Mi meta de menos de siete horas se desvanecía de nueva cuenta.

Hice un gran esfuerzo para subir la colina, mientras otros participantes me rebasaban. Intenté apretar el paso pero no pude. Cuando inicié la segunda vuelta, vi el reloj de la línea de meta: 5:54. ¿Podría correr la segunda vuelta, de 10 kilómetros, en una hora? Tal vez. Corrí sin apartar la vista de mi reloj y haciendo cálculos mentales; mi cerebro trabajaba tan rápido como mis piernas conforme la distancia se acortaba. Aceleré el paso; el final sería angustioso. Corrí colina abajo, di vuelta hacia la meta y miré el reloj. Cuando parpadeé, distinguí la cifra: 7:02.

Me invadió el desaliento y mis ojos se anegaron en lágrimas. Vi el pavimento y recordé que la meta principal era terminar, a cualquier hora, para demostrarme que podía hacerlo. Contuve las lágrimas y seguí corriendo.

Cuando me acercaba a la meta vi que había cometido un error. Interpreté los segundos como minutos cuando el reloj marcaba 6:57:02. Ahora decía claramente 6:59:19. Crucé la línea de meta presurosa y entusiasmada. Había a) terminado, b) de pie, c) sin sentir náuseas y d) en menos de siete horas. De hecho, cuarenta y un segundos menos. No importaba que no hubiera sido la más rápida (los ganadores recibieron sus medallas mucho antes de que yo llegara a la meta); lo importante fue que conseguí el tiempo que me propuse.

~Sue Doherty Gelber

El pacto

*No puedes estar solo si la persona
con la que estás te agrada.*

~DR. WAYNE DYER

Apagué los faros pero dejé encendido el motor. No estaba seguro de si entraría en el cine o continuaría hasta casa. Me recosté en el asiento, vi caer la nieve y recordé el día en que Emily y yo hicimos el pacto.

—Hay cosas que jamás haría sola —me dijo mientras avanzábamos por la acera.

—¿Como comer fuera? —pregunté.

—¡Exacto! Es muy desagradable —contestó—. Compro comida para llevar cuando estoy sola.

Se puso un par de lentes oscuros que me ocultaron sus lindos ojos verdes.

—¿Qué es lo peor que se hace solo? —inquirí.

—La respuesta es sencilla —dijo—: ir al cine.

Asentí.

—Yo me sentiría muy cohibido —señalé.

—Es el epítome de la soledad.

Me detuve para mirarla.

—Hagamos un pacto —le propuse—: que jamás iremos solos al cine.

Rio y las constelaciones de pecas de su rostro titilaron.

—Ésa es una promesa que sí puedo cumplir.

Mi mente regresó al presente. Aunque el sistema de ventilación del auto emitía calor, yo extrañaba la calidez del sol de verano.

Miré el cine. Era la última noche en que proyectarían la película que deseaba ver. Debía haberle pedido a alguien que me acompañara a verla el fin de semana pasado. En cambio, esperé hasta una noche de entre semana y ninguno de mis amigos estaba disponible. Aun así, nada me obligaba a entrar. Podía aguardar a que la película saliera en DVD para rentarla.

Mantén el pacto.

Pero no todos los pactos perduran. A veces las circunstancias cambian, por más que creamos que no lo harán.

Me puse los guantes y abrí la puerta. Copos de nieve chocaron contra mi rostro.

Cuando entré en el edificio, noté que la taquilla estaba casi vacía. Me acerqué. El escaso número de cinéfilos era bueno y malo al mismo tiempo. No podría confundirme entre la gente, pero era poco probable que encontrara a algún conocido. Quizás era la única persona que vería la película que me interesaba. Llevaba cerca de dos meses en exhibición.

> ¿Qué tal si venir solo al cine no era el epítome de la soledad?

Mientras consideraba esto, la pareja adelante de mí compró boletos para ver esa misma cinta. El chico que atendía la taquilla me hizo señas para que me aproximara.

—Dame un boleto para la misma película —le dije.

—¿Sólo uno? —preguntó.

Me vi forzado a admitir que estaba solo, lo que acentuó la realidad de este hecho.

—Sí.

Mientras recorría el pasillo, pensé en el pacto y me pregunté si Emily lo habría cumplido. Quizá no era así. ¿Sería que yo no iba a incumplirlo porque ella ya se había encargado de eso?

Cuando llegué a la sala, elegí un asiento casi al fondo. Los avances no habían empezado aún. La pareja a la que vi en la taquilla se sentó a un costado, y otras se dispersaban por el cine. Una mujer rubia estaba sola, aunque sin duda esperaba a alguien, quizás a su novio que había salido a comprar palomitas.

Deseé que las luces se apagaran y la cinta diera comienzo. Sentí que me daba a notar, como si llevara la palabra "solitario" escrita en la frente. Contemplé de nuevo la sala para saber si de verdad alguien me veía.

Examiné a la rubia, pero esta vez noté algo que no había percibido antes: que no había abrigo alguno en el asiento junto a ella y que en el portavasos sólo estaba un refresco. No esperaba a alguien que le llevaría golosinas. Se encontraba sola.

¿Por qué no lo noté antes? Más todavía, ¿por qué no parecía extraño que estuviera sola? No daba la impresión de que se sintiera incómoda.

Parecía satisfecha.

Su postura indicaba que se hallaba en completa sintonía consigo misma y sus circunstancias. Como si venir sola al cine no fuera más inusual que salir a correr sola o ir de compras al supermercado sin la compañía de nadie.

Tal vez yo había interpretado este hecho de un modo equivocado.

¿Qué tal si venir solo al cine no era el epítome de la soledad? A lo mejor indicaba seguridad suficiente para hacer algo solo.

Decidí que había llegado la hora de establecer un nuevo pacto, conmigo mismo. De prometerme que no toleraría que la inhibición me impidiera hacer algo.

Las luces se apagaron y la pantalla cobró vida. Pese a que ya no veía a aquella mujer, estaba agradecido con ella. No siempre vendría solo al cine, pero ya no permitiría que el temor de hacerlo me detuviera.

~Logan Eliasen

50

Nadie debía saberlo

*Lo que está adelante y detrás de nosotros es insignificante
en comparación con lo que reside en nuestro interior.*

~RALPH WALDO EMERSON

A la tierna edad de quince años, con un empleo de dos horas diarias y cinco tardes a la semana en el marco de un programa asistencial que me permitía trabajar y estudiar, mi salario semanal después de impuestos era de 26.51 dólares. Ya me valía por mí misma, así que con esa suma conseguí un "departamento" por 40 dólares al mes. Corría el año de 1965 y el "departamento" era en realidad uno de los cuartos superiores de una casa de dos pisos y diez habitaciones situada en una esquina, equipado con una estufa de gas y un viejo refrigerador Kenmore.

Para mí, esa inmensa recámara esquinera con grandes ventanas que todo el día dejaban entrar la luz del sol era un cuento de hadas hecho realidad. Una pequeña mesa estaba adosada a la ventana sur. Ahí depositaba mis libros escolares y hacía mis tareas, distraída por la hermosa vista del parque al otro lado de la calle.

Desde esa ventana veía mi futuro, mis sueños que flotaban en el cielo como cúmulos de nubes. Porque era libre. Libre de salir cuando quisiera; libre de caminar descalza sobre los tiernos prados de la primavera; libre de caminar junto al pequeño lago en el otro extremo del parque; libre de usar ropa limpia todos los días; libre de asistir a actos escolares que antes no se me habían permitido. Era libre de ser... normal.

Pero nadie debía saberlo. Si alguien se enteraba, me obligaría a volver, o a ingresar en los servicios de protección a la infancia.

El lunes siguiente, armada con mi pase gratuito de transporte, tomé mi autobús en una parada distinta.

—Ésta no es tu parada de costumbre —comentó el conductor. Mascullé cualquier cosa sin explicar nada y tomé asiento casi al fondo.

Hice cuanto pude para que ese día fuera como cualquier otro; ya planearía el siguiente. Después de todo, quería usar un atuendo diferente cada día, como las demás chicas.

El martes alguien dijo mientras yo recorría los pasillos de la escuela antes del inicio de clases:

—Ella no traía ayer esa ropa.

Yo protesté:

—¿Quién te nombró policía del vestir? —y corrí en la dirección opuesta.

Esa tarde, un compañero señaló en el trabajo:

—Luces bien el día de hoy.

Día tras día me deleitaba en mi nueva vida, mi nueva libertad. Quería compartir mi dicha. Era independiente, me abría camino por mérito propio, obtenía buenas calificaciones. Pero… nadie debía saberlo.

> Si alguien se enteraba, me obligaría a volver, o a ingresar en los servicios de protección a la infancia.

Transcurridas las primeras semanas, me sentí normal y los comentarios sobre mi ropa cesaron. Me relajé… hasta la mañana en que se me mandó llamar de la oficina de la orientadora.

—Tus maestros han notado un cambio en ti. Te ves menos ansiosa, más segura de ti misma. Eso nos alegra, pero tenemos curiosidad de saber cuál es la causa de ese drástico cambio. ¿Hay algo que quieras decirnos al respecto?

Miré el suelo frente a mis pies, suspiré y respondí:

—No se me ocurre nada.

Nadie debía saberlo.

Mi primer año finalizó. Nadie había descubierto nada. Llegó el verano. Conseguí un empleo de tiempo completo. Con una parte de mis ingresos, compré ropa para el siguiente año escolar. ¡En el último año sería como las demás chicas!

El año escolar dio principio. Mi guardarropa ya no llamaba una atención indeseada. Había menos oportunidad de preguntas fastidiosas de parte de mis compañeros o mi orientadora. Mi plan para el último año consistía en asistir todas las mañanas a la escuela y tener un trabajo de medio tiempo en la tarde. Gracias a que me apresuraba a tomar el autobús, añadí media hora a mi salario cada día y eliminé una posibilidad más de preguntas indeseables.

El año pasó rápido. Llegó la primavera. A mis compañeros les ilusionaba graduarse y obtener un empleo. Yo nada más sonreía. Les emocionaba dejar el hogar de sus padres. A mí me emocionaba haber tenido un hogar propio en los dos últimos años. Y que nadie lo supiera…

El día de la graduación llegó. Los oradores divagaban sin parar sobre nuestro futuro. ¿En algún momento cerrarían la boca para que yo recibiera mi diploma? Al fin estaba a cuatro escalones del presídium; después a tres, luego a dos y entonces mencionaron mi nombre. Corrí hasta el director, estreché su mano y, con dedos torpes, sujeté el diploma contra mi pecho.

Cuando bajaba del estrado, comprendí que por fin era libre… libre de verdad. Ahora todos podían saberlo.

~Patricia Voyce

Mi año de "¿Por qué no?"

*Para desarrollar tu seguridad en ti mismo, haz lo que
temes y acumula experiencias exitosas detrás de ti.*

~WILLIAM JENNINGS BRYAN

Cuando era niña, tenía el deseo de ser invisible. Se hizo realidad
cuando cumplí cincuenta años.

Esto sucedió en torno al periodo en que vendedores y meseros empezaron a llamarme "señora". Mi dentista era de pronto más joven que yo, y tan condescendiente que se dirigía a mí como "señorita". ¡Qué horror!

Durante más de una década me dediqué a la crítica teatral profesional. Era un trabajo magnífico pero invisible. Veía espectáculos, me sentaba sola en la oscuridad de la sala y luego, sola con mi laptop, elaboraba reseñas sobre personas que estaban en el candelero.

Reseñé más de tres mil espectáculos, demasiados *Hamlet* y *Magnolias de acero*. Una noche, sentada en el teatro, se me ocurrió la idea de una obra.

En el pasado, en plena batalla por cumplir fechas límite, tenía ideas y las desechaba con el argumento de *Ahora no. Me ocuparé de eso cuando tenga tiempo.*

Si se trataba de una idea de una novela: *Ahora no.* De un libro de consejos prácticos: *Ahora no.* De una trama para jovencitas que podía ser una fantástica película protagonizada por Reese Witherspoon: *Quizá después.*

Fueron muchos años de "Ahora no" y "Quizá después".

Asistí entonces a un taller en el que el orador motivacional Mike Dooley aseguró que no debíamos aferrarnos a los "malditos cómo" sino ver una gran meta como una realidad en proceso.

Algo cobró forma en mí. Una de esas ideas de "Ahora no" —escribir un monólogo para una actriz y presentarla yo misma— se convirtió de súbito en "¿Por qué no?". Resolví dedicar el año de 2013 a decir "¿Por qué no?" cuando dudara de mí, sólo para ver qué pasaba.

> **Resolví dedicar el año de 2013 a decir "¿Por qué no?" cuando dudara de mí.**

Escribí la obra ese enero, una comedia para solista titulada *Sweater Curse: A Yarn about Love*. Trata de mi amor por tejer y la antigua leyenda entre esposas de que tejer para la pareja resulta en una relación condenada al fracaso. Escribí sobre suéteres desenredados y romances llenos de nudos, con alusiones a tejedoras de la gran literatura, como Penélope de la *Odisea* y Madame Defarge de *Historia de dos ciudades*. El diálogo fluyó como si lo descargara de una fuente creativa.

Soy soltera. Nunca me he casado. No tengo hijos. En las relaciones no soy muy "íntima". En la vida, soy una tejedora y escritora experta con un agudo sentido de la observación y una tendencia a perseguir la risa. Me valgo de todo eso en mi obra, junto con referencias a películas en las que Bette Davis teje. Hablo mucho en ella de lo difícil que es relacionarse sentimentalmente con alguien cuando envejecemos: "A mi edad no deberíamos llamar a eso 'Salir con alguien' sino 'Sobrevivir con alguien'".

El libreto se hizo en cuatro días. Cada vez que se me ocurría detenerme, pensaba: *¿Por qué no veo adónde me lleva todo esto?* Cuando llegué a la palabra "Fin" supe que había hecho algo bueno.

Entonces emergió otra idea: el Festival Fringe de Edimburgo. Éste es el festival de teatro más grande del mundo y tiene lugar cada agosto, cuando atrae a miles de actores que presentan miles de funciones a todo lo largo de la capital escocesa.

"¿Por qué no?", dije, e inicié el proceso de llevar *Sweater Curse* de la sala de mi casa en Texas a un escenario en Escocia.

Permítaseme abreviar el proceso: para producir mi obra en el Fringe de 2013 tuve que reunir 20,000 dólares. Cuando concluí el libreto, tenía 700 en el banco. Pero cuando llamé a un teatro comunitario y pregunté si querrían presentar mi obra en su escenario durante un fin de semana, me dijeron "¿Por qué no?", y compartieron conmigo la taquilla. Cuando ofrecí presentarla en comidas y cenas de damas de asociaciones privadas, oí decir "¿Por qué no?", y recibí donativos de desconocidas, en ocasiones billetes de cien dólares y cheques por cantidades mayores aún. Un amigo me regaló sus millas de viajero frecuente para que pudiera hacer un viaje de Dallas a Edimburgo. "No las usaré", me dijo, "así que ¿por qué no?"

El universo repetía mis nuevas palabras favoritas. El gran escritor y maestro Joseph Campbell afirmó: "La actitud del guerrero consiste en decir 'sí' a la vida, 'sí' a todo". ¡Sí, sí, sí y POR QUÉ NO!

Llegué a Edimburgo el 27 de julio de 2013, con dos maletas de vestuario y utilería, la cual incluía cientos de pequeños corazones tejidos que pensaba obsequiar a los espectadores. *Sweater Curse: A Yarn about Love* se estrenó el 1 de agosto en el hermoso teatro Sweet Grassmarket. Primer día: cinco boletos vendidos. Segundo día: ninguno. El técnico de iluminación me sugirió que actuara para él. Y ya sabes, ¿por qué no?

En la tercera función hubo algunas personas más. Ignoraba que una de ellas era un crítico importante. El cuarto día, cuando me dirigía al teatro, vi que a mi cartel se le habían adherido cinco estrellas, lo que significaba que era un éxito. Parecía que yo misma hubiera escrito la reseña de ese crítico: "Es un espectáculo de primera categoría, y por eso vale la pena una casa llena, de estrellas lo mismo que de personas".

Durante el resto de la temporada, de un mes de duración, la casa estuvo a reventar, a menudo con tejedoras que llevaban consigo estambre y agujas para tejer mientras veían la obra. Mujeres mayores me dijeron que les había hecho sentir que ya no eran invisibles, y que se identificaban con mis historias de amor y pérdida. Algunas jóvenes me dijeron que después de haber visto mi obra deseaban aprender a tejer.

Me alegra mucho que no me haya aferrado a los "malditos cómo", que no haya salido con "Ahora no" sino con "¿Por qué no?".

Todo cabía en mi obra. En realidad mi show, que he presentado aquí y allá desde ese primer verano en Edimburgo, no trata del tejido: trata del amor y la esperanza. Termina con la frase de que debemos seguir tejiendo sin importar cuántos suéteres queden inconclusos y cuántos romances se deshilachen de las orillas. El amor es espléndido a cualquier edad y debemos decirle "¿Por qué no?" cuando nos sale al encuentro. Después de todo, es lo que nos entreteje como seres humanos.

Mi capa de invisibilidad se ha desgastado. En mi tercera aparición en el Fringe de Edimburgo, pasaba por una cafetería cuando un joven saltó hasta mí.

—¡Hey, mire! —gritó y sacó de su bolsillo uno de mis corazoncitos tejidos. Había visto mi show el verano anterior y conservaba en su saco el corazoncito.

—¿Por qué lo has guardado hasta ahora? —le pregunté.

—Me hace feliz —respondió—, así que ¿por qué no?

~Elaine Liner

52

Persistencia en el cambio

Cuidar de ti es la forma en que recuperas tu poder.

~LALAH DELIA

Lo confieso: la cerveza me encanta. Y eso estaba bien entonces, cuando tenía el metabolismo de un joven universitario. Pese a que era una mujer de apenas 57 kilos de peso, bebiendo era capaz de derribar a un hombre y sentirme muy bien al día siguiente. Jamás me daba resaca. No sabía qué era eso.

Pero entonces llegué al final de mis veinte años y lo descubrí. ¡Ay!

Más tarde me casé, y los hijos llegaron en los años posteriores. Se acabaron los bares.

Claro que está el trabajo. Y el estrés. Y los tragos en la noche para lidiar con esas cosas y poder dormir.

Hasta un día del año pasado en que me harté de estar cansada. Además, pasaba por un horrible bloqueo como escritora. Tenía que renunciar a algo.

Fue entonces cuando vi un libro en Amazon que cambió mi situación. Trataba de una mujer con una madre alcohólica. Ella quería ser escritora, pero no encontraba su voz. El viaje de esta escritora en pos de su voz me ayudó a descubrir que tenía que dejar de beber si quería escribir y remediar mi bloqueo como escritora.

Con el debido respeto a Hemingway o quienquiera que haya dicho "Escribe ebrio, corrige sobrio", no estoy de acuerdo. No es un buen plan. Hoy sabemos más acerca de la ciencia del cerebro. La embriaguez no es romántica; es una forma de locura temporal. Y las resacas son la forma en que el cuerpo pregunta: "¿En qué estabas pensando?".

El alcohol volvía difuso mi cerebro y yo lo quería de vuelta —lo necesitaba de vuelta— para perseguir mi mayor pasión: escribir. Así, con mi nuevo mantra, "Escribir es mi bebida favorita", decidí que me mantendría sobria.

Pero ¿cómo lo lograría? Tomar cerveza era un modo de vida para mí. Nada nos gustaba tanto a mi esposo y a mí como una cerveza... o seis. Todo indicaba que nuestro matrimonio se basaba en parte en esa bebida y nuestro mutuo amor por ella. Algunas parejas son afectas a la comida. Otras son fanáticas de la adrena-lina. Otras más tienen afición al deporte. Nosotros amábamos la cerveza.

> **Le pedí a Dios que me quitara el gusto por la cerveza.**

Necesitaba un plan. Necesitaba ayu-da. Hice dos cosas: compré un libro so-bre el síndrome de abstinencia de alcohol que leí y subrayé para que la información pasara no sólo por mi cerebro como el licor, sino que fijara ahí su resi-dencia. La segunda fue grande, más grande aún que leer y tomar notas: le pedí a Dios que me quitara el gusto por la cerveza. Eso fue todo. Increíble, ¿verdad?

Ni siquiera fijé conscientemente una fecha para dejar de beber. En cambio, fui a un concierto de The Beach Boys y lo primero que hice fue comprar una botella de agua en el bar de la sala.

Volví esa noche a casa, me fui a acostar y decidí no beber al día siguiente. Ni al siguiente. Ni el día posterior a este último.

Llevo un año entero sin tomar cerveza ni alcohol de ninguna espe-cie. He pasado por vacaciones, cumpleaños, fiestas, conciertos, celebra-ciones y cenas fuera de casa y estoy bien.

No lo extraño, al menos no muy a menudo. Dejar de beber no fue en mi caso un drama de vida o muerte y no me considero alcohólica. Sé que podría volver a tomar si quisiera. Pero ya no me gusta. No creo que me agrade otra vez, porque le pedí a Dios que me quitara el gusto por la cerveza.

Ahora disfruto las mañanas. No me la paso yendo al baño toda la noche. Mi cerebro está limpio. Y escribo sin parar. Además, he perdido nueve kilos.

La fe del tamaño de un grano de mostaza puede mover montañas. O apagar tu sed.

Quizá la cerveza sea la prueba de que Dios nos ama y quiere que seamos felices, pero lo es más que algo puede impedirnos que seamos quienes estamos llamados a ser.

~Susan J. Anderson

53

El recital

*Haz una y otra vez lo que temes… Ésta es la forma
más rápida y segura de vencer el temor.*

~DALE CARNEGIE

Me senté ante el estrado entre niñas vestidas con trajes de gala y niños bien peinados, en mi calidad de la única adulta a la espera de que mencionaran su nombre. Me concentré en la partitura entre mis manos, no en el auditorio lleno de padres que tomaban fotos. Mi llamado ocurrió después del cuarto chico. Vi que mis amigas agitaban las manos desde sus butacas y tomé mi lugar frente al piano.

Todos los días me paraba ante mis alumnos, así que no debía estar tan nerviosa. Pero lo estaba.

Este recital era la culminación de un sueño de infancia: tocar el piano. Había querido hacerlo desde niña, pero se me dificultaban las matemáticas y temía las notas medias y cuartas, las fracciones de la música. Así, rechacé las clases que mis padres me ofrecieron, con el argumento de que no me interesaban.

Cuando ya tenía veinticinco años, me enteré de que una profesora de piano se había establecido en nuestra colonia y buscaba estudiantes. Aún tenía el anhelo de tocar el piano; casi sentía las teclas bajo los dedos.

Recordé que en un principio había temido ser maestra. Pese a todo, vencí mis miedos y me gradué como pedagoga. Ahora no iba a permitir que el temor me impidiera aprender a tocar el piano. Llamé a la profesora y pedí una cita.

Cuando Deb abrió la puerta, vi que éramos contemporáneas, y esto me facilitó cruzar el umbral. Le expliqué que desde chica había querido tocar a Bach, Beethoven y Billy Joel, pero que le tenía miedo al piano. Comprendió y se mostró sincera, así que me inscribí por tres meses. Aún escéptica y desconfiada de mi compromiso, compré un sencillo órgano eléctrico de dos octavas, que si bien no ofrecía la misma sensación y sonido que el piano me permitiría practicar en casa.

Cada semana bajaba las escaleras que conducían al sótano de Deb y tenía que abrirme paso con frecuencia entre alumnos a los que ella recibía antes que a mí. Como en una ocasión llevaba abierto el cierre de la mochila, un chico vio que contenía libros de texto y me preguntó:

> Este recital era la culminación de un sueño de infancia: tocar el piano.

—¿Dónde está su hijo?

Luego de muchos rodeos le dije que la alumna era yo. Mis compañeros me aceptaron desde entonces, y me sentaba en el estudio de Deb a escuchar la pieza en que trabajaba alguno de sus estudiantes, para disfrutar de la música.

Pronto me sentí más suelta en el dominio de las octavas y compré un hermoso piano vertical italiano de madera dura, que recibió un lugar de honor en la sala. Lo pulía con esmero cada semana, y lo hacía afinar con regularidad.

Después de tres años de lecciones, Deb me anunció que había llegado la hora de que tocara en público.

—Los pianistas dan conciertos —me dijo.

—¡Yo no! —respondí al instante, presa de pánico.

Todavía temerosa de aquellas fracciones de la música, me incomodaba tocar en público y muy rara vez lo hacía para alguien. Los únicos que oían mis escalas eran mis vecinos, a través de las paredes.

Deb persistió.

—¡Mira lo lejos que has llegado! —dijo—. Permite que otros disfruten de oírte tocar.

Sacudí la cabeza y reiteré:

—No, gracias.

Insistió en que sería una buena experiencia para mí, pero cada vez que mencionaba el recital, yo me disculpaba. Por fin me hizo una propuesta seria:

—No memorices la pieza que tocarás.

Me ofreció que tocara con partitura. Practicamos, grabamos mi ejecución, la escuchamos y corregimos los errores.

Los tacones de mis botas resonaron en el extremo opuesto del estrado. Confié en que el público no notaría que temblaba mientras me sentaba al piano y ponía en el atril *El pastorcillo* de Debussy. Una vez que coloqué los dedos sobre el teclado, respiré hondo y toqué bien los cuatro primeros compases. Cometí un error en el quinto y dejé de tocar. Miré a Deb, que estaba sentada a mi izquierda. Se mostraba impertérrita. Sólo me miró, como si dijese: "¡Sigue!".

La gente esperó. ¿Cuánto tiempo podía permanecer sin tocar? En el aula solían ocurrir cosas impredecibles que me obligaban a pensar rápido. Ahora tenía que hacer lo mismo en el piano. ¿Qué tal si hacía pasar ese silencio como una pausa que Debussy hubiera compuesto a propósito? No me moví por un par de tiempos adicionales, repetí el quinto compás como si hacerlo formara parte de la pieza original y continué sin problemas hasta la conclusión.

Tal como había practicado con Deb, me levanté, apoyé la mano en el piano, miré al público e hice una reverencia. Los aplausos que sacudieron el auditorio confirmaron la brillantez de mi ejecución y fueron una muestra de aprecio de que hubiese subido al estrado y permanecido en él. Mis amigas se pusieron de pie para vitorearme. Sonreí y me incliné dos veces más. Si hubiera cedido a mi temor, me habría perdido este momento. Me sentía muy orgullosa, emocionada y confiada en que me dirían: "¡Otra, otra!".

Al año siguiente memoricé mi pieza y toqué de nueva cuenta en el recital. Ya era pianista.

~Hannah Faye Garson

54

La lente de un matrimonio

Tomamos fotografías para entender lo que la vida significa para nosotros.

~RALPH HATTERSLEY

C recí en un hogar donde no se exhibían muchas fotos familiares. Fotografías de mi hermana y de mi grupo escolar anual perduraron en sus marcos de cartulina sobre el estéreo. Había una más, en la que yo aparecía cuando tenía seis meses. Y otra de la boda de mis padres, de pie frente a un enorme pastel de varios niveles, lo mismo que otra más, de mi padre con su uniforme del ejército.

Pero no había ninguna foto de la fiesta de cumpleaños en la que, tocada con una corona radiante, apagué las velitas del pastel de chocolate que como todos los años me hizo mi tía Louise, y tampoco de mi recital de piano, ni de mi hermana y yo abriendo los regalos de Navidad. Debo cerrar los ojos para que pueda acordarme del adorado y oscilante caballito de madera que, con muchos esfuerzos, mis padres me regalaron una de esas ocasiones.

Crecer en una casa tan carente de fotografías no me provocó la sensación de que me faltara algo. No pensaba que las fotos señalaran a una familia feliz. Incluso me convencí de que mis padres habían decidido que era mejor gastar en otras cosas, como utensilios de arte, libros, clases de piano y boletos para ver obras de Broadway.

Mi esposo, Sam, creció en un ambiente diametralmente opuesto. Cada rincón de la casa de sus padres estaba ocupado por fotografías.

Todos los momentos de su vida, desde que nació hasta el día en que dejó el hogar, fueron capturados por una cámara, lo mismo que en películas caseras.

Me agradaba ver sus fotografías, pero cuando la cámara apuntaba hacia mí —como parte del ritual de recepción en una familia muy unida—, me encogía y quería escapar. Y por más que lo intentaba, no podía evitarlo: aparecía rígida y triste en las imágenes.

Pararme frente a la cámara me hacía sentir incómoda, como un venado ante los faros. ¿Cómo debía sonreír? ¿Mi sonrisa era siquiera medianamente aceptable? ¿Cómo me debía parar, con una pose natural o forzada? ¿La gente notaría los defectos que tanto me empeñaba en ocultar con maquillaje?

Cuando nos casamos, fue inevitable que Sam comprara una cámara que documentara nuestra existencia, aunque yo sabía que seguiría sintiéndome igual cada vez que él la apuntara hacia mí. Buscaría un pretexto para no aparecer en la fotografía.

> **Me consideraba imperfecta, mientras que él me veía como una persona digna, la mujer que amaba.**

Tras establecernos como esposos, tuvimos tres hijos. A mí me alegraba que su lente se centrara más en documentar los grandes momentos de ellos que los míos. Prefería mantenerme al margen, limpiar manchas pegajosas de la cara de los niños, arreglar el cuello de una camisa o alisar un dobladillo y dar instrucciones para que nadie se moviera.

Al paso de los años, nuestros hijos abandonaron nuestros brazos y rodillas y desplegaron las alas, así que prometí que me volvería una fanática de la cámara para que ellos pudieran tener más fotos de toda la familia.

Aun así, no me sentía a gusto frente a la cámara. Seguía haciéndome a un lado cuando alguien la sacaba.

Esto continuó hasta que nuestros hijos dejaron el hogar. Ya no podía escudarme en ellos. Sam quería tomar fotos en las que *yo* apareciera.

—¡Voltea, cariño! —decía.

"No, estoy tecleando", o "Estoy cocinando" o "No estoy de humor", respondía y apartaba la cabeza.

Un día, sin embargo, vi que se alejaba con señas de contrariedad en su hermoso rostro, desazón que hasta entonces yo había pasado por alto, sin comprender lo que sentía por esas imágenes. Porque aunque yo no las considerara parte importante de nuestro matrimonio, era un hecho que él sí.

No era sólo que fuesen un ritual familiar para Sam. También había que tomar en cuenta que ya envejecíamos, y él quería disponer de algo tangible que recordáramos juntos, algo con lo que riéramos, lloráramos y rememoráramos. Yo necesitaba eso también: verme como la mujer que había pasado de ser su novia en la adolescencia a la madre de sus hijos. La mujer que era una hermana, mejor amiga y ahora abuela cariñosa a la que aún le gustaba bailar. La mujer que lo había acompañado durante los altibajos de más de cuarenta años. Yo me consideraba imperfecta, mientras que él me veía como una persona digna, la mujer que amaba.

Esta nueva perspectiva puso fin a mis temores. Aprendí a posar de buena gana cuando alguien decía: "¡Sonrían!". Abrí mi corazón a la lente y, más todavía, se lo abrí a mi esposo.

~Jeanine L. DeHoney

Mi voz, mi elección

No permitas que otros te digan quién eres.

~DIANE SAWYER

D e niña me fascinaba cantar. Improvisaba escenarios en entarimados o en porches y soñaba que actuaría en Broadway. Un día, mis padres fueron a ver la puesta teatral de *Les Misérables* porque pensaron que no conocían su música, sólo para darse cuenta de que ya habían escuchado todas las canciones, las cuales yo entonaba en mi cuarto con demasiada frecuencia.

Canté (y bailé y actué) toda mi infancia y cubría con carteles de musicales las paredes de mi recámara. En la preparatoria me inscribí en un competido y codiciado curso de artes escénicas en el que, junto a compañeros de increíble talento (algunos de los cuales hoy trabajan en Broadway), terminé por ver el mío como "no suficientemente bueno". No suficientemente buena para leer partituras, para ocupar el papel protagónico de un musical, para pertenecer al coro del show, lo que no logré hasta mi último año. No suficientemente buena para cantar bien el himno nacional en la graduación. (Estaba tan nerviosa que me equivoqué en el último verso.) Mi fe en mi voz y mi alegría de cantar se desvanecieron.

A mi ingreso en la universidad, intenté cantar en un coro de góspel, pero cuando en la revista escolar mi solo fue descrito como "demasiado apagado" y mi novio me dijo que era "desentonada", cedí a mis inseguridades y dejé de cantar en público, a la avanzada edad de diecinueve años. Tras ignorar toda evidencia en contrario, decidí que "no era lo suficientemente buena" como cantante y punto. Cerré bien esa puerta.

Transcurrieron más de veinte años y tuve hijos. Renuncié a mis sueños de Broadway. Aún cantaba "para mí", en el coche y la regadera, así como canciones de cuna para mis hijos, y los himnos de nuestra iglesia cada domingo.

> **Habían transcurrido dos décadas desde la última vez que canté en público y estaba aterrada.**

Un día, la directora de música de la comunidad, quien me había oído entonar algunos himnos, me preguntó si deseaba cantar en un trío durante una ceremonia próxima. Un sinnúmero de mariposas hizo erupción dentro de mí. Me sentí mareada y temblorosa. Mis mejillas se encendieron. Aquella horrible voz en mi cabeza gritó: "¡No, no eres lo suficientemente buena!". Pero el anhelo de volver a cantar en un escenario me puso a flotar el corazón.

La directora me alentó amablemente a que hiciera la prueba.

—Muchas personas que cantan aquí no lo habían hecho en años, y han redescubierto su voz —me dijo. La sola idea de "reencontrar mi voz" hizo que me dieran ganas de sollozar en el acto.

La niña en mí que adoraba cantar en el escenario venció porque, pese a mis grandes dudas, acepté participar. Las otras dos cantantes se mostraron amables y animaron mis esfuerzos de leer la partitura e identificar las armonías. Dejaron que escogiera la parte en que me sentía más a gusto. El tema se llamaba "Una voz" y era un emotivo testimonio del poder que obtenemos de elevar nuestra voz solos y en grupo, originalmente interpretado por The Wailin' Jennys, trío folclórico femenino de Canadá.

La mañana de la ceremonia, yo era un manojo de nervios. La boca se me secó y me temblaban las manos. Habían transcurrido dos décadas desde la última vez que canté en público y estaba aterrada. La voz que decía "No suficientemente buena" resonaba en mi cabeza a la par que los músicos que estaban a mi alrededor sonreían y me dirigían señales de aprobación. Pasamos al frente y a mí me tocó entonar el primer verso. La letra me venía como anillo al dedo:

> *Éste es el sonido de una voz,*
> *un espíritu, una voz.*
> *El sonido de una decisión.*
> *Éste es el sonido de una voz.*

No sé qué pasó después. Concluimos nuestro número. Temblaba todavía cuando una señora de la comunidad se acercó y me dijo que nuestra interpretación había sido "bonita". Sentí que la cara me ardía otra vez, y el impulso de dejar que se impusiera el crítico de "No suficientemente buena" que me impediría cantar de nuevo. Pero otros aseguraron que nuestra versión había sido impresionante, fabulosa, y yo recibí elogios de mis compañeras, la directora de música y mi esposo e hijos.

Esa noche me di cuenta de que, en efecto, se trataba de una decisión: entre permitir que me sintiera vulnerable y de todas formas cantara y permitir que mi crítico interno me impidiera hacerlo. Entre hacer caso a quien reprobaba mi voz o a quien la elogiaba. Entre fijarme en mis éxitos o en mis fracasos. Se trataba de una decisión de reclamar mi voz en el mundo sin que importara lo que otros dijeran, y de reclamar mi dicha —mi dicha pura— en cantar para los demás y con ellos.

Decidí cantar. Esa primera interpretación ocurrió hace cinco años, y desde entonces me he presentado regularmente con esas dos mujeres y otras seis, en grupos y solos, en ensayos semanales y eventos mensuales. Quizá todavía "no sea lo suficientemente buena" para leer partituras, pero ya no permito que eso me detenga.

Cantar me ha devuelto la alegría creativa. Me ha impulsado a abrir una puerta que había cerrado y a enfrentar algunas heridas en mi interior. Me ha recordado el inmenso poder curativo de una voz… si tomamos la decisión de utilizarla.

~Megan Pincus Kajitani

56

El golfista feliz

De todos los peligros, el miedo es el peor.

~SAN SNEAD

Cuando yo tenía dieciséis años, mi padre me compró un juego de palos de golf usados.

—Pienso que serás bueno para este deporte —me dijo—; disfrutarás el golf.

Nunca olvidaré esos palos. Eran Bobby Jones Signatures, fabricados por Spaulding. Me agradaron tanto como amaba a mi padre.

Su primera predicción resultó cierta: me volví muy bueno para ese deporte. En mis mejores tiempos, reduje mi hándicap a cuatro, mérito que pocos golfistas han alcanzado. Pero fue en su segunda afirmación en la que de verdad brillé. No sólo disfruté del golf, como él predijo; me obsesioné con ese deporte, me volví un fanático. Conforme desarrollaba mi gran propósito en la vida, el golf pasó a ser la fuerza que me impulsaba.

A partir de ese día, esta disciplina fue una pasión perdurable para mí. En las seis décadas transcurridas desde que mi padre me regaló esos palos, este deporte ha sido mi maestro y mi salvación. Me ha enseñado las virtudes de la serenidad y la paciencia. Me ayudó a afrontar la trágica pérdida de una hija de dieciocho años. Me ha dado una razón para dejar la cama cada mañana. En días de ánimo oscuro y sombrío, me ha forzado a salir a la calle para continuar mi camino. En suma, me ha dado una razón para vivir.

Aun así, luego de seis décadas de práctica había llegado la hora de que obtuviera un logro culminante en este deporte que tanto amo. Pero ¿cuál podía ser esa hazaña? Había jugado miles de partidos. ¿Qué me faltaba por hacer? ¿Qué reto me quedaba por superar? Lo pensé bien. Aparte del golf, había otra actividad que me atraía mucho: viajar. ¿Por qué no combinaba ambas? Saqué un mapa de todo el país. ¿Qué tal si me subía a mi vehículo y emprendía una fastuosa gira en la que jugara un partido de golf en cada una de las entidades federativas colindantes de Estados Unidos? ¿Esto era posible siquiera?

Hice el mapa a un lado. Era imposible.

No obstante, esa idea se apoderó de mí. No cesaba de preguntarme si podría llevarla a cabo. Como esto acabó por obsesionarme, decidí hablar con mi médico. Él me advirtió que intentar una proeza de esa categoría ejercería demasiada presión en mi corazón.

—Tengo setenta y dos años, doc. Tan sólo ir al baño ejerce demasiada presión en mi corazón. Prefiero marcharme cubierto de gloria y hacer lo que me gusta que desplomarme en el asiento de un inodoro.

Se pronunció en contra.

Yo decidí a favor.

Ahora bien, ¿cómo lo haría? ¿Por dónde empezaría? Pensé escribir una carta a una compañía de golf para que patrocinara mi viaje. Sin embargo, era muy probable que ese tipo de compañías recibieran muchas peticiones de esta índole. Mi propósito debía destacar sobre cualquier otro. Decidí entonces que mi propuesta sería jugar no uno sino dos partidos en cada uno de los cuarenta y ocho estados considerados, para un total de noventa y seis en noventa y seis días.

Callaway creyó en la idea. Le gustó lo que oyó o las cifras que le di los confundieron tanto que cedieron.

Cajas de equipo de esa empresa llegaron a mi puerta poco después. Todo era hermoso y de alta calidad. Callaway también colaboró parcialmente en la coordinación, lo que resultó muy útil. E incluso aceptó alojar mi blog en su página en internet, lo cual fue increíble salvo por el hecho de que yo ya tenía setenta y dos años y no sabía qué era un blog. Callaway lo puso a cargo de un brillante millenial.

Mi viaje implicaría un alto grado de logística y planeación, así que en la cocina se acumuló pronto un montón de mapas y guías. Al final, ese montón llenó toda la casa. Por fortuna, tengo una esposa muy comprensiva.

La expectación crecía conforme se acercaba la fecha de mi partida. La gran mañana llegó al fin. Todos los miembros de mi familia se reunieron en casa para despedirme. Agitaban las manos y vitoreaban mientras yo salía en reversa de la cochera, y su apoyo me dio seguridad y confort. Tras varios meses de preparativos, había llegado mi momento de Forrest Gump.

> **Empecé a recibir llamadas de reporteros. Pronto tenía entrevistas y compromisos con los medios.**

No avancé demasiado. Vi que mi esposa gritaba y sostenía algo sobre la cabeza. Había olvidado mi respirador y mi medicina para la presión. ¡Las delicias de la vejez!

Después de eso, no miré atrás. Es una suerte que no sufra hemorroides, porque el trayecto de California al Cerbat Cliffs Golf Course, en Kingman, Arizona, duró siete horas. Mi odisea contuvo muchos viajes largos, algunos de ellos en campos de golf y la mayoría en carreteras. Al final dominé la dinámica: COME. DUERME. MANEJA. JUEGA GOLF. REPITE.

Cuando el viaje progresó, la gente se enteró de mi propósito y ya aparecía en los campos. Leía las actualizaciones diarias en mi blog y mi empeño la inspiró. Fui apodado el Golfista Feliz y los campos dejaron de cobrarme sus servicios y me invitaban a tomarme fotografías en sus tiendas destinadas a profesionales. Empecé a recibir llamadas de reporteros. Pronto tenía entrevistas y compromisos con los medios. Mi esfuerzo causó sensación. Me dejé crecer la barba, como Forrest Gump. ¡Estaba en una buena racha!

De repente sentí palpitaciones y el hombro izquierdo se me entumió. Luego el derecho. Me chequé en un hospital. El cardiólogo confirmó que tenía bloqueadas las arterias y necesitaba cirugía. La pregunta no era si, me explicó, sino cuándo.

¿Cuándo? se convirtió en la interrogante decisiva. ¿Cuándo necesitaría esa operación? ¿Era posible que continuara hasta que hiciera realidad mi sueño o debía parar? El médico tenía su opinión y yo la mía. No necesariamente coincidían, y opté por seguir adelante.

Acampé en numerosas ocasiones a lo largo del camino, aunque a veces me quedaba con parientes y amigos y otras, de ser necesario, en estacionamientos de Walmart. Tras el susto del hospital, seguí una dieta muy estricta. Comía únicamente alimentos saludables, como ensaladas y verduras frescas, y esto hizo que me sintiera mejor. Quizá todo era psicológico, pero es un hecho que mi puntuación mejoró y sentía menos dolor en las mañanas.

Aunque se diría que una gira relámpago como ésta se prestaría a confusión, recuerdo vívidamente cada día. Fue como si alguien me hubiera dado nueva vida para que me sumergiera en esos grandiosos noventa y seis días y los viviera al máximo.

Como era de esperar, el último día fue muy emotivo. La anotación final en el hoyo 18 del Gold Hills Golf Course de Redding, California, generó todo un torrente de sentimientos y reflexiones. Había completado dos partidos en cada uno de los cuarenta y ocho estados colindantes, para un total de noventa y seis en noventa y seis días. ¡Misión cumplida!

El viaje fue increíble y debí vencer muchas dudas y aprensiones, pero a mis setenta y dos años demostré que era más valiente de lo que imaginaba. A pesar de que no sé todavía qué es un blog, si alguien tiene que localizar un buen campo de golf en cualquier estado o hallar un estacionamiento de Walmart en el cual acampar, yo puedo decírselo. Más aún, si alguien abriga el sueño de intentar algo sumamente valiente y extravagante, que piense en el Golfista Feliz… y lo persiga.

~Nick Karnazes

El poder del ¡Sí!

Atrévete

La acción cura el temor, la inacción crea terror.

~DOUGLAS HORTON

Una introvertida en el programa *Today*

Di sí y resuélvelo después.

~TINA FEY

¿Qué hacía una afable y madura bibliotecaria en el programa *Today*? Yo había escrito un ensayo, "Satisfecha con un cuerpo en guerra con la gravedad", sobre el hecho de que a los cincuenta y ocho años me siento mejor con traje de baño de lo que me sentía en mi juventud, época en la que mi cuerpo era capaz de hacer trizas un velocímetro. Esta idea resultó tan inusual que, una vez que mi artículo se publicó en *The New York Times*, una productora de *Today* me invitó al programa para que hablara de ese tema.

—Me encantará hacerlo —contesté—, pero no en traje de baño.

Tenía mis dudas de que el parloteo de una bibliotecaria pudiera resultar en una experiencia televisiva imponente. Aunque puedo ser graciosa por escrito, mi ingenio dista mucho de ser deslumbrante. Nunca me describirías como el "alma de la fiesta". Además, la perspectiva de aparecer en la televisión nacional era aterradora, para decirlo suavemente. En el trabajo siempre estoy dispuesta a entretener a los niños con "The Wheels on the Bus" o "The Itsy Bitsy Spider", pero ¿a millones de personas en la televisión en vivo? Parecía la receta de un infarto digno de Itsy Bitsy.

Mis colegas me aseguraron que lo conseguiría.

—Si puedes manejar el Tiny Tot Story Time —me dijeron—, puedes manejar cualquier cosa.

¿Cómo es aparecer en *Today*?

No fue mi día de costumbre.

Una limusina se presentó a las cinco de la mañana para transportarnos a mi hermana Diane y a mí de mi casa en un suburbio de Filadelfia al número 30 de Rockefeller Plaza. (No es común que los bibliotecarios viajemos así, créeme.)

Cuando llegamos, fuimos trasladadas al Green Room (que no era verde, sino púrpura y naranja). Ahí había un almuerzo de aspecto delicioso que yo estaba demasiado nerviosa para probar y pantallas planas montadas en las paredes que transmitían el programa en el que yo estaba a punto de aparecer.

> **Sonríe como loca.**
>
> **Diviértete.**

—Toto —le dije a mi hermana—, ya no estamos en Kansas.

Durante los noventa minutos posteriores fui eficientemente desplazada de un joven empleado con audífonos y portapapeles a otro, cada uno de los cuales me puso al tanto de lo que iba a ocurrir y lo que podía esperar después.

—¿Roz Warren? Estará aquí veinte minutos y luego la llevaremos a peinado y maquillaje.

Resultó que peinado y maquillaje no era otra cosa que un salón de belleza, aunque a un ritmo enloquecedor. Quince minutos después de que llegué a mi silla, mi lacio y rubio cabello había sido transformado en algo que tenía cuerpo y forma. Mi rostro había sido embadurnado con un glamoroso maquillaje que incluía lápiz labial color borgoña y mucho rímel, apariencia que mi hermana calificó de "chillante" cuando regresé a su lado.

—Aunque estoy segura de que lucirás perfecta en la pantalla —añadió. (Y así fue.)

Aguardamos en una nueva sala en compañía de otras desconocidas igualmente maquilladas, donde volvimos a ver *Today*. Una señora con la que habíamos coincidido en el Green Room estaba ahora en la pantalla y promovía un libro para padres.

Fue entonces cuando reparé en que me encontraba en realidad en una correa transportadora de invitados a un programa de televisión, la cual me conducía ágilmente hacia mis tres minutos de fama.

—Su segmento está programado para las 8:35 —me dijo un empleado—. Como hace buen tiempo, se le entrevistará en la plaza, no en el estudio.

A las 8:15 fui llevada a un "vestidor" para que me pusiera el atuendo de Eileen Fisher que había llevado conmigo. Para mi asombro, aquél no era un cuartito siquiera, sino una esquina encortinada del área de peinado y maquillaje. Me agaché para atravesar la cortina, me quité la ropa y me puse mi vestido.

Una vez enfundada en el Eileen Fisher, me sentí más segura. Ignoraba si brillaría o fracasaría en mi segmento, pero al menos aparecería bien vestida. (La tienda local de EF me había hecho un gran descuento, porque podría presumir de que "Roz apareció en *Today* con un atuendo igual a éste".)

Mi productora llegó para desearme suerte. Me explicó que mi segmento se iniciaría con un alentador video en el que mujeres en edad de retiro dirían sentirse bellas. No sólo eso, sino que entre las espectadoras mayores de sesenta ya se había corrido la voz de que se les permitiría "apoyar" mi segmento si se ponían a mis espaldas con un colorido letrero que proclamara su edad.

En efecto, cuando ocupé mi asiento en la plaza, fui vitoreada por un entusiasta grupo de mujeres maduras (¡mis amigas!). Ignoraban quién era yo, pero sabían que gracias a mí estaban a punto de aparecer en la televisión nacional, no confundidas entre el gentío.

Dos minutos antes de que saliera al aire, Savannah Guthrie, una esbelta mujer con un impresionante vestido de gala color turquesa, ocupó la silla frente a mí y me estrechó la mano. (Todos me preguntan ahora si en persona es tan guapa como en la tele. Más vale que lo creas.)

—Soy Savannah —dijo—. ¡Me encantó tu artículo!

Una conocida mía que es escritora y que aparece con frecuencia en la televisión me había aconsejado que me mostrara lo más contenta y animada posible.

—Sentirás que sonríes como loca —me dijo—, pero se verá espléndido en la cámara.

No me fue difícil sonreír. ¡Todo era demasiado impresionante!

Alguien empezó a llevar la cuenta regresiva. Cinco… cuatro… tres… dos…

Estábamos al aire.

Savannah Guthrie vale cada centavo que le pagan, sin la menor duda. Ya soy su mayor fan. Se encargó de que no hiciera el ridículo en la televisión nacional. Cada una de sus preguntas estaba perfectamente calibrada para que yo pareciera graciosa y bien informada. Y cuando quedó claro que no terminaría a tiempo mi anécdota final, ella intervino como de rayo, ensartó el remate y concluyó el segmento con una carcajada de la multitud.

Quizá me consideres parcial, pero creo que eso fue televisión de primera.

Las cámaras pararon y Guthrie continuó su marcha.

—¡Bien hecho! —me dijo mi productora.

Veinte minutos más tarde, mi hermana y yo estábamos de regreso en la limusina, camino a casa. (Y a las cinco de esa tarde me hallaba de vuelta en mi mostrador y recibía libros devueltos.)

Aquélla fue una aventura increíble, asombrosa, de las que ocurren una sola vez en la vida.

Me alegra que haya terminado.

Si algún día te invitan a *Today*, te aconsejo que duermas bien la noche anterior, lleves a tu hermana, vistas un Eileen Fisher, no des por supuesto que el Green Room será verde, sonrías como loca y te diviertas.

¡Ah! Y saluda a Savannah de mi parte.

~Roz Warren*

---

* Nota del editor: Si buscas "Roz Warren Today show" en internet, encontrarás el video de la emisión en la que Roz participó. No te lo pierdas.

Una carrera cardinal

Como emprendedor, tiendes a ver oportunidades donde otros no ven ninguna.

~NAVEEN JAIN

A los nueve años, me vi de pronto en grandes dificultades económicas. El 1 de noviembre tenía en mi poder cincuenta centavos de dólar, gracias a mi casual encuentro en el jardín con un montón de envases de refrescos. Con una mesada de treinta y cinco centavos a la semana y siete semanas hasta la Navidad, dispondría de 2.95 dólares para gastar en regalos para toda mi familia, suponiendo que no gastara ni un centavo en nada más.

Pensé entonces recurrir a mi papá para pedirle un adelanto de la mesada del año siguiente, con el que pudiera comprar al menos regalos para mi familia inmediata. Una noche, sin embargo, me puse a leer en mi cuarto los anuncios de *Boys' Life*. Varias compañías de tarjetas de felicitación explicaban ahí cómo hacer carretadas de dinero con la venta de sus tarjetas y papelería. En condiciones normales, habría ignorado esos anuncios, pero estaba tan desesperado que sentí que no tenía nada que perder.

El anuncio que más llamó mi atención fue el de Cardinal Greetings, de Cincinnati, Ohio, quizá porque era un poco menos empalagoso que los demás. Llené el cupón, tecleé una breve nota de presentación y busqué un sobre. Lo envié por correo al día siguiente, crucé los dedos y esperé.

Te preguntarás por qué tecleé la nota de presentación. Aunque tenía apenas nueve años, mi caligrafía era espantosa. Quería estar seguro de que Cardinal supiera adónde enviaría su mercancía, así que, en lugar de mi pluma, usé la vieja máquina de escribir de mi madre para elaborar esa nota. Con todo, el hecho de que la tecleara y de que firmara como J. Peirce en sustitución de mi nombre completo, fue un accidental golpe de genio. Cardinal supuso que yo era la señora J. Peirce, y gracias a eso me extendió condiciones más generosas que las que habría concedido a un niño de nueve años sin experiencia previa en las ventas.

Quienquiera que Cardinal pensara que era yo, mis materiales llegaron en el curso de la semana siguiente. Imaginé que se trataría de un paquete pequeño, pero el que recibí parecía la caja de zapatos de un dinosaurio: medía cerca de un metro de largo por treinta centímetros de ancho y estaba atestado de cosas. Además de una gruesa carpeta que contenía el catálogo completo de las tarjetas y el papel para cartas que yo vendería, generalmente 1.25 o 1.50 dólares la caja, había formularios de pedido, sobres para devolución y hasta una pluma para el llenado de los pedidos. También había un juego de saleros en forma de tostador con dos piezas de pan (blanco para la sal, café para la pimienta), que decidí al instante regalarle a mi abuela, quien coleccionaba ese tipo de cosas.

Sin perder tiempo, metí en la carpeta la pluma y dos formularios de pedido e inicié mis rondas a las nueve de la mañana siguiente, que era sábado. Con toda determinación, me abrí camino calle arriba y bajé por la adyacente, y logré vender tres cajas de tarjetas en el trayecto. No me avergonzó pedir a mis vecinos que compraran mi mercancía. Sabía que tenía un buen producto, en el que estaba más que dispuesto a arriesgar mi modesta reputación.

Llegué a casa a la hora del almuerzo. Supuse que ya había hecho suficiente ese día. Mientras comía mi sándwich, decidí no vender nada el domingo. Aunque no tenía ninguna objeción moral contra las ventas dominicales, calculé que era probable que algunos de mis vecinos sí las tuvieran, y además ¿no me merecía un día libre?

A principios de la semana siguiente, recorrí de cabo a rabo la avenida vecina Sunset Road, a la que en esos tranquilos días tenía acceso por el patio trasero de un vecino. Esa calle en forma de herradura, más del doble de larga que la mía (Oak Crest), me mantuvo ocupado varias tardes de entre semana y casi todo el sábado. En una casa vendí cuatro cajas de papel para cartas; varias casas más rindieron ventas de dos cajas. Si la memoria no me engaña, descargué al menos veinte cajas en Sunset.

En los días posteriores hice algunas ventas entre maestros de mi escuela y vecinos de la cercana Brookside Road. A estas alturas, era hora de que hiciera mi pedido, que mis clientes ya me habían pagado. Esto requirió que fuera a la oficina de correos y comprara una orden de pago por el equivalente al costo de las tarjetas y el papel para ser enviada a Cardinal. Mi pedido se tramitó con prontitud. Menos de una semana más tarde ya estaba en poder de una segunda caja, poco menor que una zapatera, con las cincuenta y tantas cajas de tarjetas y papelería que había logrado vender. Las entregas se consumaron con un único defecto: en el papel para cartas que le vendí al expendedor de periódicos en Brookside se había omitido su nombre. Cuando él vio las hojas, que tuve el descuido de no revisar, se mostró justificadamente molesto. Sin embargo, le confesé mi inexperiencia y error y prometí que resolvería el problema, lo cual hice con gran rapidez.

> Al final amasé más de 40 dólares, lo cual no era proeza menor para un chico de nueve años en 1954.

Con una comisión de cuarenta por ciento sobre las ventas, al final amasé más de 40 dólares, lo cual no era proeza menor para un chico de nueve años en 1954. En lugar de que no les regalara nada, los miembros de mi familia recibieron los mejores obsequios que les hubiera hecho hasta entonces: un par de ollas individuales de cerámica para mi madre, una muñeca especial para mi hermana y un suéter para mi papá. Naturalmente, mi abuela recibió el juego de saleros, que adornó su mesa hasta el día de su muerte. Y me quedaron cinco dólares, con los que contribuí a los "100 Neediest Cases" de *The New York Times*, acto que me valió una pequeña mención en ese famoso periódico. De súbito, la vida lucía de perlas.

"Saber que será colgado... concentra como nunca la mente de un hombre", escribió el siempre citable Samuel Johnson. Si yo no hubiera estado al borde de la quiebra ni dispuesto a probar casi cualquier cosa, no se me habría ocurrido escribir a Cardinal. Y habiendo decidido escribirle, estaba obligado a triunfar en ese negocio. El temor que sentí en mi desesperada situación me inspiró a pensar creativamente, y de ahí que haya mecanografiado aquella nota, que me facilitó las cosas con Cardinal. Ese temor extinguió la vergüenza que de otro modo habría sentido de abordar sin previo aviso a mis vecinos y maestros.

¿Cómo saberlo? Si me hubiera dedicado a los negocios en vez de haber perdido mi tiempo cursando un doctorado en literatura inglesa, ¡quizás habría sido el Warren Buffett de mi generación!

~Jon Peirce

59

El salto

¡Corre riesgos! La vida entera es un riesgo.
Quien está dispuesto a correrlos llegará lejos.

~DALE CARNEGIE

Creo que todo comenzó con un reto. La vocacional de mi localidad anunció su repertorio de cursos de educación continua para adultos. Había un curso intensivo de un día para saltar en paracaídas, y confié en que, pese a su brevedad, aquélla no sería una experiencia desastrosa.

Reté a un amigo y él me desafió a cambio. Me inscribí; él se acobardó.

El día del curso llegué temprano al aeropuerto del condado. Ahí me encontré con otros dos estudiantes, mayores que yo, que tenía diecisiete años, en compañía de nuestro instructor y experimentado maestro de salto Gordon Riner, exparacaidista del ejército. Ejecutamos una extensa variedad de ejercicios, entre ellos los de cómo aterrizar, caer y rodar, empacar un paracaídas y el de emergencia, además de muchos otros de gran utilidad. ¿Quién habría imaginado que sería tan difícil saltar osadamente de un avión a 1,500 metros de altura?

Después de comer, el proceso se repitió: práctica, práctica y más práctica. Luego de tantas caídas y rodamientos, me dolían las rodillas y todos estábamos empapados en sudor; aquél era un bochornoso día de junio en el sur de Delaware. Todo marchaba a la perfección y mi seguridad aumentaba de manera sostenida hasta que nuestro buen instructor me interrogó acerca de un dato clave.

—Pareces demasiado joven, hijo. ¿Estás seguro de que tienes dieciocho años? —inquirió con las cejas arqueadas.

—No, señor, tengo diecisiete, pero cumpliré dieciocho el mes próximo.

—Lo siento, David. No puedo dejar que saltes a menos que tus padres lo consientan. ¿Podrías localizarlos y pedirles que vengan a firmar los documentos?

Mientras mis compañeros se ataviaban para efectuar un salto a media tarde, yo pasé varios cuartos de hora en un teléfono público en la estación aérea tratando de ponerme en contacto con mis padres, quienes habían censurado mi interés en saltar de un avión en perfecto funcionamiento. Esto sucedía a fines de la década de 1970, mucho antes de que hubiera teléfonos celulares. Por fin, cuando estaba a punto de rendirme y volver desanimado a casa, mamá contestó. Habían ido de compras al supermercado.

Luego de mucho rogar y negociar, convencí a mi madre de que vinieran al aeropuerto lo más pronto posible. Poco después, mientras esperaba su llegada para que firmaran la autorización, vi que el avión atravesaba la pista, se elevaba en el aire y desaparecía entre las nubes. Más tarde me enteré por uno de los miembros del personal que ambos alumnos tuvieron problemas en sus saltos, lo que contribuyó a mi creciente ansiedad.

> "¡Vaya que hoy te buscaste un coctel de adrenalina, hijo!"

El primer saltador no acertó en la zona de aterrizaje, por cerca de 1.5 kilómetros. Olvidó cómo se domina el paracaídas y voló a la deriva hasta que aterrizó en un maizal. El segundo tuvo un destino peor. Cayó en un denso bosque y fue preciso cortar su paracaídas para que bajara de un gran roble. Por suerte, ninguno de los dos resultó herido.

Una vez que mis padres firmaron los documentos, Gordon indicó que yo volaría a continuación con un grupo de paracaidistas avanzados. Sería el primero en saltar, a baja altura, tras de lo cual el avión ascendería para que los demás ejecutaran una caída libre. En ese momento se me ocurrió mencionar, con un hilo de voz, que nunca había volado en avión. Recuerdo que Gordon soltó:

—¡Vaya que hoy te buscaste un coctel de adrenalina, hijo!

Con las piernas cruzadas, me senté junto al piloto en el pequeño Cessna, cerca de Gordon.

—Recuerda que cuando te dé la primera señal, abriremos la puerta. Saldrás al escalón y tomarás el montante. ¡Al final te daré la señal de partida!

Asentí, repentinamente incapaz de hablar.

Cuando la puerta se abrió, ¡creí que me daría un infarto! Miré el paisaje movedizo, un mosaico de campos cuadrados, edificios diminutos y "hormigas" móviles en miniatura: los vehículos motorizados que recorrían los caminos rurales. Vi la zona de aterrizaje. Desde esta perspectiva, parecía del tamaño de una moneda de un cuarto de dólar. Supe entonces por qué los otros dos principiantes habían acabado tan fuera de curso.

Momentos después, contra todo sentido común y una estruendosa voz interior que me exigía que abandonara esa locura, arrastré nerviosamente los pies hasta la puerta, paso a paso, y salí para sujetarme del montante ensamblado a la parte inferior del ala derecha y colocar mi botas sobre un estribo de sesenta por treinta centímetros. Milagrosamente, ejecuté con soltura esta operación, pero una vez afuera sentí unos vientos huracanados contra el rostro. El motor y la hélice del avión hacían mucho ruido, componían un rugiente estrépito de metal, cilindros, ejes y engranajes. Sin escuchar mis pensamientos, me volví hacia Gordon, quien me gritaba preparándome para la hora de la verdad. Entonces me dio la señal. Antes de que pudiera razonar conmigo mismo para que desistiera o de que mojara mis pantalones, arqueé la espalda y salté hacia atrás.

Todo se sumergió al instante en el silencio. Abrí los ojos y vi que flotaba en el aire, y que sin movimiento aparente cruzaba no agua sino aire. El avión ya estaba muy lejos. Por fortuna, los novatos comienzan con saltos de línea estática, caso en el que el cable de apertura manual está enlazado con un enorme gancho de hierro dentro del avión. Si saltan, el paracaídas se abre de modo automático, lo que sucedió en mi caso.

Pronto iba a la deriva, aunque recordé los controles alternos de dirección, ubicados a izquierda y derecha del casco. Di varias vueltas sobre la zona de aterrizaje hasta que minutos después aterricé, caí, rodé ¡y me levanté triunfante! Voluntarios y espectadores, así como mis padres, corrieron a felicitarme. Acababa de realizar mi primer viaje en avión y de ejecutar perfectamente un salto en paracaídas. No podía haberme sentido más feliz. Ese salto fue un escalón en la seguridad que desplegaría en el futuro, cuando fui el primer miembro de mi familia en graduarse en la universidad y en convertirse en autor de libros con grandes ventas, y más tarde en diácono de la iglesia anglicana de América del Norte. Y todo comenzó con un reto.

~David Michael Smith

El sonido de la vida

Libra tu mente de "No se puede".

~SAMUEL JOHNSON

Hace unos años, cuando tenía cuarenta, una amiga nuestra actuó en una producción comunitaria de *The Sound of Music* (*La novicia rebelde*). En ocasión de una nueva puesta en escena de esa misma obra, mi esposo sugirió que era probable que nuestras hijas, que para entonces tenían ya once y cinco años, disfrutaran de participar en ella.

—Tú podrías hacer una prueba para la orquesta del foso —agregó.

No tengo nada contra las orquestas del foso. De hecho, he tocado la flauta en varias de ellas. Sin embargo, *The Sound of Music* es mi musical favorito. De niña vi a un tío interpretar a Max en una producción comunitaria. Contemplé con envidia y admiración a los niños que llenaban el escenario y daban vida a la trama. Cantaban, bailaban y la pasaban de maravilla, igual que en la película, que he visto más veces de las que puedo contar. Yo quería formar parte de esa magia.

—No haré una prueba en la orquesta del foso —respondí—, sino para actuar en la obra.

Había un pequeño problema con mi afirmación: jamás había participado en un musical. Nunca había cantado en público, aparte de los conciertos de la primaria. Jamás había tomado clases de baile o canto. En la preparatoria audicioné para varios espectáculos, pero sólo me incluyeron en uno. La obra era tan apasionante que mi familia se durmió. Y no fue un musical.

Había ansiado tener un papel en un musical y hecho la prueba en numerosas ocasiones, pero como miembro de la banda, que no cantan nunca, jamás había cumplido ese sueño. Me desempeñaba siempre en la oscuridad, tras bastidores o en la orquesta del foso, mientras veía que mis amigas creaban magia musical bajo los reflectores.

Mis hijas quisieron hacer la prueba, así que memorizamos algunas canciones de la obra y nos preparamos para la audición.

—Mamá —me dijo la mayor—, estoy nerviosa.

—Lo harás muy bien —repuse—. ¡Puedes conseguir todo lo que te propongas!

Yo era todo aliento. A medida que la audición se aproximaba, sin embargo, me entró miedo y quise desistir. Mis hijas buscaban valor e inspiración en mí. Renunciar sería darles mal ejemplo. Y como audicionaría con ellas, tenía que derrochar seguridad y optimismo.

—No importa si las eligen o no, sino que hagan su mejor esfuerzo —les había dicho. Y ahora yo tenía que demostrarlo.

Entré en la audición bajo el estrecho escrutinio de mis hijas. Decir que estaba nerviosa sería poco. Después de todo, mi audición más reciente había tenido lugar en la preparatoria, y no recibí el papel.

Entoné mi canción y traté de mostrarme suelta y segura. Mis hijas actuaron muy bien en sus respectivas audiciones. Y entonces esperamos.

¡La buena noticia fue que las tres conseguimos un lugar! Ellas fueron seleccionadas como Louisa y Gretl von Trapp. Yo habría quedado satisfecha con cualquier papel, pero la sorpresiva noticia fue que me eligieron como la baronesa.

Me sentí eufórica. ¡Vaya! No sólo me habían escogido; ¡haría además uno de los papeles protagónicos! No precisamente el personaje más encantador, pero sí el de mejor vestuario. No estaba nada mal.

Leí el guion. Aparte de una carretada de líneas, tenía dos solos.

Dos. Solos.

Supuse que me había lucido en la audición.

Aun así, sentí alivio de que mis canciones fueran relativamente desconocidas, ya que la baronesa no canta en la película. Salvo por quienes conocían la versión teatral, pocos sabrían si cometía un error.

Para prepararme, bramaba las canciones de la baronesa en cada semáforo y embotellamiento en los suburbios de Illinois. Cuando estaba sola en casa, les cantaba a voz en cuello al gato, la regadera y los trastes.

Sabía que tendría que vencer mi temor a cantar frente a otros, pues ejecutaría mis interpretaciones en el escenario. Frente a muchas personas. Sin la voz de nadie para esconderme.

No sin cierta renuencia, les avisé de la obra a amigos y familiares. Todos deseaban asistir, para verme y ver a nuestras hijas. Yo no anhelaba que el teatro estuviera vacío, pero tampoco lo quería abarrotado. Aun así, si iba a llenarse, prefería hacerlo con caras conocidas.

> **Mi mantra fue:**
> **"Espero no meter la pata".**

Mi mantra fue: "Espero no meter la pata". Un estándar muy alto, lo sé, pero no tenía otra opción.

The Sound of Music salió sin un solo defecto. Recordé mis líneas, mis entradas y mis cambios de vestuario. Agotamos ocho funciones. Amigos y conocidos nos felicitaron por contribuir a un show espectacular. Al menos cien amigos fueron a ver a las cantantes de la familia Lebovic.

El elogio más memorable provino de una vieja amiga con una hermosa voz. Ella había cantado en el coro de la preparatoria y participado en todas las producciones teatrales. Después de la obra, me dio un abrazo.

—¡No sabía que cantabas! —me dijo—. ¿Por qué no estabas en el coro? ¡Tienes una voz maravillosa!

Fue el mejor cumplido que me hayan hecho nunca.

Luego de esa experiencia, afronté más audiciones e incluso aprendí a disfrutar cuando cantaba en el escenario. Fui una hermanastra malévola, una dama hipócrita y hasta una princesa mimada. Llené mi vida del sonido de la música.

~Angela Lebovic

¿Junto a la piscina o al precipicio?

Cuando decimos sí, hacemos más, creamos más, vivimos más.

~ANÓNIMO

—¿Alguien desea ir a dar una vuelta en un ATV? —pregunta el director de actividades en el rancho de Montana donde mi esposo, Larry, y yo vacacionamos en compañía de algunos amigos. Todas las manos se levantan menos la mía.

Sólo un idiota se ofrecería a hacerlo sin conocer los detalles.

—¿Qué es un ATV? —le pregunto a Larry en un murmullo.

—Un vehículo todoterreno —responde.

—Ve tú. Yo me quedaré junto a la alberca —digo, sin que sepa bien a bien qué rechazo, aunque segura de que nada bueno puede provenir de la combinación de un vehículo en movimiento, un terreno variable y yo. Además, hice este viaje para comer, beber y tenderme a un lado de la piscina junto con un libro. Retarme a mí misma no estaba en el programa.

—¡Vamos, Hyla! —grita el grupo. Sacudo la cabeza y transmito en silencio este mensaje: *Es fabuloso que sean deportistas, enérgicos y espontáneos, pero ¿saben qué? No tengo doce años. La insistencia de mis amigos no me convencerá de que me suba al Remolino, y menos aún de que me someta a los desconocidos peligros de un ATV.*

—Te va a gustar —dice Larry, quien, habiéndome prevenido en el pasado contra más de una congelada ruta de esquí u otra de bicicleta demasiado empinada, debería saber que eso no es cierto.

Aun así, siento que mi resolución flaquea. Imagino las palmadas en el aire y el recuento de los intensos roces con la muerte que dominarán la conversación nocturna mientras espero a que alguien exprese interés en mi material de lectura.

—Está bien —le digo a Larry y lamento mis palabras al instante.

Treinta minutos después he cambiado mi atuendo de piscina por un par de jeans, un casco, guantes de piel y unos goggles gigantescos y veo que mi incrédulo ser toma asiento en una monstruosidad de cuatro ruedas sin puertas ni techo al tiempo que se pregunta por qué el equipo de protección es un prerrequisito para actividades "recreativas".

Nuestro rudo instructor con camisa a cuadros nos da una descripción general de lo básico del ATV y algunas sugerencias de seguridad. Lo escucharía si no estuviera tan ocupada en preocuparme.

—Síganme al campo —dice el señor Rudo—. Haremos como práctica unas vueltas fáciles —repite las palabras que Larry me dijo en una ocasión antes de que me aventara a una pendiente de esquí llena de magnates con diamantes negros.

> **Piso el acelerador y el ATV avanza a toda velocidad.**

Acelero. El ruido es ensordecedor. El calor del vehículo resulta sofocante. Piso el acelerador y el ATV avanza a toda velocidad. Pisoteo el freno, alarmada. Después de un centenar de inicios en falso, llego al campo. Las "vueltas fáciles" son terribles. Me paralizo. Me resisto. Sudo.

—Estamos listos para marchar —dice el señor Rudo—. No se preocupen, aún no he perdido a nadie.

Mi corazón se agita durante nuestra travesía por la montaña. Pese a que el follaje que nos rodea es imponente, lo único que veo son los aterradores acantilados. Avanzo despacio, me rezago. Bajo los hombros con la intención de relajarme. Poco a poco les encuentro el truco al acelerador y el freno. Aprieto el paso y la brisa me envuelve. En un lance audaz, percibo el exuberante escenario. *¡Mírenme!*, quisiera gritar. *¡Conduzco y disfruto del paisaje!* Algo extraño sucede: me siento en control. Algo extraño sucede: me siento feliz. Avanzo tanto que ya estoy atrás de Larry.

—Sabía que te divertirías —dice en un receso, obviamente aliviado de que ésta sea una excursión que no requiere un equipo de rescate.

De vuelta en nuestros ATV, el señor Rudo indica:

—Más adelante hay una vuelta muy pronunciada. Tengan cuidado.

¿Una vuelta muy pronunciada? Mi pánico retorna. Apenas he dominado el avance en un camino recto.

De pronto, la vuelta está a la vista. Incapaz de concentrarme, y menos todavía de desacelerar, no puedo apartarme de mi objetivo y sigo directamente hacia el borde de un empinado descenso. Segundos antes de que caiga, hago acopio de toda mi fuerza para girar el volante y restaurar el curso del ATV.

—¡Vaya! —dice el señor Rudo—. Nunca había visto a nadie que se salvara por un pelo tan pequeño.

—No te preocupes —me finjo valiente—. No rompería tu récord ni en sueños.

Sudorosa, cubierta de mugre y sintiéndome increíble, acelero. Recupero un paso tranquilo, contemplo el paisaje y sonrío de oreja a oreja mientras elaboro el relato de mi roce con la muerte que le contaré a la tribu durante la cena.

~Hyla Sabesin Finn

62

Sin lamentos

No me reprocho lo que he hecho, sino lo que no hice.

~RORY COCHRANE

Siempre les temí a las alturas. Aun con un libre espíritu infantil y curiosidad por la exploración, el miedo a las alturas me contenía. Específicamente, temía las actividades que implicaban elevarse sobre el terreno. Imaginaba que sucedía una catástrofe que me desplomaba en tierra. Evitaba las montañas rusas en los parques de diversiones y me alejaba de los miradores en los viajes por carretera. Miraba sobrecogida cuando mi muy arriesgada hermana menor se lanzaba del bungee y esquiaba en parapente sobre el agua durante las vacaciones familiares.

Fue mi aventurera hermana, desde luego, quien sugirió que voláramos en ala delta como nuestra actividad en Suiza durante nuestro viaje a Europa con dos amigas cuando concluimos la universidad.

—¡Mira! —apuntó a un folleto en el que aparecían alas delta colectivas que surcaban el aire—. ¡Deberíamos hacer ala delta!

Esta sola idea hizo que me estremeciera al instante, así que revisé a toda prisa el revistero en el vestíbulo del albergue con la esperanza de que hallara una actividad terrestre más segura. Al fondo de los folletos de parapentes, paracaídas y salto en cañones había un cuadernillo sobre un paseo en bicicleta.

—¡Podríamos rentar bicis! —sugerí al grupo.

Mi hermana y nuestras dos amigas sacudieron la cabeza. Para ese momento, ya las habían convencido de que volar en ala delta era nuestra mejor opción.

—¡Bueno! —suspiré resignada. Aunque acepté ir, no iba a volar. Sólo las acompañaría y observaría.

A la mañana siguiente fuimos a inscribirnos al vuelo en ala delta.

Dejé que ellas se registraran antes que yo, y cuando llegó mi turno me incliné sobre el mostrador y le susurré a la coordinadora de actividades que sólo estaba ahí para observar.

—De todas formas tienes que pagar toda la cuota —me dijo.

—¿Qué? —pregunté, alterada.

Cuando me enteré de que debía pagar la cuota entera y temí que el grupo me echara en cara que tardaba demasiado, dije "Está bien" y me inscribí al vuelo en ala delta.

Pero aunque me inscribí y pagué, *no* volaría.

> **Como encabezado de la primera hoja vi la palabra "Descargo de responsabilidad" en letras negras.**

Una vez terminada la inscripción, abordamos una camioneta grande para subir por la montaña hasta el sitio del lanzamiento. Los dos instructores hablaban en alemán mientras ascendíamos. A medio camino, el que ocupaba el asiento del pasajero volteó y nos tendió unas plumas y gruesos juegos de papeles.

Éstos estaban engrapados y contenían texto a renglón seguido por ambas caras. Como encabezado de la primera hoja vi la palabra "Descargo de responsabilidad" en letras negras y ahogué una exclamación.

—¿Debemos firmar esto por si nos pasa algo? —tartamudeé—. ¿Acaso nos pueden pasar muchas cosas?

—Escriban en cada página sus iniciales y su firma. Eso es todo —contestó con marcado acento.

Miré a mi alrededor y vi que mi hermana y nuestras dos amigas garabateaban su firma e iniciales en las hojas.

Minutos después, forcé a mi entumida mano a firmar el documento. Firmar esos papeles no significaba que yo fuera a volar.

Cuando llegamos a nuestro destino —la cima de una montaña en medio de los Alpes suizos— descendimos del vehículo. Los instructores procedieron de inmediato a ponernos los cascos y el equipo. Al parecer, tardé apenas diez segundos en ataviarme por completo para mi muerte inminente.

Miré a mi hermana, quien me dirigió una amplia sonrisa y una señal de aprobación.

—¡Que nos tomen una foto! —tiró de mi mano en tanto con la otra tendía su cámara a uno de los instructores.

Después de la sesión de fotografías, nos dieron instrucciones de cómo debíamos correr y lanzarnos del acantilado en compañía de nuestro instructor grupal con objeto de que el ala delta cobrara vuelo.

Miré a mi hermana y nuestras amigas, así como a otros valientes turistas que escuchaban con mucha atención las instrucciones.

¡Esto es una locura!, pensé. *¿Me arrojaré de un acantilado con apenas un bastidor de aluminio y unas telas? ¿Qué sucederá si no hay nada de viento o choco con un árbol o el planeador se viene abajo…?*

Tan pronto como los instructores acabaron, tomé del brazo a mi hermana y la miré con asombro.

—¿De verdad vas a hacer esto? —le pregunté—. ¡Es muy riesgoso!

Sonrió e hizo una breve pausa para ordenar sus pensamientos.

—Éste es quizás el lugar más seguro del mundo para volar en un planeador. Ellos lo hacen todos los días —señaló a los instructores y me paralicé de temor—. Esta oportunidad es única. Si la aprovechas, ¡tendrás una vista incomparable! —clavó su dedo en el logotipo de North Face sobre mi chamarra de forro de borrega.

Por primera vez desde que estábamos ahí, me asomé al acantilado y vi esas icónicas montañas.

Ella tenía razón. Quizá no volvería a estar ahí jamás. Si decidía arrojarme de ese peñasco, obtendría la más impresionante vista de esas montañas imponentes; si decidía darme la vuelta y regresar a la camioneta, me perdería esta oportunidad especial y lo lamentaría el resto de mi vida.

Cuando comprendí esto, decidí lanzarme del acantilado.

~Anna S. Kendall

Acrobacia equina básica

En teoría todo es imposible, hasta que se hace.

~ROBERT A. HEINLEIN

Ni siquiera en mis más desenfrenadas fantasías imaginé que algún día me pararía sobre el lomo de un caballo al trote. No soy vaquera ni monto caballos por gusto.

Pero cuando hacía un programa de televisión de acondicionamiento físico y en cierta ocasión grabábamos un nuevo episodio, alguien de nuestro equipo tuvo la brillante idea de que fuéramos a dar una vuelta al rodeo y les pidiéramos a tres encantadoras acróbatas equinas que me enseñaran alguna suerte que pudiera hacer ante la cámara. Después usaríamos esas imágenes como nueva rúbrica del programa.

No me di tiempo para pensarlo. Simplemente acepté que ese acto de acrobacia llamaría la atención y demostraría que una persona de buena condición física puede ser muy flexible.

Fue así como terminé en el rodeo con un equipo de filmación, sentada en las graderías mientras contemplaba la vistosa actuación de tres jóvenes vaqueras muy talentosas. Una vez terminado su espectáculo, nos acercamos y les detallamos nuestras ideas para el programa.

Aceptaron y me preguntaron qué suerte me interesaba aprender. En su acto me había gustado en particular el dramatismo del número en el que una de ellas guiaba a un caballo al trote en círculos por el ruedo al tiempo que otra corría hacia una pequeña cama elástica. Con una sincronización perfecta, saltaba en esa cama, se elevaba en el aire y caía sobre el lomo del caballo. En cuanto tocaba la silla plana especial, se paraba y extendía los brazos en tanto el caballo continuaba al trote por el ruedo. ¡Era un número magnífico!

Me enseñaron los movimientos requeridos e insistieron en el cronometraje, pues yo tenía que descender por el aire justo en el momento en que el caballo pasara al trote. Únicamente yo juzgaría la velocidad del caballo y la mía propia para conseguir nuestra intersección en el tiempo.

Iniciábamos mi primer intento cuando sentí la necesidad de darme aliento. "Puedo hacerlo", me repetía para reafirmarme. Lo importante para mí era que creyera por completo en mí misma y me concentrara en esa tarea.

Antes de que me involucrara en la televisión fui maestra de danza, y recuerdo que en incontables ocasiones me esmeré en aumentar la confianza de las nuevas bailarinas. Les decía:

—Sé que pueden hacerlo. Bailar es aprender nuevos patrones para caminar y añadir música a eso. Lleva tiempo, pero tengo toda la paciencia del mundo. Así que si desean que esto dé resultado, lo lograremos.

> Jamás me había sentido tan realizada, tan segura de que podía emprender cualquier cosa y triunfar.

En los momentos previos a mi primera carrera por el ruedo, sentí que si esas acróbatas me tenían paciencia, alcanzaría el éxito.

En el primer intento, calculé mal, me golpeé en el trasero del caballo y caí en tierra. Regresé al punto de partida y luego de un par de intentos más, ya había afinado la sincronización.

La segunda parte fue más difícil que la primera. La sincronía era una cosa, y aterrizar y pararse en la silla otra muy distinta. Sin embargo, finalmente lo conseguí, aunque casi de inmediato me caía.

La buena noticia fue que podríamos utilizar la filmación hasta el momento en que yo me paraba sobre el lomo del caballo con los brazos extendidos mientras él continuaba su carrera. ¡No exhibiríamos mi caída posterior!

Ya teníamos todo lo que necesitábamos para este segmento de la nueva introducción. ¡Me sentí aliviada y por las nubes! Jamás me había sentido tan realizada, tan segura de que podía emprender cualquier cosa y triunfar. La mala noticia me la dio el camarógrafo.

—Lo siento mucho, Ellie. Olvidé encender la cámara. Todo era tan emocionante que,... Discúlpame.

De acuerdo, todos olvidamos cosas en el trabajo.

—Está bien —le dije—. Lo haré de nuevo. Sólo que esta vez enciende la cámara, por favor.

Repetí la suerte, que en esta ocasión sí se grabó. Ésta es una de esas cosas que llevaré siempre conmigo, debido en parte a que parece increíble.

A las seis de la tarde habíamos terminado nuestra labor y a las diez de la noche ingresé en la sala de urgencias del hospital. La caída que resentí al final de la primera suerte exitosa me provocó una lesión en la rodilla. Los golpes son extraños; mientras repetía la acrobacia con la cámara encendida, ignoraba que me había lastimado.

Aunque estuve incapacitada por un tiempo, no lo lamento. No soy acróbata, pero creer en mí misma me convirtió en eso. Para mí, fue como si hubiera hecho lo imposible. Y cuando los espectadores lo vieron, deseé que comprendieran que estar en buenas condiciones físicas significa que también pueden emprender lo imposible.

~Ellie Braun-Haley

Listo para lo que sigue

Debes acercarte a la orilla para ganar.
Eso significa que en ocasiones te saldrás de curso…
y no necesariamente al volante.

~DALE EARNHARDT, SR.

omo pájaro madrugador, esperaba el arribo de mis compañeros y amigos sentado en mi flamante Mazda CX-5 todoterreno arreglado. No era en rigor un auto deportivo, pero cuando lo manejaba me sentía muy bien.

Me di cuenta de que tal vez alucinaba cuando dos ambulancias llegaron al lugar, se estacionaron a mi lado y probaron sus luces intermitentes roja y amarilla. Sudé frío. Un mes antes, salir disparado sobre una pista de NASCAR a 160 kilómetros por hora no estaba en mi lista de pendientes.

—¡Vamos, será divertido! —había reiterado mi viejo amigo Jack. El problema era que Jack llevaba las carreras de coches en la sangre. Su papá, Sammy Tanner, había sido campeón mundial de pista plana y se había ganado el sobrenombre de la Pulga Valiente, no tanto por su baja estatura como por su propensión a volar en su motocicleta sobre un costado de las pistas de terracería a velocidades realmente increíbles.

"¡Será *más* que divertido! —añadió y me pregunté si acaso existía algo "más que divertido". Sobra decir que de tal palo, tal astilla.

Jack había sido ya muy insistente, así que contra mi mejor juicio y con toda la fanfarronería que fui capaz de reunir, contesté:

—¡Inscríbeme!

Asistí entonces al centro de entrenamiento, donde tomé una clase de hora y media sobre la mejor forma de arrojarse, sin poner en riesgo la vida, sobre una pista oval de ochocientos metros y peralte de doce grados provista de terraplenes. El instructor nos mostró fotos de "conductores" previos que habían terminado por enterarse de que su aptitud para manejar no estaba a la altura de la pista ni del ominoso muro de concreto que la rodeaba.

—El motor siempre gana; acaricien el pedal, no lo pisen fuerte; ¡acaríscienlo! —gritaba.

Continuó con un redundante sermón sobre los motores de quinientos caballos de fuerza, los muy sensibles aceleradores y los susceptibles frenos, para terminar con el tema del muro y el costo al que ascendería chocar con él y tener que reemplazar el auto (siempre que se sobreviviera para poder hacerlo). Un montón de documentos que firmar sería mi boleto a la pista, como firmar una hipoteca. No detallaré el monto del deducible en caso de que debiera reemplazarse el coche de carreras.

> **"Estoy aquí para mantenerlos vivos."**

Por una extraña razón, el instructor, Dave, me eligió de entre el grupo de cerca de dos docenas de conductores como sujeto de prueba para que hablara ante la clase. Quizás esto se debió a la mirada de completa seguridad y compostura de la que me había apoderado. Después dijo:

—No nos gusta perder personas ni automóviles, no necesariamente en ese orden... Estoy aquí para mantenerlos vivos.

Esto hizo que me sintiera mucho mejor.

Cuando acabó la clase y en teoría ya estábamos preparados para conducir... yo me sentía listo para lo siguiente. Es decir, estaba en condiciones de partir, subirme a mi Mazda y tomar lentas y agradables bocacalles para llegar a casa. Un compañero decidió hacer justo eso. ¿Sabía algo que yo ignoraba?

Ése fue sin duda un momento decisivo, sobre todo si se considera que siempre invito a la gente a que salga de su zona de confort... pese a que en este caso la mía era apenas una raya, una franja blanca pintada sobre el negro asfalto. ¿Qué más podía hacer? No seré hipócrita. Decidí quedarme y arrojarme sobre la pista.

Una vez que me puse mi ropa de cuero, el casco y el auricular, entré por la ventana al auto de carreras #49 y fui fuertemente sujetado en un arnés de cinco puntas, como si fuera a viajar en el transbordador espacial. Y aunque no lo creas, ¡no había volante! Estaba seguro de que Dave no había mencionado eso. Resultó que el espacio es tan reducido que el volante se quita antes de que abordes. Luego lo vuelven a poner, cuando ya te has ajustado en tu asiento.

Salí muy despacio del foso y entré en la pista. Ya estaba en marcha, aunque a 40 kilómetros por hora mientras destellaban luces amarillas en la pista. Si no hubiera sido por mi casco, el viento me habría despeinado. ¿Ya mencioné que las ventanas no tienen vidrios?

Otro dato interesante es que hay "observadores" que te gritan por el auricular dentro del casco, y que son tan importantes, como tú, para el éxito. Sentados en lo alto de las tribunas como dioses solitarios en el cielo, te dirigen por la pista. Y como no tienes espejos, esas voces en tu cabeza son en verdad muy útiles.

Manejé muy bien hasta que se encendieron las luces verdes.

—¡Más rápido, más cerca del muro, el acelerador al suelo, acelera, acelera! —gritaba mi observador. ¿Al suelo? Era broma, ¿no es cierto? De no haber sido por el arnés, ¡el que hubiera acabado en el suelo habría sido yo!

Aun así, seguí sus órdenes. No sé qué tan rápido iba para ese momento, a 3,200 kilómetros por hora tal vez. Y de repente todo cuajó. Aunque los demás conductores, entre ellos mi amigo Jack, pasaban volando junto a mí como pulgas en un perro sarnoso... ¡ya era un conductor! Sonreí, me olvidé del cuantioso deducible y aceleré. Veinte vueltas más tarde salí disparado por la ventana como Richard Petty en sus mejores tiempos. Viví para contarlo y, mejor aún, ¡no me estampé en el muro ni contra los demás conductores! Toma en cuenta eso, deducible.

Me sentí realizado, restablecido e incluso dispuesto a dar otra vuelta. Había estado listo para lo que sigue y lo hice. Ahora estoy listo para la pista de la vida y los negocios, la cual puede ser también muy precaria. A veces debes apretar, acercarte a ese muro y pisar el acelerador... Y si lo haces, estarás listo para lo que sigue.

~Stan Holden

65

Respira

Salir de tu zona de confort es difícil al principio,
caótico en medio e impresionante al final... porque
al cabo te muestra un mundo completamente nuevo.

~MANOJ ARORA

Empacábamos para un viaje con el que habíamos soñado toda la vida. Volaríamos a Guayaquil, Ecuador, pasaríamos una noche ahí y a la mañana siguiente partiríamos a uno de los destinos de nuestra gran lista de pendientes: las islas Galápagos.

—¡Espera! Casi olvidas tu snorkel —exclamó mi esposo mientras sacaba del clóset mi equipo de buceo, abría mi maleta y lo reunía con el resto del equipaje.

—¡Ah, sí!, ¿cómo pude olvidar algo tan importante? —contesté con voz más vacilante que entusiasta.

—No te preocupes, yo estaré a tu lado todo el tiempo —besó mi frente y me frotó los hombros para que me tranquilizara.

Crecí en el agua, pasaba en la alberca casi todo el verano. Pero aunque era muy buena nadadora, me aterraba nadar en el océano. En mar abierto me sentía indefensa y fuera de control. Además, acababan de operarme de la rodilla y confiar en ella sería todo un reto en nuestro viaje.

A mi esposo le encantaba bucear con snorkel. En nuestras vacaciones más recientes, había pasado varias horas en el mar, mientras que yo lo intenté unos minutos y me retiré a la playa.

Era de suponer que bucear con snorkel en las Galápagos sería increíble, porque veríamos una extensa variedad de criaturas marinas a distancias muy cortas, gracias a la ausencia de depredadores. Y pese a que no quería decepcionar a mi marido, tampoco deseaba teñir mis vacaciones de ansiedad. De todas formas, ¿qué tenía de malo que llevara mi equipo? Eso no me obligaba a nada, ¿cierto?

El trayecto a nuestro destino fue largo, con prolongadas escalas, un arribo a altas horas de la noche y un vuelo tempranero al día siguiente, pero al fin llegamos a nuestro crucero y la aventura comenzó. En una semana experimentaríamos más cosas que en un año entero. Aunque quizás exagero, lo cierto es que hacíamos un mínimo de dos a tres excursiones diarias a diversas islas y participábamos en caminatas, visitas guiadas para ver especies endémicas y oportunidades de fotografiar la naturaleza. ¡Fue prodigioso!

> Las rocas eran puntiagudas y la arena ondulaba bajo nuestras aletas al ritmo de las olas.

El segundo día hicimos una salida que brindó la opción de bucear con snorkel. Yo no había viajado hasta allá para mirar de lejos, así que me puse mi equipo y decidimos empezar en la orilla, no en la balsa de hule Zodiac, para que me aclimatara a la profundidad y sintiera más control.

Entramos al agua de espaldas. Las rocas eran puntiagudas y la arena ondulaba bajo nuestras aletas al rimo de las olas. Sentí tirones en la rodilla y me alarmé. Miré a mi esposo y sacudí la cabeza.

—¡No podré hacerlo! Ya me duele la rodilla, ni siquiera sé si vaya a permitirme nadar. Sigue tú, yo me quedaré en la playa —le dije casi llorando.

—¡Espera! —me tomó de la mano—. Trata de sentarte —lo hicimos en el agua somera y luego nos deslizamos otra vez mar adentro hasta que pudimos flotar y nadar. Él permaneció sin cesar frente a mí y me preguntaba si me sentía bien. Todos los nuevos amigos que habíamos hecho en el grupo se mantuvieron cerca, lo que me transmitió más confianza y seguridad.

Lo único que vimos al principio fue el agua turbia y algunos peces. Como yo no paraba de nadar, me alejé mucho de la orilla. Cuanto más profunda era el agua, también era más fría, y yo veía las olas que se aproximaban. Me sentí a merced del océano, y que meter la cara al agua y respirar era un proceso casi artificial. Aun así perseveré, y serenaba mi respiración en el snorkel cuando sumergía la cabeza.

De repente apareció toda la hermosura, justo el motivo de que estuviéramos ahí. Había grandes bancos de peces; algunos de éstos eran azules con franjas negras y cola amarilla y otros amarillos y moteados. Vimos erizos de mar y rocas cubiertas por estrellas de mar de color rojo, igual que por mi preferida: la estrella de mar con chispas de chocolate, semejante a una galleta en forma de estrella con puntos negros a manera de chispas.

Pausé mi aliento. Era una cuestión de la mente contra la materia, ¡pero vaya si valió la pena que mantuviera la cabeza en el agua para que viviera esta experiencia única! A primera vista sólo había desolación, pero después percibimos movimiento y todo cobró vida. Había mantarrayas ocultas en la arena, y cuando volteé a la izquierda ¡un león marino pasó a mi lado! Un pulpo se escondía entre las rocas y las anémonas de mar. El león marino se acercó de nuevo, esta vez acompañado de un amigo. Se detuvieron, nos miraron y nadaron juguetonamente entre nosotros. Nadamos también con pingüinos de las Galápagos, e incluso vimos un tiburón martillo. Alguna vez temerosa de nadar en el océano, ¡ahora puedo decir que nadé con tiburones!

Más tarde llegamos a una cueva. Estaba tan oscura que temí continuar. A una señal de mi esposo, no obstante, ¡vi que una colonia de tortugas nadaba bajo nosotros! Su soltura fue una lección de humildad a medida que se deslizaban lentamente a nuestros pies.

Fue una excursión imponente. Una cosa es ver a criaturas marinas detrás de los cristales de un acuario y otra muy distinta nadar con esos majestuosos animales en el océano Pacífico. No quiero ni pensar en todo lo que me habría perdido si me hubiera quedado en la playa. Ahora que lo sé, cada vez que hago algo nuevo recuerdo que simplemente debo respirar.

~Gwen Cooper

El poder del ¡Sí!

Renuévate

La posibilidad de que elijas la dirección de tu vida permite que te reinventes, cambies tu futuro e influyas poderosamente en el resto de la creación.

~STEPHEN COVEY

Tres años

Debemos acceder a dejar de lado la vida que planeamos
para poder tener la vida que nos espera. La antigua piel
debe desaparecer para que la nueva llegue.

~JOSEPH CAMPBELL

Había egresado de la universidad ocho años antes. Por fin había terminado de pagar mis becas escolares y me agradaba mi empleo como maestro de secundaria y entrenador de futbol americano. En mi tiempo libre cultivaba mi pasatiempo/vocación como árbitro de futbol en otoño y de basquetbol en invierno, ambos de nivel preparatoria. Mi esposa era enfermera en el hospital local y teníamos dos hijos, un chico en segundo grado y una niña a punto de iniciar el jardín de niños. En suma, me sentía cómodo y satisfecho.

Desde niño, sin embargo, me interesaba el derecho. Veía en la televisión todos los programas sobre abogados y me gustaban las películas que mostraban el forcejeo y contienda mental de los tribunales. Soñaba con poder decir que era jurista. Cuando un primo mayor, a quien siempre admiré, concluyó sus estudios de leyes y se convirtió en un exitoso abogado, me convencí más que nunca de que eso era lo que quería hacer.

Con todo, vivíamos a gusto, y ésa sería una molestia enorme, no sólo para mí sino también para toda la familia. ¿Estaba dispuesto a vender la primera casa que había tenido con mi esposa? ¿A sacar a mis hijos de la escuela (alejándolos de sus amigos) y a mi esposa de su trabajo con tal de perseguir mi sueño? Sabía que la tasa de reprobación en las escuelas de leyes era de cincuenta por ciento, e ignoraba si poseía la agudeza o las habilidades de estudio necesarias para retornar a la escuela y volver a empezar. Había oído hablar del método socrático de enseñanza que se empleaba en las facultades de derecho y me asustaba demasiado.

Necesitaba un consejo, y sabía dónde buscarlo. Había formado parte de la generación hippie, la de "protestar por todo", y en numerosas ocasiones me había enfrentado con mi padre a causa de sus costumbres de la "vieja escuela". No obstante, papá se interesó mucho en mi ingreso a la universidad y mi aprendizaje, así que empecé a buscar consejo en él. Pese a que era lo que en los viejos tiempos se llamaba un "filósofo de café", siempre tenía un buen consejo para mí. Y aunque rara vez me decía qué hacer, sus pequeñas lecciones me guiaban y conducían a hacer lo correcto.

> "¿Qué edad tendrías dentro de cuatro años si no siguieras tu sueño?"

Cuando llegué a su casa, leía el diario dominical, una de sus actividades favoritas. Le pregunté si podía interrumpirlo un momento y le dije que necesitaba un consejo. Le expliqué que soñaba con ser abogado, pero que ya tenía veintinueve años. Si comenzaba ahora, terminaría bastante mayor. Supuse que me disuadiría y me recomendaría contentarme con lo que ya tenía. En cambio, bajó su periódico y me preguntó:

—¿Qué edad tendrías dentro de cuatro años si *no* siguieras tu sueño?

Me puse a hacer cuentas para contestar y caí en la cuenta: ésa *era* la respuesta.

Así pues, vendimos la casa y nos mudamos a una casa rodante en el *trailer park* del campus. Mis hijos iniciaron el año en una nueva escuela y mi esposa consiguió otro empleo.

A pesar de que aquéllos fueron tres de los años más agotadores de mi vida, el estudio del derecho me fascinó. Jamás había escatimado tanto el descanso, dedicado tan poco tiempo a mi familia ni convertido la biblioteca en mi segundo hogar, pero lo logré. Dos de los momentos más preciados de mi vida fueron cuando atravesé el estrado para recibir mi título de derecho y cuando hice mi juramento como abogado.

Practiqué el derecho veinticinco años y siempre agradecí que mi padre y mi familia me hubieran apoyado en mi decisión de arrancar nuestra vida de raíz y probar algo completamente distinto.

~Doug Sletten

Abolición del aislamiento

*Una vez que creemos en nosotros, podemos arriesgar la
curiosidad, el asombro, el deleite espontáneo o cualquier
otra experiencia reveladora del espíritu humano.*

~E. E. CUMMINGS

Ya *no puedo ir a acampar*. Pensé esto unas semanas después de la muerte de mi esposo. Montar una tienda de campaña y viajar sola me aterraba ahora, lo mismo que cenar fuera de casa. Incluso asistir a las ceremonias dominicales se volvió todo un reto. El asiento a mi lado estaba vacío, todo estaba vacío. Me sentía desdichada y estaba sola todo el tiempo.

El viernes previo al Día de los Caídos en la Guerra vi que mis vecinos sacaban a la calle su camioneta y deseé ir de campamento también. En el verano, los sitios para acampar en Kentucky programan actividades, destinadas a parejas con hijos. Hay sesiones de natación en familia, carreras de relevos, búsqueda de tesoros, partidos de volibol y baile en cuadrillas diseñados para parejas con hijos. Yo estaba sola y mis hijos eran adultos.

Ese Día de los Caídos me enfurruñé mientras imaginaba las risas, el olor de la fogata, los ruidos de los insectos nocturnos y el ocasional guitarrista amateur acompañado de amigos y familiares que cantaban desentonados. Y por alguna razón, esto hizo que despertara. Me dije: *Cada vez que piense que no puedo hacer algo porque estoy sola, lo haré, aun si no quiero.*

Un poco dudosa todavía, fui a la oficina de la American Automobile Association (AAA) y compré una nueva guía de caminos Rand McNally. Después fui a comer a O'Charley's, que había sido nuestro restaurante favorito. (Hay pay gratis los miércoles.)

—¿Él está estacionando el coche? —preguntó nuestra mesera usual, quien supuso que mi esposo llegaría de un momento a otro. Sacudí la cabeza. Ella se escabulló y volvió con dos vasos de agua. ¡Dos vasos! Quise regresar corriendo al coche pero me contuve. En vez de ordenar "lo de siempre", elegí otra cosa. Luego estudié los mapas y marqué los lugares en los que habíamos estado juntos.

—¿Piensa irse de vacaciones? —inquirió la mesera en lo que esperaba que yo moviese el atlas para que dejara mi plato sobre la mesa.

No pude dar una respuesta. Sentí un escalofrío. ¿Iría yo sola? Comenzaron entonces todas las suposiciones imaginables: reparación de la camioneta, robos, extravío de identificaciones, recomendaciones, perder el rumbo. Aun así, cuando terminé mi pay de lima había vencido mis resistencias y conocía mi respuesta.

> **Cada vez que piense que no puedo hacer algo porque estoy sola, lo haré.**

—Sí. Iré a acampar —*Sola. A alguna parte que no haya visitado nunca.*

Retorné a la oficina de la AAA y con manos temblorosas compré una guía de acampar Woodall de los estados de Nueva Inglaterra. Como jamás había visitado la cuna de mi madre, Vermont, le pedí al empleado que me hiciera un plan y lo enviara por correo. Cuando el paquete llegó, incluía una lista de guías y libros de viaje adicionales que podía conseguir en la AAA si quería visitar sitios de interés en el camino.

La casa Fallingwater de Frank Lloyd Wright, campos de batalla de la guerra de independencia, el Houdini Museum, el Fenway Park de Boston, la Crayola Factory, la fábrica New England Candle, el lago Champlain, la Kazoo Factory: todo eso me sacaría del aislamiento que me había impuesto.

Contra el consejo de mis hijos y vecinos, cargué la camioneta de mi esposo y me encaminé al noreste. ¿Me perdí? Sí. ¿Uno de los faros de la camioneta se fundió? Sí. ¿Las familias me miraron, vieja y sola? Sí. ¿Me pregunté si ésa no era acaso una idea absurda y me sentí tentada a volver a casa? Sí. ¿Disfruté del viaje en tren de Providence, Rhode Island, al Fenway Park? Sí. ¿Los Red Sox ganaron en tiempo extra, 13-12? Sí. ¿Estuve a punto de perder el último tren a mi coche? Sí. ¿La enormidad del lago Champlain y los barcos en el Saint Lawrence Seaway me asombraron? Sí. ¿Volvería a hacerlo? ¿Todavía enfrento algunos temores? Sí y más.

Ahora asisto a la universidad (la colegiatura es gratuita para los mayores de sesenta y cinco) y me defiendo con estudiantes que tienen cuarenta años menos que yo. Visito a mis amigos residentes en otros estados. Doy clases de matemáticas y lectura. Cenar sola en casa o en un restaurante ya es algo normal para mí.

¿Aún debo respirar hondo, levantar la barbilla y recordarme: "Puedes hacerlo"? Sí.

~Alvena Stanfield

68

Mi carrera pre-med-itada

*Tu tiempo es limitado, así que no lo pierdas
viviendo la vida de otro.*

~STEVE JOBS

Cuando cumplí veintitrés años, ya había experimentado dos grandes fracasos profesionales ¡y ni siquiera había solicitado aún mi primer empleo! Al menos eso era lo que pensaban mis padres, esforzados inmigrantes europeos de la época de la Gran Depresión. El día que nací, ya habían decidido mi futura profesión. Si hubieran podido bautizarme como "Doc", lo habrían hecho sin la menor duda.

De chico tuve momentos de rebeldía en los que insistí en que tenía otras metas profesionales en mente. En sexto grado, por ejemplo, gané con toda facilidad el concurso del mercado bursátil organizado por la señora Rosenbloom. Entre los miles de emisiones accionarias enlistadas en *The New York Times*, elegí las de TelePrompTer, pionera en el campo de la televisión por cable que más tarde sería la compañía líder de su ramo en Estados Unidos y cuyas acciones se cuadruplicaron ese semestre. Ver cómo la tabla de precios de esos valores empezaba a parecerse a un cohete a la Luna fue de lo más emocionante, y recuerdo haber anunciado audazmente a mis padres que pensaba ser analista bursátil cuando creciera. Nunca olvidaré lo rojo que se puso el rostro austriaco de mi padre y cómo se le saltaron las venas del cuello.

—¿Así que quieres ser un aposthador y avvergonzar a thu familia perdiendo thodo lo que con thantho desvvelo the hemos dado? —vociferó—. ¡Serás médico! Esthá decidido.

Y pese a que lo hice a regañadientes, al final seguí en efecto la única ruta que haría felices a mis padres. Ingresé en el programa de introducción a la medicina de la New York University (NYU), donde me abrí lento paso por cuatro miserables años. Entre el transporte diario y mis fervorosos estudios, tenía poco tiempo para la vida social. Aunque me deprimía como ostra, no tenía suficiente tiempo libre para asimilar lo que ocurría. Además, el mundo de mis padres giraba literalmente alrededor de mi hermano y yo, y me aterraba decepcionarlos.

No obstante, durante esos terribles años universitarios hubo algo que me mantuvo relativamente cuerdo, algo que nunca les confesé a mis padres. Cuando cumplí dieciocho años, saqué del banco el par de miles de dólares de la cuenta de ahorros que ellos habían abierto para mí y abrí una cuenta en una casa de bolsa. Entonces, cada mañana de miércoles, el mismo hispano calvo y amable de la cercana imprenta del *New York Post* me arrojaba un ejemplar de la edición de ese día, que yo hojeaba al instante en busca de la influyente columna "Stock of the Week" del crítico bursátil Lou Ehrenkrantz.

Si la recomendación de esa mañana en la columna de Ehrenkrantz me entusiasmaba, le llamaba a mi agente e invertía todos mis recursos en la compra de las acciones respectivas al inicio de las operaciones. Como un reloj, vendía esas mismas acciones veinticuatro horas después, al iniciarse las operaciones del día siguiente.

Este sistema que yo desarrollé me permitió amasar una atractiva suma cuando concluí mi primer año en la universidad. ¿Mis padres? Jamás lo supieron. Lo único que les importaba era que obtuviera excelentes calificaciones en mis cursos y me ubicara en el cinco por ciento nacional más alto en los resultados de mis exámenes de admisión. Mis asesores afirmaban que tenía asegurada la admisión en una o más de las escuelas de medicina en las que había presentado mi solicitud, y yo estaba resignado a seguir el camino cuyos cimientos mis padres habían cavado durante tantos años.

Pero sucedió algo imprevisto: no fui aceptado por ninguna escuela de medicina. Hasta la fecha no sé por qué. ¿Percibieron un interés deslucido en las palabras de mi ensayo? Lo ignoro. Lo que sí sé es que mis padres quedaron devastados, al tiempo que yo me sumergía en una profunda depresión.

Con los sueños de mis padres hechos trizas, me urgía dar con un plan de respaldo, pero no tenía ninguno. Así, no tuve otra opción que seguir sin chistar la sugerencia de mi padre de convertirme en un "médico menor", como él decía. Solicité mi ingreso a la maestría en psicobiología de una escuela de posgrado. Cuando menos, mis padres aún podrían presumirles a sus amigos de "mi hijo, el doctor" sin necesidad de que mintieran. Decidí concentrarme en mis estudios como nunca antes.

Terminé mi segundo año en la Stony Brook de la State University of New York (SUNY) con un índice perfecto de 4.0 y, más todavía, recibí una calificación de 10 en mi tesis de maestría de parte de mi quisquilloso pero influyente asesor/profesor, quien dirigía el Departamento de Psicobiología. Pedí entonces mi ingreso al Departamento de Psicología Clínica de Stony Brook, donde pronto se me aceptó para el doctorado. De nuevo mi camino se tendía prometedoramente ante mí y el mundo estaba una vez más a mis pies. O por lo menos así fue durante una semana.

> Nunca sabré por qué esas escuelas de medicina me rechazaron.

Una vez que mi sádico asesor (sí, el mismo que me había puesto 10 en mi tesis, a la que calificó de "excepcional") se enteró de que pensaba obtener mi doctorado en un departamento distinto al suyo, pidió al consejo del Departamento de Psicobiología que declarara inválida mi tesis de maestría, con el argumento de que mis "estudios clínicos originales" eran "insuficientes". Ese consejo sucumbió al poder de su director y mi tesis fue retirada, junto con mi carta de aceptación al doctorado en psicología clínica.

Darles esta noticia a mis padres fue más doloroso que revelarles mis rechazos de escuelas de medicina. Y aunque los adoraba (y ellos a mí), debo admitir que su reacción no fue agradable. Recuerdo haber escuchado palabras como "fracaso", "decepción" y sí, hasta "perdedor". Mi autoestima llegó a su punto más bajo ese verano, y esta vez no tenía ningún plan B (o, en mi caso, C) a la vista. A la avanzada edad de veintitrés años, sentí que mi vida se precipitaba en caída libre.

Luego de fustigarme durante varias semanas, contemplé una nueva y osada dirección. Había un área en la que había experimentado la emoción de la victoria y no la agonía de la derrota. Por desgracia, esa área suponía seguir la trayectoria profesional que más molestaría a mis padres (si dejamos de lado la de "asesino en serie").

Así, ese verano pasé varios días a la semana en la biblioteca de negocios de Brooklyn, donde leí y aprendí sobre un tema muy distinto al que había estudiado en los seis últimos años: el mercado de valores. Cuando llegó el otoño, y armado de valor y un solo curso de economía en la preparatoria como única acreditación en mi currículum, inicié ingenuamente mi búsqueda de empleo como analista de Wall Street. En retrospectiva, ésa era una noción completamente absurda de mi parte. Pero quizá por vez primera en mi vida perseguía mi sueño, no el que otros me habían atribuido.

Las respuestas que recibí de las casas de bolsa en que solicité empleo fueron una sistemática combinación de "Nos agrada su pasión e intuición práctica", "¿No preferiría ser agente?" y "¿No tiene una maestría en administración de empresas? Es una broma, ¿verdad?". Pese a ello, esta vez no caí en el abismo emocional #3. Por alguna razón, sabía que en eso consistía ganarse la vida y que hallaría la manera de abrirme paso donde yo deseaba.

Un día en que leía… sí, adivinaste, la columna "Stock of the Week" de Lou Ehrenkrantz en el *New York Post*, me detuve casualmente en la letra chiquita al pie de la columna.

"El señor Ehrenkrantz posee un título en literatura dramática de la NYU y una maestría en literatura inglesa del Hunter College".

¿Literaturas dramática e inglesa? Este individuo, este "decano de los críticos bursátiles estadunidenses", cuyas recomendaciones semanales habían hecho mi fortuna durante mis años de estudiante de medicina, ¡no contaba con nada que se asemejara a una maestría en administración de empresas! Decidí que buscaría en el acto a la única persona en Wall Street que era capaz de entenderme, el especialista en teatro Lou Ehrenkrantz.

Luego de que mis tres primeras llamadas no fueron devueltas, un lunes por la mañana el propio Lou me contestó y aceptó con renuencia que nos reuniéramos a comer en el viejo Commodore Hotel, cerca de la estación Grand Central. Cuando terminamos de comer (y una vez que le dirigí un, según yo, impresionante discurso de solicitud de empleo), me dijo que su despacho no tenía vacantes de analistas. Sugirió que regresara a la escuela y obtuviera mi título en psicología. Pero justo cuando me disponía a partir, me tomó del brazo y me dijo que tomara asiento de nuevo.

Al día siguiente, ataviado con traje y corbata, entré en la casa de bolsa Rosenkrantz, Ehrenkrantz, Lyon & Ross, suscrita a la Bolsa de Valores de Nueva York, para entrevistarme con el socio de Lou, Lester Rosenkrantz. Una semana más tarde fui contratado como el primer "analista júnior" de la empresa. Dos años después me convertí en su analista sénior de acciones de crecimiento. Y otros dos años más tarde fui uno de los fundadores de su división de finanzas corporativas.

Hoy, tres décadas y media después, aún me gano felizmente la vida (en el despacho que tengo en mi hogar) haciendo lo que evidentemente nací para hacer: identificar acciones subvaluadas. En todo ese periodo, jamás he registrado un año de pérdidas, así que sospecho que la predicción de mi padre sobre mi carrera como "apostador" no fue del todo desatinada.

Nunca sabré por qué esas escuelas de medicina me rechazaron. Jamás comprenderé por qué mi asesor de psicobiología fue tan vengativo. Pero ya no necesito esas respuestas. Y aunque espero nunca experimentar de nuevo la honda desesperación que sentí tras sufrir esas brutales decepciones en mi vida, una cosa es obvia: hoy no estaría donde estoy si no hubiera seguido con aplomo el camino que mi corazón había elegido desde el principio.

~Gary Stein

69

Pánico

No podemos dirigir el viento, sí ajustar las velas.

~BERTHA CALLOWAY

Mi madre murió una semana antes de que yo cumpliera dieciséis años. Tenía cuarenta y ocho, era demasiado joven para morir. Y resulta que se llevó un secreto a la tumba.

Pensé que el fallecimiento de mamá era lo peor que podía ocurrirme en la vida, pero me equivoqué. Todo comenzó la primavera siguiente. Me encontraba en una gran cena familiar cuando surgió de la nada. Mi corazón se aceleró, sentí que mi cabeza flotaba y un arranque de náusea me forzó a abandonar la mesa y salir al aire libre. La idea de que había vomitado toda la cena parece espantosa, pero ese pánico repentino y agobiante era simplemente aterrador.

Ese día tomé una decisión que cambiaría mi vida para siempre: no le dije a nadie lo que había pasado, pese a que volvió a suceder.

Tan pronto como todo regresaba a la normalidad, el pánico atacaba de nuevo. Yo dejaba de súbito un restaurante, salía abruptamente del cine o retrocedía sin explicación cuando ya estaba en la puerta del centro comercial. No sabía qué me pasaba ni por qué, sólo que huir de situaciones insoportables parecía lo correcto. La gente no se pone en riesgo sin motivo, ¿cierto? Pero cada vez que me apartaba de la mesa, atravesaba corriendo una puerta o rechazaba una invitación, el mundo en el que me sentía a salvo era crecientemente pequeño.

Tenía poco más de veinte años cuando renuncié por vez primera a un empleo debido a mis ataques. Como reportera en una ciudad pequeña, viajaba por todo el condado acompañada de un fotógrafo en pos de noticias y en permanente carrera contra el reloj. Mi nombre aparecía en el diario tan a menudo que las cajeras de Safeway lo reconocían cuando pagaba mis compras con un cheque.

Me volví experta en ajustarme a mis ataques, que eran cada vez más seguidos. Cuando estaba de turno, lo primero que hacía en un edificio era identificar todas las salidas. Si me sentía atrapada, las cosas empeoraban tan rápido que debía estar lista para huir. Más tarde, sólo tomaba asiento en los pasillos. Luego, me paraba cerca de la puerta, y después en la entrada. Lo siguiente fue que le pidiera a mi supervisor que enviara a otro a cubrir un evento si yo sabía que el edificio implicado no era "seguro". Por último, el solo hecho de entrar en la sala de redacción me causaba palpitaciones.

Sentía que iba a perder el control, tener un infarto o vomitar en los zapatos de alguien. Mi ser racional sabía que no perdería el juicio ni el almuerzo, pero el incesante y perentorio mensaje del pánico sofoca toda racionalidad: ¡Corre! ¡Corre! ¡Corre!

> Dos años después, estaba presa en mi hogar.

Corría de vuelta a casa.

¿Le expliqué a papá el motivo de que haya dejado el empleo de mis sueños para retornar a mi antigua recámara? No. Avergonzada y confundida por ataques que nadie más tenía, me dije que debía esperar a que pasaran, como un cólico menstrual o la curación de una muela cariada. ¿La ansiedad ya era reconocida entonces como un trastorno? Si es así, nadie hablaba del asunto.

Logré salvar mi vida y el trabajo de los efectos de mis ataques, conocí a un joven y me casé. No congeniábamos, pero cuando me di cuenta de ello, la ansiedad llenaba mi cabeza de palabras como "atrapada" e "indefensa". Mis ataques se hicieron más frecuentes, aun si no había nada que temer. En determinado momento la pasaba bien con mis amigas, y un minuto después ya sentía que me arrojaba del techo de un edificio.

Cada nuevo ataque mermaba mi seguridad en mí misma y me empujaba a tenerle más miedo al temor. Dos años después, estaba presa en mi hogar. Ni siquiera era capaz de salir a recoger el diario al porche. Mi trastorno se había vuelto innegable.

Mi mejor amiga se empeñaba en sacarme de casa para que regresara al mundo. Un día anunció:

—Te llevaré a comer. ¡No lo pienses! Cruza la puerta y punto.

No pude hacerlo.

—No entiendo —dijo—. ¡Se trata de *un* simple paso!

—No es un paso —repuse—. Es *el* paso.

Pese a que intentaba explicarles mi extraño comportamiento a mis amigos y familiares, ni siquiera tenía sentido para mí. Un día papá me dijo:

—Esto se parece a lo que tenía tu madre.

Mamá era "nerviosa". No le gustaba manejar ni recorrer calles concurridas, y detestaba en particular las escaleras. Todavía siento cómo me apretaba el hombro cuando bajábamos juntas al sótano el día del lavado de ropa, escalón tras escalón. De inmediato identifiqué su temor como propio. Entonces me enteré de que le habían recetado tranquilizantes durante muchos años, y de que su madre había recibido tratamiento de electrochoques debido a su afección nerviosa.

Me encantaría poder decir que estas revelaciones contribuyeron a mi pronta recuperación, pero lo cierto es que tardé varios años en conseguirla. Contraté un psicólogo que me daba terapia a domicilio, y luego otro que me sacaba a la calle una vez a la semana para que aprendiera a reclamar como propios los territorios inseguros. La mayoría de la gente jamás entenderá lo aterrador que puede ser ir hasta el fondo de un supermercado en busca de un litro de leche para los niños, o al menos espero que esto no le ocurra nunca.

En los años noventa leí un artículo sobre el trastorno de ansiedad en una revista para mujeres y se lo llevé a mi médico.

—Esto es lo que tengo —le dije—. Existen medicamentos para curarlo.

Apartó la revista con un gesto.

—No puedo recetarle ciertos medicamentos sólo porque se enteró de ellos en un artículo de revista.

No tenía idea de lo difícil que era para mí entrar en ese edificio y sentarme en la sala de auscultación; no me revisaba para ver que mi corazón latía con fuerza ni notaba que mis manos sudaban profusamente.

Pensé en un futuro lleno de aislamiento y temor y en vez de permitir que mi ansiedad me recordara que era débil, estaba lastimada y era una inútil, repliqué:

—Mándeme con un psiquiatra.

Se negó.

—No saldré de aquí hasta que lo haga.

Dos semanas más tarde, el psiquiatra me diagnosticó trastorno de ansiedad y me recetó medicamentos. Pese a que distaban de ser el remedio perfecto, me dio de esta forma la ayuda que requería para crear un entorno más seguro y reafirmarme como una persona valiosa que debía disfrutar la vida al máximo, lo cual hago ahora.

Aunque mi nueva versión de la "normalidad" resulta de mi agrado, mi percepción del mundo está alterada aún por los muchos años en que ajusté mi vida al temor y la ansiedad. Todavía entro en un restaurante, cine o centro comercial y pienso: *¡Vaya! Estas personas no creen que estar aquí pueda causar miedo.*

Y entonces se me ocurre: *Yo tampoco.*

~Grace Kuikman

C.R.A.F.T.S.

Nuestro cuerpo es un jardín,
y la voluntad el jardinero.

~WILLIAM SHAKESPEARE

Meses después de que cumplí cuarenta y nueve años, mi vida era un desastre, al menos desde el punto de vista de mi diagnóstico. Me sentía abrumado. Mi presión arterial y mi colesterol eran demasiado altos. Me dolía la espalda. Tenía insomnio. No sólo perdía las llaves del coche, sino que a veces ni siquiera podía dar con él en el estacionamiento.

El médico me recomendó que redujera el estrés, hiciera un poco de ejercicio y mejorara mi dieta. Me dio además un puñado de folletos, con el comentario de que quizás alguno de ellos me interesaría.

Los hojeé cuando llegué a casa.

Terapia de meditación para bajar de peso. No, gracias.

Una dieta por correo especializada en algas marinas comestibles. No.

Un programa de ejercicio de un fin de semana llamado "La experiencia ideal de un campamento de reclutas extremo". Eso no era para mí.

Un seminario de nutrición en un hotel nudista. Nunca.

Me arrastré al folleto siguiente, titulado C.R.A.F.T.S.

Pese a que el nombre era interesante, las actividades que promovía no tenían nada que ver con el bordado ni la elaboración de álbumes de recortes. La palabra *crafts* significaba en este caso Calming, Relaxing Activity For Tired Souls.

El folleto explicaba que C.R.A.F.T.S. estaba dirigido a quienes deseaban adoptar una rutina de ejercicio de bajo impacto, esfuerzo moderado y treinta minutos de duración en medio de un ambiente tranquilo y comprensivo. Las reuniones tenían lugar todos los lunes y jueves por la noche y los sábados por la mañana en el centro comunitario. El costo era de apenas cinco dólares semanales.

Tiré los demás folletos a la basura y pegué el de C.R.A.F.T.S. en el refrigerador.

Nunca me había ejercitado en compañía de otros; rara vez había hecho cualquier tipo de ejercicio planeado y controlado. Así, me resistía a asistir a C.R.A.F.T.S., pero sabía que tenía que hacer algo diferente, lo que fuera, en beneficio de mi salud. Aquel folleto no cesaba de fastidiarme desde su sitio en el refrigerador.

No sin un poco de inquietud, dos semanas después decidí asistir al fin a C.R.A.F.T.S., por una sola ocasión y para ver de qué se trataba.

La noche del lunes siguiente llegué al aula del centro comunitario cubierto con unos pantalones deportivos y una camiseta y en poder de mi flamante colchoneta de ejercicio.

Mesas y sillas estaban apiladas contra la pared y un grupo de mujeres conversaba a un lado. Un reproductor de discos compactos tocaba suavemente a Enya.

—¡Bienvenido! —dijo una de ellas—. ¿Vienes a C.R.A.F.T.S.?

Asentí.

—Si hay un lugar para mí…

—Siempre hay lugar —me tendió la mano—. Soy Janet.

Me presenté y ella señaló a las demás.

—Éstas son Wendy, Mary, Suzie, Bonnie y Carol.

—Nunca he hecho ejercicio —expliqué—, pero me gustaría aprender.

—Un antiguo proverbio asiático dice que cuando el alumno está listo, el maestro aparece —replicó Janet.

—¿Estudias artes marciales? —le pregunté.

—¡No! —se encogió de hombros—. Lo oí en una repetición de *Kung Fu* que pasaron anoche y me gustó.

Todas rieron y yo me relajé un poco.

—¿Por qué no empezamos? —sugirió y sus amigas se dispersaron.

Ocupé un lugar al fondo de la sala, desde donde seguía los movimientos de las señoras y me flexionaba y estiraba cuando ellas lo hacían.

—¡Tensen el abdomen! —indicó Janet—. ¡Mantengan recta la espalda! ¡Concéntrense en su respiración!

En casa lavaba los trastes, veía televisión y hablaba por teléfono al mismo tiempo, pero tensar el abdomen, enderezar la espalda y respirar en forma simultánea era demasiado para mí.

Luego llegaron las sentadillas, las lagartijas, el levantamiento de piernas y las pesas. La sesión concluyó con estiramientos de yoga. Aquellas señoras hacían auténticos nudos con las piernas y yo apenas podía tocarme los dedos de los pies.

—No te preocupes —me alentó Wendy—. En unas semanas lo harás bien.

¡En unas semanas!, pensé. *¡Sólo si estos primeros ejercicios no me matan antes!*

Terminada la clase, le tendí a Janet un billete de cinco dólares.

Sacudió la cabeza.

—No cobramos hasta el sábado.

—¿No es tu pago? —inquirí.

—No —sonrió—, no cobro mis servicios. La sala es gratuita, y de estas sesiones saco tanto provecho como cualquiera.

> A la mañana siguiente de mi primera sesión en C.R.A.F.T.S., desperté tan tieso como el Hombre de Hojalata.

—¿Para qué es el dinero entonces?

—Para hacer donativos mensuales —explicó—, al albergue de indigentes, la despensa popular y el centro de rescate de animales.

—¿Regalan su dinero? —pregunté.

—Sí —tomó su reproductor de discos compactos—. Si todos aportan, cada mes reunimos más de cien dólares.

A la mañana siguiente de mi primera sesión en C.R.A.F.T.S., desperté tan tieso como el Hombre de Hojalata de *El mago de Oz*, pero en vez de una lata de aceite clamaba por Tylenol y café.

Aunque confieso que pensé no regresar después de la primera clase, durante las semanas siguientes asistí a todas y, tal como se me predijo, mis dolores desaparecieron. Aprendí a controlar mi abdomen, espalda y respiración, e incluso a participar en conversaciones. Aquél era un buen ejercicio y, como decía el anuncio, calmante y relajante también.

Arribó entonces la verdadera prueba: mi cita con el médico seis meses más tarde. ¡Victoria! Mi presión y mi colesterol habían bajado de manera considerable y yo había perdido cinco kilos.

No estaba delgado aún, ni mucho menos. Lo que veía en el espejo no me agradaba, pero había varios cambios positivos. La ropa me quedaba mejor, tenía más energía y desde tiempo atrás no había perdido mi coche en el estacionamiento.

Había tenido el valor de forzarme a hacer por mí algo distinto y positivo, algo que en condiciones normales no habría hecho, y fui recompensado con el éxito.

~David Hull

Un escritor renuente

Siempre hago lo que no puedo, para que
aprenda a hacerlo.

~PABLO PICASSO

Varios días después del inicio de mi retiro forzado, estaba sentado a la mesa de la cocina y me compadecía de mí. Mi severa artritis de cadera había vuelto imposible que continuara con mi práctica pediátrica. Ahora que mi vida había dado un radical giro no deseado, ¿qué actividad mantendría despierto mi interés y me favorecería por el resto de mi vida?

Cuando sonó el teléfono, mi buen amigo Allan trató de convencerme de que lo acompañara a una clase de creación literaria en el Institute for Lifelong Learning de una universidad local.

—No —le dije—. Crecí en Brooklyn y nunca he conseguido dominar un inglés perfecto.

—¡Acompáñame! Siempre he querido escribir.

—¡No!

—Te va a gustar, ¡por favor! Pasaremos tiempo juntos.

Sólo para quitármelo de encima, por fin le dije que sí, ya que supuse que él lo habría olvidado para cuando llegara el momento de tomar ese curso.

—¡Magnífico! —dijo—. Pasaré a recogerte en diez minutos.

Una de las primeras tareas que nos dejó el maestro fue escribir la primera frase de un relato sobre un viaje que hubiéramos hecho en el pasado. Esta frase debía ser lo bastante interesante para que el lector quisiera saber más. Yo escribí: "Cuando nuestro barco entró al fiordo, la vista de los escarpados riscos que ondulaban sobre el mar y el perfumado aroma de las flores multicolores que crecían a sus pies presagiaron las maravillas de Noruega que estábamos a punto de admirar".

—¡Muy bien! —me dijo el maestro—. Quizás haya cierto exceso de palabras rimbombantes, pero tu fragmento atrapa el interés.

¡Qué entretenido es esto!, pensé. *Puedo hacerlo.* Cuando la clase terminó, ya estaba atrapado.

Meses después decidí tomar un curso de creación literaria en la universidad. Me había enterado de que para que pudiera inscribirme en cursos más avanzados, debía completar el de creación literaria 101, y le pedí a Alan que me acompañara.

—No, es demasiado básico —respondió.

Me vi entonces en medio de un grupo de muchachos de entre dieciocho y veinte años. Me daba curiosidad conocer sus sueños y pasiones; imaginé que no eran muy diferentes de los que yo tenía a su edad. ¿Era posible acaso que formulara nuevos sueños en esta etapa de mi vida?

Una de las tareas consistió en escribir un cuento de veintiséis oraciones, cada una de las cuales debía empezar con una letra distinta del abecedario, de la A a la Z, en ese orden. Yo narré la historia de Abraham Zenobia, un caballero que intentaba recuperar su juventud. Cuando llegué al final, rematé: "Ya la juventud era imposible de recobrar. Zenobia tuvo que admitir tristemente su destino". Me di cuenta entonces de que aunque la juventud no podía recuperarse, esto no implicaba necesariamente que las esperanzas y los sueños debieran morir.

En el siguiente periodo me inscribí en el curso avanzado de técnica narrativa, y persuadí a Allan de que me acompañara. Cuando llegamos a la clase, el profesor preguntó quién no había tomado creación literaria 101. Allan levantó la mano. El maestro agregó que quienes habían levantado la mano debían retirarse, porque había sobrecupo en el salón. Mientras Allan salía del aula, sentí lástima. Él era quien siempre había querido escribir, no yo.

A diferencia de lo que había ocurrido en los dos primeros cursos, esta vez recibí pocos y espaciados elogios. Ignoraba qué determinaba a un buen relato. El profesor hacía trizas cada uno de mis ejercicios. Al principio pensé que lo hacía porque pensaba que perdía mi tiempo y le robaba el lugar a alguien que quisiera escribir en serio. Después me percaté de que lo cierto era que mis cuentos eran horribles.

—¿Alguna vez podré escribir un buen relato? —le pregunté.

—¿Cuánto tiempo llevas escribiendo? —preguntó a su vez.

—Mucho, al menos siete u ocho meses.

Sonrió.

—No escribirás nada decente durante por lo menos cinco años.

—¿De verdad?

Asintió.

Seguí tomando clases de ficción con diferentes maestros, obsesionado con entender qué hacía que un relato fuera bueno. Y al final me inscribí en un curso de no ficción, porque era el único que me faltaba.

La primera tarea consistió en que describiéramos un manjar culinario que hubiéramos probado. Yo narré la historia del hígado picado de mi abuela. El comentario de la profesora fue:

—B+, bueno.

La segunda tarea fue escribir un relato sobre una sala o habitación en la que hubiéramos vivido de chicos. Yo escribí acerca de cómo todas las noches de los viernes me escabullía en el comedor donde los varones de mi familia extensa jugaban cartas. De nuevo, el comentario de la profesora fue:

—B+, bueno.

La tercera tarea consistió en escribir en casa un relato sobre un objeto de nuestro hogar. Yo elegí la sopera de mi madre que adornaba la mesa del comedor.

Conté la historia de cómo, cuando tenía quince años, había viajado a Chicago para unirme a mis padres y mis tíos y asistir a la graduación de mi hermano, quien egresaba de una maestría en la University of Illinois. No había podido acompañarlos desde el principio, porque tuve que presentar varios exámenes del New York State Regents.

Después de la graduación, viajamos por Canadá en un coche atestado, y nos deteníamos en cada tienda de antigüedades que se nos cruzaba en el camino. La primera de ellas fue una gran estructura roja con pasillos repletos de mercancías en absoluto desorden. Mi madre se abrió camino por los pasillos hasta que olfateó un servicio de café de plata pura, acomodado entre un recargado candelabro y una antigua colección de accesorios ingleses para la chimenea. A mí me pareció feo. Mi padre dijo que no podíamos comprarlo, porque no había espacio para él en el coche. Mi hermano, a quien le fascinó, sugirió que lo enviáramos por paquetería, y papá accedió. En otra gran tienda —llena de baratijas o antigüedades, dependiendo del punto de vista de cada quien—, mi madre recorrió los pasillos y, como un sabueso que acechara a su presa, olfateó una sopera que a mí me deslumbró y a mi hermano le pareció horrenda.

—¡Está preciosa! —dijo mamá.

Mi padre señaló que era demasiado grande para nuestro ya abarrotado coche, y también demasiado frágil para que la embarcáramos por paquetería.

—Si la compramos —le propuse—, la llevaré sobre mis rodillas todo el trayecto. ¡A mamá le encantó!

Mi padre cedió.

Sujeté con fuerza la caja a lo largo de todo el viaje, como si lo contrario amenazara con depreciar la nueva estimación que mi madre había cobrado por mí.

Cuando la maestra me devolvió este relato, resultó que en él había escrito: "A+, excelente". Hablé con ella y le dije que a mí no me gustaba tanto como los dos anteriores; pensaba que había dedicado mucho tiempo a la descripción de la sopera.

> **El profesor hacía trizas cada uno de mis ejercicios.**

Ella sonrió.

—Eso no es difícil de corregir —señaló el manuscrito—. Detén aquí tu descripción de la sopera y reducirás el relato a la mitad. Pero ¿te das cuenta de cómo destacaste las diferencias entre tu hermano y tú en una forma sutil, y que muestras tus sentimientos hacia tu madre? La imagen en la que sujetas la caja sobre tus rodillas por temor a que pierdas el aprecio de tu madre es muy eficaz.

Asentí. Por fin sabía cuál era la esencia de un cuento.

Inscribí el mío en un concurso de toda la universidad y, cuando gané, el director del departamento me entregó el premio y dijo:

—Paul me preguntó en una ocasión si alguna vez escribiría un buen relato. Supongo que ésta es la respuesta. Le dije entonces que escribir algo bueno implica al menos cinco años de esfuerzo. Si no me equivoco, él empezó a escribir justo hace cinco años.

Cuando recibí el premio, pensé en cómo mi artritis de cadera había interrumpido prematuramente mi práctica médica y en cómo el hecho de que Allan me hubiera engatusado para que tomara un curso de escritura me había conducido a una nueva pasión. Decir "sí" a algo nuevo y totalmente ajeno a mi mundo había dado un fruto espléndido.

~Paul Winick

Decir sí al no

Termina con el caos. Haz espacio para ti.

~MAGDALENA VANDENBERG

Algunas personas consideran que la acumulación es una enfermedad. Para mí era una fuente de consuelo. Siempre me sentí protegido y a salvo entre mis inmensas pilas de cosas. Y sé que mi compulsión de coleccionar objetos se remonta a mi niñez.

Crecí en una familia de seis hijos y nunca había suficiente para todos. Mi padre era el sostén del hogar y mi madre permanecía en casa a cargo de su descendencia. Nada se desperdiciaba nunca. Mis hermanos jamás se quejaban de lo que mi madre preparaba para la cena. De hecho, la única queja que recuerdo era que no había suficiente para tantos como éramos.

Todos usábamos ropa heredada. Hasta los mayores "heredaban" prendas de la tienda de descuento local. Como era el hijo de en medio nunca supe qué era tener una prenda que no hubiera sido gastada por mi hermano. Las cosas se complicaron cuando lo rebasé en estatura. De adulto, aún tengo marcas en los dedos de los pies por haberlos ajustado en zapatos que no eran de mi número.

Nuestra permanente falta de dinero implicaba usar al máximo cuanto poseíamos. Nada se desechaba antes de que lo consumiéramos en su totalidad, y a veces ni siquiera entonces. Sin saberlo, mi familia fue pionera del movimiento verde; Al Gore se habría enorgullecido de nuestros esfuerzos. Todos los muebles eran reciclados, pues solían proceder de parientes o amigos. Si una pieza se desechaba, ya había tenido una segunda vida muy larga y era imposible de reutilizar. Aun así, a mis padres les costaba mucho trabajo eliminar cosas.

Habiendo crecido en un ambiente así, es fácil identificar las raíces de mi problema de acumulación. Ya adulto, me atormentaba la arraigada necesidad de reunir la mayor cantidad posible de cosas, por si algún día resultaban de utilidad. Mi afán de coleccionar iba de libros a materiales de construcción descartados. El principal problema de todo acumulador es el almacenamiento, y yo no era la excepción. Cuando vivía solo, eso no me representaba ningún conflicto. Disponía de una cochera para los objetos de gran tamaño, y de un ático y un sótano para artículos más manejables. Me sentía a gusto rodeado de cosas que algún día serían de utilidad. Los amigos en necesidad de un objeto extraño para llevar a término un proyecto podían contar con que yo tendría la parte necesaria.

> Algunas personas consideran que la acumulación es una enfermedad. Para mí era una fuente de consuelo.

Al paso de los años, mis colecciones crecieron en exceso. Mi principal fuente de suministro eran las aceras. De camino al trabajo, todos los días examinaba los artículos que mis vecinos desechaban por considerarlos indignos de uso adicional. Todo lo destinado a la banqueta merecía mi atención. Desde mi punto de vista, ejercía un deber cívico, pues recogía piezas desechadas que de lo contrario se habrían destinado a un relleno sanitario. En ocasiones llegaba al trabajo cargado de tesoros recolectados durante mi trayecto matutino. Mis compañeros toleraban mi hábito, e incluso me llevaban a casa al final de nuestras labores si mi carga era demasiado pesada.

Viví bajo el placer de la acumulación hasta que conocí a una mujer que acabaría siendo para mí más importante que coleccionar cosas. Al mirarlo ahora, veo que mi hábito se filtró incluso en nuestro matrimonio. Mi esposa se mostró paciente conmigo hasta que nos mudamos a un departamento, cuando su tolerancia fue puesta a prueba. El departamento apenas ofrecía espacio para nosotros, de modo que era imposible que alojara todas las cosas que habían sido producto de mis años de recolección. Al principio intenté esconder objetos en el enorme sótano, pero no pasó mucho tiempo antes de que en el balcón y los armarios comenzaran a aparecer los artículos excedentes. Este momento anunció el cambio. Y aunque mi esposa jamás me dio un ultimátum, yo sabía que estaba insatisfecha, y para mí era muy importante que contribuyera a la felicidad de mi pareja. Si esto significaba que la acumulación debía desaparecer de nuestra vida, que así fuera.

En mi defensa puedo alegar que siempre fui selectivo en mis prácticas. Nunca coleccioné periódicos ni revistas. En el mundo de la acumulación, compadecemos a quienes sienten la necesidad de coleccionar toda palabra escrita que pasa por sus manos. Hasta los acumuladores tienen una jerarquía.

A pesar de que quería hacer feliz a mi esposa, reducir mis colecciones me fue muy difícil. Al principio sólo me deshacía de cosas que estuvieran destinadas a una buena casa. Por tanto, dedicaba mucho tiempo a elegir a los amigos y familiares a los que les regalaría mis cosas. Claro que lo ideal hubiera sido que tuviera un amigo acaparador, con lo que habría reducido mi inventario de un solo golpe. No obstante, mis amigos me habían visto batallar con mi adicción, y conocían también los negativos efectos que ejercía en mi vida. En consecuencia, nadie se ofrecía a adoptar ese papel.

Tardé varios meses en deshacerme del grueso de mis cosas, pero al final lo conseguí, gracias al apoyo y aliento de mi esposa. Ella me dio la seguridad y estabilidad de la que mi vida carecía. Fueron precisas una vida entera y una mujer maravillosa para que yo me diera cuenta de que podía dejar de acumular. Mi brecha emocional se llenó con amor y estímulo. Sin la gentil y paciente persuasión de mi mujer, habría acabado como un viejo introvertido sofocado por tesoros inútiles.

Ahora que ya estoy libre de mi adicción, ocupo un cómodo espacio físico y emocional. Todavía siento a menudo el impulso de recoger artículos desechados en la calle. Sin embargo, a sabiendas de lo que hace la acumulación y de que me dirijo a una amorosa relación en casa, mantengo las manos bien metidas en los bolsillos.

~James A. Gemmell

73

El dulce dolor
de la ilusión

Desde que vi brillar la luna al otro lado
del mundo, no soy la misma.

~MARY ANNE RADMACHER

Miro la cubierta de un pasaporte. Podría ser uno cualquiera; éste es azul, con las palabras ESTADOS UNIDOS DE AMÉRICA y el escudo de armas resaltados en dorado.

Lo abro y veo la fotografía de un joven de veintinueve años. Ha sido un reportero deportivo muy exitoso. Entrevistó a Joe Montana en las entrañas mismas del Stanford Stadium tras una contundente victoria en el Super Bowl XIX, sondeó a "Bullet Bob" Feller en busca de ideas acerca de una bola rápida de los años cuarenta que alguna vez fue probada contra una motocicleta y atravesó los límpidos manantiales de los centros de entrenamiento de Arizona en busca de una noticia cautivante. Pese a todo ello, jamás ha corrido un verdadero riesgo. Ha vivido en una caja segura. Casi todo lo que ha hecho ha tenido resultados altamente predecibles.

Sonríe en la foto. No sabe exactamente adónde lo llevará su pasaporte. Sólo sabe que debe marcharse. Que se ha conformado durante demasiado tiempo; que en realidad tiene un corazón aventurero ávido de ser saciado; que a lo largo del camino encontrará muchas lecciones de vida.

Doy vuelta a la página y veo las estampillas. Australia, Tailandia, Inglaterra, Grecia, Turquía. Y hay muchas más, que cubren tres años y veintiún países.

Mi mente regresa entonces a 1987, meses después de la fecha de expedición de ese pasaporte y apenas unos días antes de que yo tomara un vuelo de Qantas a Sídney, último paso en mi migración a Australia.

Había renunciado a una plaza de reportero en Stockton, California; había llenado de tantas cosas una enorme bolsa de lona que apenas había podido cerrarla y me disponía a partir al otro lado del mundo. Mi padre era un hombre práctico y muy precavido que había crecido en una granja en el corazón del territorio amish de Pensilvania y se había casado a los veintiún años con su novia de la adolescencia. Pese a todo, no objetó mi plan.

Mamá y él me despidieron con una bendición y este mensaje en una tarjeta:

Durante tu estancia en un nuevo país, habrá sin duda muchos sucesos que consignar, muchos capítulos en tu vida que escribir. Estamos orgullosos de tu valentía y muy contentos de que tengas esta gran oportunidad, así que te deseamos lo mejor. ¡Buen viaje! Ten la seguridad de que volveremos a vernos, en los despoblados territorios de Australia.

Podría haberme quedado en Stockton. Y Sugar Ray Leonard podría haber mantenido su retiro.

Sugar Ray, uno de los mayores boxeadores de todos los tiempos, se retiró en 1982, regresó en 1983 y volvió a retirarse en 1984. No obstante, el 10 de marzo de 1986 estaba en la arena cuando su gran rival Martin Hagler noqueó a un don nadie llamado John Mugabi y se convirtió en el indiscutible campeón mundial de los pesos medios. Sugar Ray decidió que debía regresar una vez más, para ponerse a prueba.

Mi vida y la suya se cruzaron en agosto de 1986, cuando leí una columna del reportero deportivo Dave Kindred, titulada "Sugar Ray debe boxear para vivir". En ella, Kindred relataba que en fecha reciente había recibido la visita de un viejo amigo suyo que era fotógrafo, con quien conversó de que la vida exige misterio o de lo contrario caerá presa de la rutina.

Ese impulso había llevado a su amigo a abandonar las blancas cercas, granjas de crianza de caballos y afloramientos de piedra caliza de las praderas, y pese a eso había terminado por ignorar inadvertidamente la belleza, porque el misterio del descubrimiento desapareció de su vida.

"Esto lo despojó sin remedio de la chispa de la imaginación que anima en verdad a una persona", escribió Kindred. "Si nunca nos preguntamos qué sigue; si conocemos la respuesta antes siquiera de que formulemos la pregunta, seremos menos de lo que podríamos ser. Necesitamos el misterio. Necesitamos el dulce dolor de la ilusión."

> **Ha vivido en una caja segura.**

Sugar Ray necesitaba sentir eso. El amigo de Kindred necesitaba sentir eso. Y luego de leer esa columna, supe que yo también necesitaba sentirlo.

Llegué a Sídney el 7 de febrero de 1987. Un día me presenté en el edificio del magnate mediático Rupert Murdoch —que alojaba tres periódicos— y fui cordialmente invitado a capacitarme durante tres días para convertirme en corrector de estilo. Dos días más tarde se me ofreció lo que equivalía a un empleo de tiempo completo: tres días a la semana en *The Australian*, el diario nacional, y dos en el *Daily Mirror*, el tabloide vespertino. Imagina nada más que un australiano llegara a *The New York Times* y recibiera el mismo trato.

Acepté ese ofrecimiento y lo aproveché al máximo. Vi obras maestras en la Sydney Opera House, aprendí a bucear y a montar a caballo y remé por primera vez en rápidos de aguas espumosas.

En una carta que escribí a mis amigos les decía: "Aquí hay un ímpetu genuino. Suceden cosas. Este lugar puede robarte el corazón".

Quince meses después lo usé como trampolín para hacer mundo. Empecé con un safari de sesenta días en Australia, durante el que viví en una tienda de campaña mientras conocía el país mejor que la mayoría de los nacionales, y luego compré un boleto de avión para viajar alrededor del mundo, con escalas en Bangkok, Londres, Harrisburg, Pensilvania, San Francisco, Honolulú y Sídney.

Cuando regresé a Australia, en febrero de 1989, fui recontratado en *The Australian*, y me convertí incluso en su reportero de basquetbol durante los descansos del titular. Poco a poco recuperé la agitada vida que tanto había disfrutado antes.

Un año más tarde, sin embargo, había llegado a un punto en el que sentí que debía comprometerme a pasar ahí el resto de mi vida o retornar a Estados Unidos. En esos días no había Skype, Facebook ni Instagram; ¡vaya!, ni siquiera internet. Yo dependía una vez a la semana del internacional *USA Today* para obtener información sobre mi país, y de las irregulares llamadas telefónicas que le hacía a mi familia, a razón de tres dólares el minuto. Me perdía los deportes estadunidenses y me perdía a mi familia.

Así pues, embarqué mis pertenencias a casa, retaqué mi mochila y emprendí una última experiencia: un aventurado viaje al corazón de Hong Kong, Grecia y Turquía. Cuando volví a mi país, besé el suelo. Aún conservo la fotografía de ese momento, en la que parecería que digo: "¡Gracias, Señor, por la bendición de estos tres años!".

Pienso en lo que C. JoyBell C. escribió sobre el crecimiento. Dijo que crecer es la única manera digna de vivir. Y que debemos arrojarnos a experiencias nuevas.

Yo lo hice. Me arrojé a la vida. Salté en bungee desde un puente en Nueva Zelanda, recorrí los principales museos del mundo y entré por el Checkpoint Charlie a Berlín oriental antes de que cayera el Muro. Subí a la cumbre del monte Olimpo y descendí treinta metros en el Mar de Coral para ver mejor el Gran Arrecife. Gané un amigo cuando conocí al excéntrico artista belga Vollabra y perdí un apéndice en una cirugía en Inglaterra que estuvo a nada de costarme la vida.

Después de haber hecho todo eso, es imposible volver a la trivialidad.

~Rick Weber

74

Del doble de su edad

Nunca es demasiado tarde para que seas
lo que pudiste haber sido.

~GEORGE ELIOT

En 2013 me hallaba en grandes dificultades. Me habían diagnosticado obesidad mórbida, y aunque hacía ejercicio con regularidad y probaba todas las dietas, no bajaba de peso. Entretanto, mi situación laboral se deterioraba. Cuando llega un nuevo gobierno, ocurren cambios radicales en el trabajo. Un grupo de servidores civiles sumamente funcionales se desbandó ante mis ojos en un éxodo masivo a causa de un tóxico entorno laboral. Enfrentaba asimismo una reducción salarial y aprietos financieros por razones diversas. Estos retos me obligaron a reevaluar mis oportunidades. A los cuarenta y un años de edad, era indispensable que en mi vida ocurrieran cambios muy drásticos.

La primera oportunidad con la que tropecé fue invertir en mi familia como nunca antes. Mi hijo empezaba entonces a practicar lacrosse, deporte nuevo en nuestra ciudad del Medio Oeste estadunidense. Luego de advertir en eso la oportunidad de establecer un lazo deportivo con mi hijo, tomé mi bastón de lacrosse y me puse a jugar con él.

Más tarde se me presentó la oportunidad de una cirugía bariátrica. Para alguien catalogado como mórbidamente obeso, yo era muy activo y hacía ejercicio todo el tiempo. Habiendo sido maratonista, nunca dejé de correr largas distancias. La práctica de toda clase de deportes ha formado siempre parte de mi vida. Pero cualquiera que fuese el ejercicio que hacía, aún forcejeaba con mi peso; esto estaba en mi ADN, y lo único que yo quería era algo que lo aligerara un poco. Por suerte, la cirugía bariátrica fue la respuesta.

Por lo que respecta a mi carrera, distribuí profusamente mi currículum. Tras una búsqueda nacional, recibí varias ofertas; ninguna parecía la indicada hasta que obtuve una de la tierra de las oportunidades. Mi destino manifiesto que me orientaba al estado de la Fiebre del Oro se inició con una oferta de trabajo en el norte de California. Esto sucedió apenas un mes antes de mi cirugía. Fui al oeste y me prepararé para sacar el mayor provecho posible de mi nueva vida, y las oportunidades continuaron evolucionando y presentándose por sí solas.

Mi flamante puesto cubriría un periodo limitado, así que me mantuve atento a nuevas oportunidades profesionales. Entretanto, aproveché las ventajas de que hubiera bajado de peso. Seguí la dieta postoperatoria y me puse a correr. Lo hacía como Forrest Gump. Recorrí un incalculable número de kilómetros bajo el maravilloso clima cálido y soleado del norte de California. Conseguía tiempos y distancias que no había visto desde que estaba en el Cuerpo de Marines, más de veinte años atrás. Me propuse entonces correr el Maratón del Cuerpo de Marines en el vigésimo aniversario de mi primera participación en él, lo cual ocurriría en 2015. También seguí practicando mi nueva pasión: el lacrosse. Luego de un breve pero grato periodo en el norte de California, recibí una irrechazable oferta de trabajo en el sur de ese mismo estado. Así, me trasladé a las afueras de la ciudad de Los Ángeles, donde pronto descubrí que las oportunidades pueden convertirse en una bola de nieve y multiplicarse si las aprovechamos.

A pesar de que en el sur de California hallé un trabajo bien remunerado, lo demás no me atraía. El trabajo no me apasionaba, de modo que busqué nuevas oportunidades. Siempre había querido asistir a una escuela de posgrado, pero aplazaba mi deseo para consagrarme a mi empleo. Esta vez consideré varias oportunidades y solicité mi ingreso a la prestigiosa maestría en liderazgo ejecutivo de la University of Southern California (USC). ¡Fui aceptado! Esta oportunidad me honró sobremanera.

Mientras corría y me preparaba para mi maratón, utilicé la oportunidad de la multitarea. Corría con mi bastón de lacrosse a fin de mejorar en la práctica de este deporte, y al mismo tiempo me preparaba para "The People's Marathon". En esas largas carreras tuve la oportunidad de pensar; éste es mi escape, mi meditación, mi descompresión. En ocasiones no pensaba: soñaba. Un día, un sueño llegó hasta mí. Había estudiado mi licenciatura en calidad de estudiante de medio tiempo, así que no practiqué ningún deporte en la escuela. Entonces se me prendió el foco. *¡Reunía los requisitos para ser admitido en la National Collegiate Athletic Association! No podía... No debía... ¿Podía? ¿Debía?* Después de buscar en internet y hacer una llamada al entrenador, recibí la invitación. "Ven", me dijeron, aunque tenía que cumplir las reglas, lo cual significaba que debía inscribirme de tiempo completo. Era un sueño. Para que los sueños se hagan realidad, se requieren sacrificios. Fue así como me convertí en un estudiante de posgrado de tiempo completo.

Ahora mis carreras se animaron en virtud de que me preparaba también para cumplir otro sueño: jugar lacrosse para la USC. En el otoño de 2015 me presenté a mi primera reunión con ese equipo. De pronto me rodeaban jóvenes de la mitad de mi edad, quienes me preguntaron al menos diez veces si era entrenador. "Mmm..., no", contestaba y reía de nervios.

> **Me preguntaron al menos diez veces si era entrenador.**

¿Qué van a pensar de mí? ¿Me pasarán encima? ¿Podré seguirles el paso? No soy muy bueno. ¿Lo lograré? ¿Represento un "debe" o un "haber"? Estos atletas han jugado desde la secundaria o antes, yo llevo apenas dos años. Siento que todo esto es irreal. Tenía una sola opción. Todos los días me presentaba temprano a practicar, para trabajar en habilidades específicas, conseguir mejor condición física, obtener la adecuada actitud mental y hacer uso de mi especialidad, el liderazgo. No era el mejor jugador, pero podía usar mi experiencia para convertirme en un modelo a seguir.

Con grandes satisfacciones como esposo, padre, empleado, estudiante, corredor de larga distancia y jugador de lacrosse, mis estudios me ayudaron a continuar atento a las oportunidades. Descubrí un interesante puesto que me apasionaba. Se ubicaba un poco fuera de mi radar, pero yo ansiaba ver si la adición de mi inminente título de posgrado a mi currículum me abría algunas puertas. Se me concedió la oportunidad de una entrevista, y después una segunda y una tercera, y al final recibí una oferta de trabajo. Pasé a ser el nuevo director de los Red Star Emergency Services for Animals de la American Humane Association. ¡Tendría que rescatar animales para ganarme la vida!

Mi nuevo puesto interrumpió mi entrenamiento para el maratón en el mes más importante para ello. Asumí mi nueva responsabilidad el 1 de octubre, y el maratón se celebraría a fines de ese mismo mes. No me sentía debidamente preparado. *¿Participaré? ¿Acaso no es muy* riesgoso? ¿Completaré el recorrido? Randy, fuiste bendecido con la oportunidad de correr un maratón veinte años después de tu primera experiencia. Apenas hace diez meses pesabas 45 kilos más que ahora y eras mórbidamente obeso. Agradece esta oportunidad, hónrala y aprovéchala. Cuatro horas y media más tarde, misión cumplida y Semper Fidelis. ¡Había corrido una vez más un maratón!

Comenzó un nuevo año y llegó el lacrosse de primavera, la temporada grande. Se me ponía de nuevo a prueba. Para alguien con cuarenta y tres años de edad, resultaba inconcebible mantenerse en ese nivel deportivo, considerando además que enfrentaba realidades de la vida muy superiores a las de un estudiante habitual. Sin embargo, había aprendido a agradecer las oportunidades que me salían al paso. ¡No conozco muchas personas de mi edad que puedan jactarse de haber jugado lacrosse en el Los Angeles Memorial Coliseum para la University of Southern California!

Con tres metas de equipo que alcanzar, hice todo lo posible por colaborar con mis compañeros. *Debemos vencer a la University of California, Los Angeles (UCLA); debemos conseguir una cantidad récord de triunfos, y debemos llegar a las eliminatorias.* En nuestro último juego de la temporada, íbamos 7-7. Jugábamos contra la UCLA en su cancha. Si ganábamos, llegaríamos a las eliminatorias. En el cuarto tiempo superamos un marcador adverso y empatamos. Nos fuimos a tiempo extra; el ganador pasaría a las eliminatorias. Los representantes de la USC cumplimos en ese breve lapso todas las metas de la temporada. ¿Era una película? No, era una oportunidad que teníamos que aprovechar. Ganamos ese partido y avanzamos a la primera ronda de las eliminatorias, en la que fuimos derrotados, aunque un novato de cuarenta y tres años también jugó ese partido.

Concluida la temporada, concentré mi energía en mi nuevo empleo y mi desempeño escolar. Me matriculé en el semestre de verano y luego en un curso opcional, lo que me permitió jugar en la temporada de otoño. Fui aceptado entonces en el doctorado de cambio organizacional y liderazgo de la Rossier School of Education de la USC. Así pues, seguí jugando con el equipo de lacrosse, y para fines de mayo de 2019 habré participado en cuatro temporadas completas. Tendré en ese momento cuarenta y seis años, y habré sido el jugador de mayor edad en el equipo de lacrosse de la USC, y quizás en la Men's Collegiate Lacrosse Association… en toda la historia.

~Randal A. Collins

El poder del ¡Sí!

Pon de tu parte

*El amor abre puertas y ventanas que antes
no estaban ahí.*

~MIGNON MCLAUGHLIN

Acudir con valentía

Nadie es inútil en este mundo si aligera las cargas de otro.

~CHARLES DICKENS

Mi amiga Kate ha estado involucrada desde siempre en los servicios comunitarios. Se ofrece para asistir a la despensa popular y la biblioteca; tres veces al año organiza la campaña de donación de sangre en la estación de bomberos, y en el centro de recolección de su iglesia, que fundó con su esposo, ofrece ropa, zapatos y accesorios gratuitos a todo aquel que los necesite.

También yo he estado involucrado desde siempre en los servicios comunitarios, si se considera como tales ver demasiada televisión, no tirar basura y comprarles a las Girl Scouts un sinnúmero de galletas.

Esto cambió una noche de martes del invierno pasado cuando Kate me llamó.

—Necesito tu ayuda —me dijo—. ¿Qué vas a hacer mañana en la noche?

—Bueno —respondí titubeante—, en la tele van a pasar una maratón de *Viaje a las estrellas*, así que tendré una noche muy ocupada.

—¡Has visto cien veces cada episodio de ese programa, David! —replicó.

—No exageres —me defendí—. Algunos de ellos sólo los he visto setenta y cinco u ochenta veces.

—Necesito tu ayuda mañana un par de horas en el centro de recolección de mi iglesia —explicó—. Una familia se ofreció a ayudar esta semana, pero todos sus miembros se enfermaron de influenza. Mi esposo y yo no podemos administrar solos el lugar.

—¿Qué? —exclamé—. ¡No puedo! Por ningún motivo. Jamás he ido siquiera al centro de recolección de tu iglesia.

—Pues mañana necesito que, como dirían en tu programa favorito, acudas valientemente justo adonde no has ido nunca.

No quería hacerlo, pero como Kate estaba tan desesperada que se había animado a citar *Viaje a las estrellas*, acepté ayudarle.

A las 6:45 de la tarde siguiente, en lugar de dedicar mi tiempo al capitán Kirk y a Spock, me presenté en el centro de recolección instalado en el sótano de la vieja iglesia de ladrillo en Main Street.

—¡Muchas gracias! —dijo Kate cuando llegué—. Mira, es muy sencillo: mi esposo y yo nos encargaremos de la sala de ropa; sólo necesitamos que tú te ocupes de la mesa de recepción junto a la puerta. Pídele a la gente que se forme, confirma que sepa qué necesita, dale una bolsa y nosotros haremos pasar uno por uno para ayudarle. En las últimas semanas recibimos varios donativos, así que podremos beneficiar a mucha gente.

Las instrucciones eran muy claras y deduje que podría con la tarea. Además, ¿cuántas personas iban a aparecer durante una nevada noche de miércoles para buscar ropa gratis?

Kate abrió la puerta a las siete, y el número de personas que entraron me sorprendió.

La primera mujer quería ropa para bebé. Su hija había dado a luz a una niña una semana antes y no tenían ropa abrigadora para cubrirla.

Otra mujer estaba ahí con sus dos hijos, quienes necesitaban abrigos.

Después llegó un hombre que esperaba conseguir zapatos para él y para su hijo. Por un tiempo habían compartido un par del número nueve; el chico los llevaba a la preparatoria durante el día y el padre los usaba en su trabajo por la noche. Sin embargo, ya estaban agujerados de la suelas y exigían un reemplazo.

Llegó una joven en necesidad de guantes y calcetines porque no podía pagar la calefacción de su departamento, y ya se había quedado sin ella. Sus manos y pies se le enfriaban tanto durante la noche que no podía dormir.

Un anciano tenía una entrevista de trabajo al día siguiente y buscaba una camisa y una corbata para ponerse, porque le urgía conseguir ese empleo.

Cuando a las 8:45 Kate llevó hasta la salida al último cliente y cerró la puerta, la cabeza me daba vueltas. No podía creer todo lo que había oído: bebés sin ropa, niños sin abrigo, personas a las que se les congelaban las manos y los pies durante la noche. Y eso no sucedía en un país del Tercer Mundo asolado por la guerra, sino en el norte del estado de Nueva York, justo en mi colonia. ¿Cómo era posible que pasara esto?

> No podía creer todo lo que había oído: bebés sin ropa, niños sin abrigo.

La noche siguiente, de regreso a casa después de mi trabajo, pasé a hacer unas compras al centro comercial, aunque no para mí; adquiriría algunas cosas que fueran de utilidad para el centro de recolección de la iglesia de Kate.

En una tienda departamental había una gran venta de ropa para bebé; llené mi canasta y pagué apenas veinte dólares. Un local ofrecía zapatos deportivos en rebaja. En otra tienda había una liquidación de guantes tejidos para niños; aunque todos eran del mismo color, cada par costaba menos de dos dólares.

Cuando llegué a casa, llené una caja con las mercancías que destinaría al centro de recolección, en las que había invertido lo mismo que habría gastado si hubiera salido a cenar, ido al cine y tomado después un café.

Pese a que mi amiga había tenido que persuadirme de que participara, gracias a esa experiencia me enteré de que muchas personas estaban en peores condiciones que yo, y de que podía ayudar a mi comunidad mediante las sencillas tareas de tomar conciencia y donar un poco de mi tiempo y dinero.

De acuerdo, no salvaré al mundo de esta manera, pero debo admitir que la vida se vuelve un poco más interesante (y quizá más satisfactoria) si de vez en cuando recordamos que debemos acudir con valentía adonde no hemos ido nunca.

~David Hull

Un remedio contra el dolor

*La gratitud es la más sana de las emociones humanas.
Cuanta más gratitud expreses por lo que tienes, más
probabilidades habrá de que tengas más que agradecer.*

~ZIG ZIGLAR

¡Me había embarcado en mi primera misión! Acabábamos de despegar y me asomaba por la ventana para ver el terreno que desaparecía a nuestros pies mientras el vientre se me llenaba de mariposas. No tenía la menor idea de en qué me había metido. Eran las vacaciones de primavera y treinta y seis integrantes de la Catholic Student Association de mi universidad nos dirigíamos a Tampa, Florida, a ofrecer nuestros servicios en beneficio de los menos favorecidos.

Durante meses había forcejeado con la decisión de si participaría o no en este viaje. Mi aprensión se debía principalmente a que nunca imaginé que diría "sí" a una semana de servicio lejos de casa. El problema no era que me resistiera a abrir mi corazón para ayudar a otros, sino que mis pensamientos estaban llenos de conjeturas. *¿Qué tal si nuestras interacciones con la gente resultaban desagradables? ¿Qué tal si al llegar Florida quería volver a casa?* Y mi mayor conjetura de todas: *¿Qué tal si mi parálisis cerebral (PC) me impedía poner todo de mi parte en nuestros proyectos de servicio?*

A causa de mi PC, los músculos de la parte inferior izquierda de mi cuerpo se hallan en constante estado de contracción. Mi dolor es impredecible. Hay días en que estoy bien; en otros, basta con que camine para que sienta como si avanzara fatigosamente en la arena. El aspecto más difícil del dolor crónico es que hay días en los que mi corazón dice "adelante" pero mi pierna dice "no". Decidirme a participar en esta "aventura" (como todos me alentaban a concebirla) fue en sí mismo un acto de fe, y no saber cómo responderían mis músculos añadía un grado de ansiedad. ¡Lo último que deseaba era pasar mis vacaciones de primavera como espectadora y con una bolsa de hielo!

La primera mañana del viaje, cuando desperté me sentí como un retorcido pretzel. Dormir en un colchón viejo sobre el suelo había afectado mis piernas, cadera y espalda. No daban las ocho todavía y ya me sentía abatida. Pero aquél era el primer día de nuestra misión para servir a los hambrientos, y estaba resuelta a aprovecharlo al máximo. Decidí que haría un esfuerzo aun si eso significaba que me desplomaría de fatiga al final de la jornada. Por más nerviosa que me sintiera, quería conocer gente y escuchar su historia.

Esa mañana, mi oración personal fue más o menos así: "¡Hola, Señor! Sólo te pido que las cosas marchen despacio el día de hoy, ¿sí? Porque no sé en qué me he venido a meter. Dame una persona. Si pudiera oír una historia, o compartir incluso parte de la mía… sería muy bueno. También te pido que mis espasmos desaparezcan. Si no es así, permite que halle significado en esta tensión y dolor. Cuida de nosotros y vuelve importante el día de hoy. Amén".

Dirigí esta oración y muchas más antes que llegáramos a la cafetería. A un buen número de mis amigos se les encargó que fueran recepcionistas y meseros; yo estaría en el mostrador, donde ayudaría a servir de comer. ¡Estaba muy emocionada! ¡Eso era justo lo que había pedido! Sonreí para mí y me dispuse a servir la sopa de elote. El chico a mi lado se llamaba Xavier, y era por lo menos treinta centímetros más alto que yo. Su estatura me habría intimidado si no hubiera sido por su gran sonrisa.

Al principio hablamos de naderías, aunque también me platicó un poco de las tareas diarias de la cafetería y lo mucho que le gustaba su trabajo.

—Me agrada este lugar y lo que hago en él todos los días —me dijo—. Claro que la gente a la que servimos no tiene mucho, pero eso no importa cuando miras a tu alrededor y ves y sientes un amor inmenso. Este sitio ha sido muy bendecido.

Tenía razón, yo también lo sentí. Cuando lancé la mirada al comedor, vi que algunos de mis compañeros se apresuraban a servir, mientras que otros reían o estaban sumergidos en conversaciones. Parecía una película, aunque sin banda sonora. Mi corazón estaba rebosante de dicha. Fue como si dijera: "Vaya, ¡mira nada más en qué participamos!".

Al final, Xavier y yo conversamos un poco más sobre la fe. Me contó cosas de su vida, y de repente comencé a hablarle de mi parálisis cerebral. "¡Dame las palabras correctas, Señor!", supliqué.

Parecía muy intrigado y hacía preguntas sinceras. Pese a que acababa de conocerlo, nuestra conversación fue espontánea. Terminé mi caso con una afirmación que sostendré hasta que muera: "Dios no me dio la parálisis cerebral para que despierte y me sienta frustrada con mi cuerpo… Por eso hago todo lo posible para buscar bendiciones en todo".

Xavier volteó y parpadeó.

—¡Oye! ¡Eso es súper inspirador!

Sonreí y me encogí de hombros, feliz de que mis palabras lo hubieran conmovido. Aun así, ¡él no sabía que esas dos horas juntos, durante las que conversamos y servimos de comer, me tocaron en verdad! Cada minuto a su lado me encantó. Mis oraciones fueron atendidas de tantas maneras que me sentí sobrecogida de gratitud. Dios me había dado a "mi persona"… ¡y mucho más! Entonces me percaté de algo más: estaba tan henchida de felicidad, amor y el poder de la comunidad que ese día ni siquiera sentí dolor.

> Cuando abrimos nuestro corazón y vemos más allá de nosotros, suceden cosas bellas.

Era una sensación asombrosa. Y a medida que transcurrió la semana, persistió. La PC había dejado de preocuparme; ¡me divertía demasiado para que me importara! Mis amigos se convirtieron en parte de mi familia mientras servíamos y crecíamos en la fe. Cada noche me acostaba y le daba gracias a Dios de que no me hubiera perdido una experiencia tan satisfactoria.

Cuando volvimos a casa, la gente me preguntaba cuál era la conclusión más importante que había extraído de esa aventura. Para mí, era algo muy simple: que cuando abrimos nuestro corazón y vemos más allá de nosotros, suceden cosas bellas. ¿Qué son unos músculos rígidos en comparación con aprender a tener un poco más de fe?

~Annie Nason

El día de "Lleva a tu esposo a tu trabajo"

En determinado momento, el mundo es como es. Al siguiente, es completamente distinto, como no ha sido nunca antes.

~ANNE RICE, PANDORA

Cuando me retiré, pensé que dedicaría más tiempo a las cosas que me gustan y probaría cosas nuevas para las que nunca había consagrado tiempo. Seis meses después, sin embargo, jugar tenis y escribir eran actividades que ya me fastidiaban de tanto que las había repetido. La ampliación del jardín redundaba en tantas plantas extra que ni siquiera podía regalarlas todas. En cuanto a las cosas nuevas, remar en kayak dañaba mi espalda, el golf me parecía absurdo y a un año de iniciado mi retiro había concluido todos los proyectos en mi lista de remodelación del hogar.

En consecuencia, veía más televisión, había adoptado el sudoku, podaba el césped antes de tiempo e incluso le preguntaba a mi esposa si necesitaba que hiciera algo. Suspiraba y consumía demasiados bocadillos.

Una mañana, Carol anunció:

—Hoy es el día de "Lleva a tu esposo a tu trabajo".

—Nunca lo había oído mencionar.

—Porque acabo de inventarlo. Vístete… decentemente.

Iba a protestar pero no tenía ningún argumento a la mano. ¿Acaso iba a decirle que pensaba ver *El motín del Bounty* a las diez de la mañana? Cambié mis jeans holgados y mi sudadera por unos pantalones caquis y una camisa sin arrugas que me parecieron más que adecuados.

Carol salía a la calle a visitar clientes. Yo podía cargar algunos de sus utensilios si quería ser algo más que un bulto inútil. Ella es terapeuta retirada. Desde que dejó de recibir su sueldo, no obstante, ha ofrecido a cierta agencia sus servicios de terapia, asesoría organizacional, trabajo social, redacción de solicitudes de subvención, entrada de datos, evaluación de programas y redacción de discursos. Persigue los nuevos retos como lo haría un bulldog.

Nuestra primera escala fue una desvencijada pensión para varones. Sus ocupantes compartían el baño y la cocina, y cada cual tenía una habitación. Los escalones del porche rebotaron bajo mi peso. La pintura de la casa estaba agrietada y descarapelada.

—¿Ya habías venido aquí? —le pregunté. Era difícil imaginar a mi distinguida esposa en una casa como ésta.

—¡Claro! Súbete los calcetines y baja esos puños —replicó—. No querrás que algo salte a bordo.

Avanzó por un sucio pasillo y tocó en la puerta número tres. Sentí un hormigueo en la piel. Sabía que ella lidiaba con la pobreza, pero esto parecía peligroso.

—No deberías venir sola a lugares así —le dije.

Se alzó de hombros.

—Voy donde vive la gente que necesita ayuda.

—¿Quién es? —preguntó una voz cascada.

Carol se anunció y la puerta rechinó al abrirse.

—Le traje algunas cosas.

—Está bien.

De alrededor de sesenta años, el hombre no estaba afeitado y llevaba puesta una camiseta blanca sin mangas. Su cuarto era de tres por tres metros, con una mesa de cartón para jugar cartas, dos sillas, una televisión y una cama de la que caía una cobija hasta el suelo. La única ventana daba a la pared de otro edificio.

—¿Consiguió el abrelatas? —inquirió con voz áspera al tiempo que registraba la caja que yo había dejado sobre la mesa. Sacó un abrelatas y declaró triunfante—: ¡Ja! ¿De qué sirve una despensa popular si no puedes abrir los productos?

Cuando nos apartamos, pensé que los esfuerzos de Carol eran inútiles. Era como si todo se fuera por el caño. El hombre dijo entonces a nuestras espaldas:

—¡Señora B.! El señor del que me habló me consiguió un trabajo de jardinería. ¡Muchas gracias!

De vuelta en el coche, le dije:

—No puedo creer que vengas a lugares como éste.

Se encogió de hombros.

—Alguien vio que ese señor intentaba abrir productos enlatados con un ladrillo. Ese abrelatas es la diferencia entre si cenará o no esta noche. Uno de los beneficios de este trabajo es que hace que agradezca todo lo que tenemos. Cuando llego a casa en la noche, me siento una princesa.

—¿De verdad? —sonreí.

—Me sentiría una reina si ya estuviera preparada la cena.

—¡Vaya!

—Otra cosa. En este trabajo no me aburro nunca. Toma, usa el desinfectante.

Nuestra siguiente escala fue en una casa pequeña pero pulcra. Carol dijo:

—Dos ancianas cuidan a su madre y debo darles un respiro para que descansen.

La hija que nos recibió era mayor de setenta años. En la sala estaba dispuesta una cama estilo hospital con barandales de acero. La anciana que dormía ahí roncaba. La hija lloró mientras veíamos subir y bajar el pecho de la madre.

> **Sentí que despertaba una parte de mí que se había insensibilizado.**

—Mamá agoniza pero no se marcha. Tuvo una vida plena. Dieciséis nietos, cincuenta y dos bisnietos, una docena de tataranietos y después pierdo la cuenta. ¿Ven esa foto sobre su cama? Es de su fiesta más reciente, cuando cumplió noventa y nueve años.

Una foto panorámica mostraba a una multitud enorme y sonriente. Esto me impresionó. Aquella mujer era como un ojo de agua que se hubiese convertido en un río de humanidad. Era una especie de matriarca bíblica.

Antes de que Carol la llevara aparte para que la orientara y hablaran de cuestiones prácticas, la hija me dijo:

—Si mamá se agita, tómela de la mano. Pensará que es alguien de la familia.

¿Yo iba a tomar de la mano a una desconocida? Minutos después, la madre se quejó y toqué tentativamente su mano. Apretó la mía y la sostuvo con fuerza. ¡Qué vigor! Delataba una pasión enorme cerca del fin. ¿Y yo tenía dificultades para llenar mis horas vacías? La apreté en respuesta para que supiera que alguien estaba ahí, como ella lo había estado para tantos otros. Sentí que despertaba una parte de mí que se había insensibilizado, que este momento íntimo e imprevisto con una desconocida era lo más valioso que hubiera hecho en mucho tiempo. Minutos después, se relajó y se durmió.

Comenté en el coche:

—¡Qué increíble! ¡Piensa en toda la gente que esa mujer dejará atrás, la historia que sus descendientes harán! En los cuidados que ha prodigado. Una persona puede cambiar el mundo.

Carol asintió.

—Estas visitas dan mucho que pensar. Nunca sé qué enfrentaré —levantó los hombros—. A veces no es grato, pero la vida es así. Debo contribuir mientras pueda; nunca sabes qué diferencia puede hacer una pequeña contribución. No me malinterpretes; me agrada acurrucarme en el sillón y ver una vieja película. Y acurrucarme con este mismo viejo con el que he compartido tantos años. Pero lidiar con lo inesperado vuelve aún más preciosos nuestros momentos de tranquilidad.

El día de "Lleva a tu esposo a tu trabajo" fue todo un éxito. Esa misma semana me inscribí como voluntario. De no haberlo hecho, Carol me habría obligado a preparar de cenar en su ausencia.

~Garrett Bauman

No lo sabía

Atrévete a extender tu mano en la oscuridad,
a llevar otra mano a la luz.

~NORMAN B. RICE

T odo lo que dije fue:
    —Mi oficina se ha aletargado a últimas fechas. ¡Ojalá tuviera algo emocionante que hacer!

Y ya sabes lo que dicen: "Ten cuidado con lo que deseas, ¡porque podría hacerse realidad!".

Bien entrada en mis cincuenta años, una pareja de amigas mías, que son monjas, me convencieron de que les ayudara a reorganizar un centro de ayuda a víctimas de tráfico de personas.

—Lo único que debes hacer es llegar temprano a abrir, preparar café y contestar los teléfonos —me aseguró una de las hermanas con una dulce sonrisa.

A fines de esa misma semana ya había aceptado hacerme cargo de un sitio seguro y confidencial destinado a quienes buscaban apoyo para huir de la prostitución.

Ahí recibía un sueldo modesto que me permitió mantener mi práctica de medio tiempo como hipnoterapeuta certificada.

Pensé que sería bueno que dedicara mi tiempo libre a auxiliar a un sector ignorado de la comunidad. Me inquietaba un poco estar en "esa" parte de la urbe, pero no sabía que esta experiencia cambiaría mi vida.

No sabía que mi percepción original de las "mujeres de la calle" distaba mucho de la realidad: son sobrevivientes. Según la Organización Internacional del Trabajo, en el mundo hay veintiún millones de víctimas de tráfico de personas. Sesenta y ocho por ciento está atrapado en trabajos forzados. Veintiséis por ciento lo componen menores de edad. Y cincuenta y cinco por ciento son mujeres de todas las edades.

No sabía que uno de cada cinco fugitivos en peligro tiene probabilidades de ser una víctima infantil de tráfico sexual. Me alarmé cuando supe lo extendida que está la condena del tráfico sexual en el Medio Oeste estadunidense, donde chicas y chicos de secundaria son levantados en paradas de camiones en las carreteras interestales y reportados como fugitivos. Un amable aventón de un camionero puede ser el boleto de entrada a un inconcebible mundo de horrores. Una hamburguesa con papas y refresco más una dosis de "algo para que te sientas mejor" cuestan un breve acto sexual en la cabina de un inmenso tráiler.

No sabía lo adictiva que puede ser para una mente joven una única exposición a las metanfetaminas. Los chicos que escapan de las reglas de sus padres son convertidos en títeres retacados de drogas que aprenden a realizar actos sexuales que yo jamás había imaginado de adulta. Obviamente, mi nuevo trabajo no se reduciría a servir café y ofrecer condones y un plato de sopa.

Durante mi estancia en ese centro hubo varias orientadoras, todos ellas sobrevivientes también. Lo variado de sus casos personales me impresionó: una empleada de un centro de masajes que había sido fugitiva en su adolescencia; una madre soltera que escapó de un drogadicto abusivo. Algunas de las demás chicas admitían haber sido víctima de violación en su familia y enfrentado a menudo los horrores del aborto o la maternidad prematura. Me entristecía mucho ver la vergüenza y deterioro de mujeres que alguna vez habían sido bellas y que se vieron obligadas a prostituirse para mantener su adicción a las drogas, con frecuencia como parte de un desenfrenado estilo de vida en las industrias de la música y el modelaje.

> **Nunca se me había ocurrido que un pasaje de autobús de 1.50 dólares pudiera ser un obstáculo insuperable.**

Poco después de que me sumé al equipo, hallamos un local más cercano a las víctimas. Nuestras huéspedes requerían un lugar secreto en el que pudieran alejarse de narcotraficantes y proxenetas, pero al mismo tiempo debíamos estar cerca de ellas para que no tuvieran que comprar un pasaje de autobús.

Nunca se me había ocurrido que un pasaje de autobús de 1.50 dólares pudiera ser un obstáculo insuperable. No sabía que la mayoría de las mujeres y hombres sometidos a la prostitución son alarmantemente pobres.

El nuevo local era acogedor, con soleadas ventanas y muros de piedra. El baño era muy grande y contaba con una regadera generosa, y disponíamos de una cocina completamente equipada. A "las chicas", como llamábamos a nuestras clientas, les emocionó ayudarnos a instalar un gran armario donde guardaríamos la ropa, zapatos y artículos personales que nos donaban para ellas. Un amable donador nos regaló un congelador inmenso para que pudiéramos aceptar las sobras de una famosa cadena de pizzerías. Pronto, otros restaurantes también se enteraron de nuestra labor, y yo inventé sopas y guisados gracias a su generosidad. Era una delicia ver llegar a nuestras huéspedes y que se relajaran con sólo percibir el olor a comida casera. A veces, todo lo que una huésped necesitaba era un baño caliente, ropa limpia y una tranquila taza de café recién hecho. Otras veces requerían un poco de tiempo personal con una de las orientadoras.

Un día recibí una llamada de una iglesia enorme del estado vecino en la que se me preguntó si podían ayudarnos con regularidad. Proporcioné nuestra habitual lista de necesidades, que incluía de todo, desde ropa interior hasta desodorante y productos de higiene femenina.

—¡Claro que podemos ayudar a surtir la despensa! —replicó una amable dama—. Pero quisiéramos hacer algo más, ofrecer nuestros servicios.

Aquellas señoras no querían nada más aventar comida, sino atender en persona a cada una de nuestras huéspedes, con amor y humildad.

—¡Desde luego que sí! —tartamudeé—. Déjeme comentarlo con la gerencia y yo le aviso.

Establecimos entonces varias reglas con objeto de proteger a nuestras clientas:

No verbalizar ningún rezo salvo a solicitud expresa.

No hacer preguntas personales a menos que la huésped iniciara la conversación.

No tocar, mirar, susurrar ni faltarle el respeto a nadie.

Las señoras aceptaron y nos aseguraron que su único interés era aportar platillos sabrosos, una atención genuina y ningún juicio.

Fue así como instituyeron la Comida de los Viernes. Cada semana, un grupo de damas planeaba, preparaba y ofrecía un banquete hecho en casa, de la ensalada al postre. Cada grupo disponía bellamente la mesa. En ocasiones envolvían en las servilletas pequeños mensajes con un discreto verso bíblico, y a menudo agregaban chocolates o un gran ramo de flores. Competían jubilosamente entre ellas en sus decoraciones para la Pascua, el día de san Valentín y la Navidad ¡e incluso un picnic veraniego bajo techo en pleno agosto!

Cuando las Señoras de la Iglesia, como las chicas las llamaban, insistieron en que en adelante servirían de comer a las huéspedes una por una, no en grandes tazones familiares o al estilo buffet, sucedió algo casi mágico. Nuestras clientas se sentían protegidas y respetadas cuando otra mujer les servía sus alimentos.

Siempre había pensado que las "mujeres de la calle" se paraban en las esquinas por decisión propia. Pero como dijo una vez una de nuestras orientadoras de sobrevivientes: "Nadie se despierta un día y dice: '¡Quiero ser prostituta!'". No sabía eso… ni muchas cosas más.

~Valorie Wells Fenton

Iguales a mí

Lo difícil es el principio, e implica un acto de fe.
Pero lo importante es empezar.

~TOM SZAKY

Crecí en la feria donde mis abuelos tenían y atendían el puesto de helados Frozen Whip. El verano en que cumplí catorce años trabajé con ellos los fines de semana y conocí a los demás dueños de taquillas y operadores de juegos.

Nuestra muy unida comunidad cambiaba cada año a fines de septiembre, cuando llegaba otra feria a la ciudad y se unía a la permanente, cuyo tamaño aumentaba al triple. Los vendedores de comida ofrecían sus productos entre el olor a cebollas fritas y piernas de pavo asadas. La rueda de la fortuna atraía a muchos clientes, a los que elevaba a alturas vertiginosas. Los pregoneros clamaban: "¡Súbase ya! ¡Pruebe su suerte!". Los trabajadores de la feria llegaban, instalaban sus carpas, laboraban diez días seguidos, desmontaban todo y continuaban a la siguiente ciudad para reiniciar el mismo ciclo, luego de dejar atrás montones de basura y los agujeros de las estacas de sus tiendas. Eran nómadas, una especie distinta, y no convivíamos con ellos.

Después de que mis abuelos vendieron su puesto, pensé poco en la feria y sus trabajadores, salvo para llevar cada año a mis hijos. Hasta que en cierto mes de septiembre…

Ese año se me ocurrió hacer algo por las personas invisibles que trabajaban en la feria. El otoño anterior había escrito un artículo sobre ellas en un periódico local. Me había armado de valor para conversar con personas contra las que se me había prevenido desde niña y arrastré conmigo a una amiga para que me diera seguridad y apoyo moral. Cada una de mis entrevistas con un operador de juegos, un director de circo, el dueño de una exposición de reptiles y un vendedor de comida concluyó con esta pregunta: "¿Qué podría hacer por usted la gente de las ciudades que visitan?".

—No tenemos vida propia —me contestó una supervisora de juegos de Midway, que así se hacía eco de los demás—. Sería bueno que alguien nos preguntara cómo nos va o si necesitamos algo.

Cerca ya de la temporada de feria, esas palabras me asediaron de nuevo. ¿Qué podía hacer?

Una comida. Nada demuestra más cuidado e interés que una buena comida hecha en casa, aunque era cierto que no podría ofrecerla yo sola a todo un grupo de trabajadores de la feria. Mi esposo y yo acabábamos de integrarnos a una pequeña iglesia rural en la que la gente apenas nos conocía. Yo ansiaba pedir ayuda, pero esas personas no tenían ningún motivo para apoyarnos en tal proyecto. Faltaban nueve días para la feria y yo ni siquiera sabía si obtendría permiso de la gerencia para dar de comer a los empleados. Además, mis padres estaban enfermos y requerían ayuda muy a menudo. No tenía tiempo para organizar algo así.

Aquélla era una idea descabellada. Pero se negaba a desaparecer.

Por fin me decidí a llamarle al pastor para proponerle esa tarea como un proyecto de trabajo voluntario. Quizá diría que no y esto pondría punto final al asunto.

Aceptó de inmediato.

—Haz por favor el anuncio tras la ceremonia del domingo.

Varias personas nos reunimos ese día frente a la iglesia para hacer planes. Una veterana feligresa ofreció organizar los donativos de alimentos. Mi labor consistiría en coordinarme con la gerencia de la feria. Otros se harían cargo del transporte y la colocación de mesas.

¡Estábamos en marcha!

Las líneas telefónicas zumbaban mientras yo intentaba hacer contacto con los directores de la feria. Me contrarió enterarme de que ésta se había dividido en dos organizaciones, las cuales celebraban eventos al mismo tiempo. Una de ellas se instalaba en los terrenos de la antigua feria en el centro de la ciudad, y la otra en un centro de convenciones cerca de donde ahora vivíamos. Esta última resultaba más cómoda y segura para los miembros de nuestra iglesia, así que comencé por ahí. Sin embargo, nada resultó. No me daban una respuesta definitiva ni garantizaban que hubiese espacio para que diéramos de comer, y el tiempo se agotaba.

La idea le entusiasmó a la segunda directora.

—Nadie ha hecho antes nada igual. Significará mucho para los trabajadores. Pondremos una tienda con mesas y sillas.

Íbamos por buen camino.

No obstante, el cálculo de personas que ella hizo me alarmó. Nuestra pequeña iglesia no podría dar de comer a setenta y cinco personas. Le llamé entonces a una amiga que cocinaba para grandes grupos en su iglesia.

—Te ayudaré con mucho gusto —me dijo—. Consultaré a mi pastor.

La noche anterior al gran día, todo cuajó. Entonces llamó mi padre para avisar que mamá se había caído. Pasamos cinco horas en la sala de urgencias. A medianoche me desplomé sobre mi cama y dormí a ratos.

Aunque la mañana siguiente amaneció ventosa, estaba soleada y con la temperatura ideal. Llegamos a la feria y encontramos todo como nos habían dicho. Los trabajadores empezaron a acercarse poco a poco, dubitativos acerca de nuestra presencia ahí o de lo que queríamos, pero las cosas mejoraron pronto.

Cuando ofrecí ayuda para servir de comer, mis voluntarias me apartaron como a una mosca.

—¡Nosotras nos haremos cargo de eso! Tú ve a hablar con la gente.

Entrevistar a individuos para un artículo era una cosa y hablar para una mesa llena de trabajadores otra muy distinta. Tragué saliva y me senté en un banco. Una vez que entablé conversación, me

> Se me ocurrió hacer algo por las personas invisibles que trabajaban en la feria.

asombró enterarme de que muchos de esos empleados venían de Sudáfrica, donde se les había reclutado para que viajaran de nueve a doce meses con la feria. Procedentes de una economía deprimida con escasas oportunidades de empleo, veían esto como una forma de mejorar y conocer Estados Unidos, pese a que eran jóvenes y añoraban su patria. Algunos ni siquiera hablaban inglés y echaban de menos a su familia y sus novias. El trabajo en la feria era más difícil de lo que se les había asegurado, y viajar resultaba extenuante. Incluso los trabajadores estadunidenses veteranos coincidían con ellos. Aquélla no era una vida fácil.

La conversación era cada vez más suelta y yo me sentí muy unida a personas a las que había dudado de acercarme. Compartir experiencias creó un vínculo entre nosotras. Me animé a rezar por un joven sudafricano que el día anterior se había caído de un juego y fue atendido en urgencias de inmediato. Por fortuna, no sufrió lesiones graves. Sus amigos lo empujaban y le decían en broma que tuviera más cuidado. Eran como cualquier otro muchacho, y en su rostro vi a mis propios hijos.

Nuestro pastor llevó canastas llenas de tarjetas para que cada persona escribiera sus peticiones. Tuvieron más demanda de la que imaginé, y reconocí en ellas temas habituales.

Pidan por mi salud. Llevo un mes entrando y saliendo del hospital.

Estamos pasando por un momento difícil. Rueguen para que encontremos empleo cuando volvamos a casa.

Pidan por Marie. Su mejor amiga de Sudáfrica murió cuando ella estaba aquí en Estados Unidos.

Rueguen por mi hijo, y que yo vuelva sana y salva a su lado.

Temores universales. Necesidades universales. Preocupaciones universales.

Las meseras raspaban ya las ollas cuando llegó el último operario de la feria. Dimos de comer en total a cien personas por lo menos, pero esto había sido mucho más que una simple comida. Descubrí que un lazo común me unía a personas que antes me habían parecido raras. Por diferente que sea el estilo de vida de los trabajadores de la feria, yo ya no podía decir que fueran una especie distinta. En más de un sentido, eran iguales a mí.

~Tracy Crump

80

Un encuentro inesperado

Ninguno busque únicamente su propio bien,
sino también el de los otros.

~FILIPENSES 2:4

Sumamente estresada, metí el coche en el estacionamiento de un enorme almacén. Tenía que marcharme lo más pronto posible. "No mires nada", me dije. "Toma las pocas cosas que necesitas y vete, o no llegarás a tiempo a casa." Recibiríamos a unas visitas a cenar y aún tenía mucho que hacer.

Cuando me dirigía a la tienda, vi que una mujer estaba sentada junto a la puerta, casi tendida sobre el cemento frente a un pequeño muro de contención. Los clientes pasaban presurosos a su lado y evitaban mirarla. Entré a toda prisa y mientras recorría los pasillos no podía dejar de pensar en esa señora. A la par que depositaba artículos en mi carrito, se me ocurrió que yo tenía la suerte de que pudiera llevar lo que necesitaba. Me pregunté qué necesitaría ella.

Yo era muy introvertida. Rara vez hablaba con desconocidos, y sin duda sería imposible que me aproximara a una mujer como ésa. Parecía extraña y diferente. Ayudarla podía ser complicado, por no decir alarmante y quizá costoso. Sencillamente no podía hacerlo.

Además, no tenía tiempo. Debía pasar a otra tienda antes de volver a casa, y era muy probable que ella sólo necesitara una limosna para comprar alcohol o drogas. Pagué mis mercancías y salí corriendo, pero antes de que llegara a mi coche una voz en mi interior dijo: *Regresa.*

Metí las compras al carro y, con el corazón batiente, me armé de valor para volver al lado de aquella mujer. Quizá le daría algo de dinero y me marcharía; eso sería fácil y rápido y no tendría que decir nada. Cuando me acerqué, sin embargo, vi algo que no esperaba. La mujer era joven y una bebé dormía sobre los pliegues de su vestido. Una destartalada carriola se hallaba cerca. No la había notado antes.

> Sus ojos agradecidos se cruzaron con los míos y por un breve instante sentí que éramos la misma persona.

Contuve el aliento.

—¿Puedo comprarle algo?

—Mida —contestó.

No le entendí.

—¿Comida? —pregunté.

Asintió.

—¿Qué necesita?

Miró a la bebé y después a mí.

Era obvio que hablaba en otro idioma. Después de una comunicación rudimentaria, resultó que necesitaba leche para la niña.

—¿De qué tipo? —le pregunté.

Hizo un círculo con el índice y el pulgar.

—Ah… para un recién nacido, ¿de cero meses?

Su cara se iluminó y asintió.

—Volveré… pronto… —le dije despacio.

La cabeza me daba vueltas al tiempo que avanzaba por los pasillos de la enorme tienda. Leche. Sólo necesitaba leche. Quería darle de comer a su bebé. Era una madre que amaba a su hija.

Perdida en mis pensamientos, no encontraba el pasillo indicado.

Abordé a una empleada:

—¿Venden leche para bebés?

—El departamento de bebés está allá —apuntó al fondo y me miró con extrañeza, como si todos lo supieran menos yo.

Busqué en el estante el tamaño más grande de leche para recién nacidos y me encaminé a la caja. Pero antes de llegar, no resistí la tentación de tomar unos calcetines rosas, un conejito de peluche y un bocadillo para la madre.

Mientras esperaba en la fila, veía a la mujer por la puerta de cristal. Ya no estaba tendida en el suelo. Se había enderezado y estaba alerta. Miraba la puerta. Me esperaba.

Sentí que tardé una eternidad en llegar a la caja pero por fin pagué y corrí afuera.

—¿Esto está bien? —le tendí la leche.

Sonrió.

—¡Ah…!, también traje esto —me acuclillé junto a ella y abrí la bolsa.

Nuestras cabezas se acercaron a cinco centímetros una de otra al tiempo que veíamos el contenido de la bolsa, admiradas ambas por los bellos calcetines y el conejito con las orejas caídas. Se volvió y me miró. Sus ojos agradecidos se cruzaron con los míos y por un breve instante sentí que éramos la misma persona.

—¡Gracias… bendiga! —dijo.

—De nada —respondí, y una maravillosa sensación de calidez me invadió en el acto.

Me acomodé en el coche y vi de lejos que ella colocaba cuidadosamente a su bebé en la carriola y metía debajo el paquete. Luego se marchó y desapareció entre los edificios.

Cuando partí, sentí paz. El estrés del día entero se había desvanecido, y aquella cálida sensación aún perduraba dentro de mí. De hecho, me acompañó uno o dos días más.

Con una dosis mínima de valor, sé que puedo hacer eso de nuevo. Sólo tengo que serenarme un poco. Quizá si apartara un momentito en mi vida, podría beneficiar mucho a otra persona. Esto no tiene que ser complicado y temible, y ni siquiera caro. Y cuando esa persona sonría en respuesta, será un momento que jamás olvidaré.

~Sharon Pearson

81

Parte de la familia

Llámalo clan, llámalo red, llámalo tribu,
llámalo familia: lo llames como lo llames,
seas quien seas, necesitas uno.

~JANE HOWARD

Mi estómago se tensó cuando mi esposo, Darrell, llamó a la puerta del departamento. *¿Cómo vine a dar a esto? ¿Qué sé yo de África o de refugiados?* Hasta el día anterior, ni siquiera sabía que Sierra Leona estaba en África.

Mariama abrió la puerta. Los intensos colores de su vestido y de la banda que llevaba atada a la cabeza combinaban con el arrojo de su personalidad, que llenaba aquella habitación pequeña y mal iluminada.

—¡Hola! —exclamó—. ¡Pasen! ¡Qué gusto verlos!

Hablaba inglés, aunque con un acento marcado y desconocido.

Reproduje en mi mente los comentarios que Darrell me había hecho la semana anterior después de que conoció a Mariama.

—Te va a caer bien —aseguró—. ¡Ha tenido una vida tremenda! Está llena de relatos increíbles, y las buenas historias te fascinan.

—Es cierto —repuse—, pero sabes cómo me siento en situaciones desconocidas. Y en este caso hablamos de personas, lugares, cultura, idioma y religión desconocidos. ¡Todo es muy poco familiar aquí!

Mariama nos presentó a las demás personas en la habitación. Aunque no todos eran parientes, se llamaban entre sí tía, hermana, hermano o hija. Eran una gran familia.

Me esforcé en memorizar sus nombres y deducir quién estaba emparentado con quién y cómo.

—Y ésta es mi espantosa hija —dijo, señaló a una hermosa adolescente y sonrió cuando notó la extrañeza que su observación me había causado. *¿Por qué una madre diría eso de su hija?*—. En mi aldea, si alguien sabe que algo es muy especial para ti, te lo quitará o lo matará, así que por eso le restamos importancia —me guiñó un ojo. Empecé a pensar que se deleitaba en asustarme.

Me senté en el sofá y me propuse captarlo todo. La sala estaba escasamente decorada, salvo por una colección de fotos de familia dispersas en algunas repisas. En la esquina de la sala había una enorme bolsa negra.

—Es una cabra —reveló Mariama.

¿Una cabra?

Sonreí nerviosamente en lo que trataba de intercambiar miradas con mi esposo y mi mente se inundaba de preguntas. *¿Por qué había una cabra en una bolsa dentro de la sala? ¿En qué condiciones se hallaba? ¿Cuánto tiempo llevaba ahí? ¿Qué pensaban hacer con ella?* Mis interrogantes se interrumpieron cuando alguien llamó a la puerta. Seis o siete personas entraron en fila al departamento. Algunas sonreían y otras se mostraban inexpresivas; algunas vestían ropa tradicional africana y todas hablaban un idioma desconocido. Mariama se dirigió a ellas en voz baja, desaparecieron en las recámaras y nos dejaron solos con la cabra.

Nuestra anfitriona regresó a la sala con sus visitantes. Permanecimos en un incómodo silencio durante lo que parecieron horas y por fin dijo:

—Compramos la cabra en una aldea, una granja cercana, y la compartiremos entre todos —ya sacrificada, la dividían en bolsas y sus amigos desfilaban por la puerta, justo como acababan de hacerlo.

Practiqué mentalmente la conversación que sostendría con Darrell de camino a casa.

—No volveré allá. ¿Cómo podría relacionarme con alguien tan distinto a mí? No puedo hacerlo.

Mariama se puso a relatar partes de su historia en una mezcla de inglés y krio. Aunque no le entendía nada, comprendía su entusiasmo por la vida, aun cuando la suya hubiera sido tan difícil. También veía el "corazón de madre" que tenía para sus hijos y las muchas otras personas de las que se hacía cargo. Quizás al final sí teníamos algunas cosas en común.

Cuando Darrell y yo nos marchamos, ya habíamos aprendido una canción en uno de los seis idiomas que Mariama hablaba y ella nos había invitado a visitarla de nuevo la semana siguiente. Bueno, a lo mejor yo regresaría una vez más, aunque no prometí nada.

La visita siguiente condujo a otra y otra más hasta que las visitas semanales a Mariama y su familia se convirtieron en parte normal de nuestra vida. Cada semana los ayudábamos a resolver cosas prácticas, ya fuera mediante clases de lectura, llenado de documentos, búsqueda de empleo u obtención de citas. Y cada semana éramos colmados de historias, tal como mi esposo me había anunciado. Mariama contaba anécdotas divertidas de su infancia, sabias anécdotas que sus abuelos le habían transmitido y otras trágicas también, por desgracia. Fue así como nos enteramos de las atrocidades que presenció durante la guerra en su país, de la incertidumbre de si volvería o no a ver a sus hijos cuando tuvieron que huir y de las tribulaciones de su vida en un campamento de refugiados. Pero escuchamos por igual historias de triunfo, como la del día en que se reunió de nuevo con dos de sus hijos, entre ellos la "espantosa", luego de una separación de cinco años, y la del día en que ella adquirió la ciudadanía estadunidense.

> **En lugar de limitarnos a ayudar a una familia de refugiados, nos volvimos parte de ella.**

En lugar de limitarnos a ayudar a una familia de refugiados, nos volvimos parte de ella. Los hijos y nietos de Mariama nos llamaban tía Cindy y tío Darrell. Veíamos la pícara mirada de ella cuando se deleitaba en escandalizar a su familia en África con fotos en las que aparecía con su blanco y alto hermano estadunidense. Nos reuníamos para graduaciones, ceremonias religiosas, cenas del día de Acción de Gracias y parrilladas en el patio con todo y tambores y bailes africanos. Incluso una noche hice con ella un viaje en carretera para llevar a su hijo a acampar.

Resulta interesante que *familiar* y *familia* tengan la misma raíz. Una vez que lo desconocido se volvió conocido, nos transformamos en una familia. Una foto de todos juntos se integró a las repisas del departamento. Y cuando, después, Mariama se ponía a contar historias, solía relatar la nuestra en relación con cierta cabra.

~Cindy Jolley

82

Nunca más retraído

*Recordemos que una persona decidida
es capaz de hacer una diferencia, y que unas
cuantas personas decididas podrían cambiar
el curso de la historia.*

~SONIA JOHNSON

Un alegre zumbido se elevaba desde el comedor en el primer piso. Un grupo de personas sostenía una animada conversación. Ruido de platos retumbaba desde la cocina y unas risas joviales se imponían ocasionalmente sobre el bullicio.

Escuchaba todo eso desde mi apartada oficina en el segundo piso de un histórico edificio de ladrillos que al momento de su construcción, justo antes de la Guerra Civil, había sido la primera escuela preparatoria de la ciudad. En los últimos años se le había destinado a servir como centro para los adultos mayores de una pequeña ciudad en la costa de Nueva Inglaterra.

Introvertido por naturaleza, me sentía muy a gusto en mi oficina, protegido por un angosto corredor en un extremo del edificio. Mi nuevo empleo ahí me había mantenido atado a mi escritorio durante varias semanas, y estaba muy satisfecho de mi soledad.

Había sido contratado con el fin de organizar programas para personas de la tercera edad, un cargo que confiaba en que sería el último que ocuparía. Después de todo, ya estaba en edad de que la perspectiva del retiro me susurrara al oído, y estaba más que dispuesto a escucharla.

Olvidado durante años, el centro para adultos mayores había iniciado un lento descenso al deterioro. Había momentos en los que yo me sentía igual: débil y agotado. Frente a mi escritorio, pensaba en crear más programas que mantuvieran interesados en la vida a los ciudadanos de la tercera edad, una labor a la que destinaría mis últimos años de trabajo.

No obstante, el ruido de abajo despertó mi curiosidad, y abandoné mi escritorio para ver qué pasaba. Vi entonces que la orilla del comedor estaba ocupada por una docena de mesas redondas, a las que se sentaban ancianos que consumían pizza, ensalada y sus mutuos relatos de días pasados.

Al frente de la sala, un músico disponía su teclado y se preparaba para ejecutar una selección de favoritas del ayer: un poco de Perry Como, otro tanto de Doris Day y mucho de Sinatra. Cuando sonaron las primeras notas de "It Had to Be You", algunas parejas dejaron su asiento, caminaron mano a mano hasta el centro de la sala y se pusieron a bailar.

Se trataba de la comida mensual de pizza, una de las actividades del centro derivadas de mi trabajo de escritorio. Y aunque me satisfacía haber contribuido a brindar a tantas personas una comida decente y la oportunidad de socializar, de vuelta a mi oficina experimenté una sensación desagradable.

El sector de ciudadanos para los que trabajaba se caracterizaba por su diversidad racial, y veinte por ciento de ellos eran latinos. En esa comida, sin embargo, nada lo confirmaba. Al paso de los meses, y una vez que mi papeleo se convirtió en rutina, pude convivir más con nuestros ancianos huéspedes y la realidad saltó a la vista: no había ningún latino en nuestro edificio. No atraíamos a uno solo de ellos.

Yo había crecido en una colonia blanca de clase media en el norte de Nueva Jersey durante las décadas de 1950 y 1960. Mi vida adulta no había estado exenta de retos, pero eran pocos y espaciados. Como ciudadano yo mismo de la tercera edad, podía mirar atrás y contemplar un viaje muy cómodo por la vida, en el que todas mis calles habían estado pavimentadas y bien iluminadas.

Habría sido fácil pasar por alto el hecho de que ningún anciano latino estaba presente en esa comida ni en ningún otro de nuestros programas. Ninguno de ellos usaba nuestro servicio de transporte, se nos unía en otras comidas o asistía a nuestras actividades. La razón era obvia: no hablábamos su idioma, literalmente.

Ninguno de nuestros boletines incluía información en español, lo mismo que ninguna de nuestras páginas web y presentaciones. Tras efectuar algunas indagaciones en el edificio, también quedó claro que ni uno solo de nuestros quince empleados sabía hacer mucho más que abrirse difícil paso en el menú de un restaurante mexicano.

Yo no era la excepción. Nunca había mostrado interés en aprender una lengua extranjera. En la preparatoria tuve que tomar dos años de francés, pero fracasé miserablemente. Justificaba mis malas calificaciones con el obstinado argumento de que jamás visitaría Francia, así que ¿para qué iba a molestarme en aprender el idioma?

> **Nunca había mostrado interés en aprender una lengua extranjera.**

Ni una sola vez, desde que dije *adieu* a la preparatoria, había tenido la menor motivación de comunicarme en cualquier otra lengua que no fuera el inglés. Mi razonamiento había tenido sentido en su momento, y mi premisa había sido atinada. Más de cincuenta años después, aún no había ido a Francia.

Jamás imaginé, sin embargo, que España viniera a mí. O Guatemala, Paraguay y República Dominicana. Según mis cálculos, cerca de mil ancianos hispanos vivían dentro de las fronteras de nuestra pequeña ciudad de Nueva Inglaterra, procedentes de más de una docena de países de América Central y del Sur, así como del Caribe.

Se imponía razonar: si en verdad queríamos servirles, tendríamos que acercarnos a ellos en su idioma nativo. Como manteníamos un acuerdo de cooperación con la universidad comunitaria local, me inscribí en un curso de español para principiantes y poco a poco aprendí a presentarme y preguntar: "¿Cómo está usted?".

Fui en muchas décadas el miembro más vetusto de la clase, y quizás el más ansioso. Aun así, terminé el semestre y me inscribí en el siguiente nivel.

Un día que estaba formado en la fila de mi cafetería favorita, oí que un señor que estaba frente a mí hablaba en español. Me reté en silencio a practicar con ese desconocido mis nuevas y endebles habilidades lingüísticas, aunque me alarmaba la idea de que mi pronunciación fuera incorrecta y yo dijera algo inapropiado.

Por fin me armé de valor e intenté un saludo. Al primer contacto visual con ese individuo, sonreí, solté mi mejor "¡Hola!" y le pregunté en español cómo estaba.

—Bien —respondió con una sonrisa de curiosidad—, ¿y tú?

—Bien, gracias, amigo.

Minutos más tarde, una vez que él compró su café y se dirigía a la puerta, me sentí con la audacia suficiente para intentar una frase más.

—¡Que tengas buen día! —proferí.

Me miró por encima del hombro.

—Igual —dijo.

Para cualquiera en la fila de la cafetería esa mañana, nuestro breve intercambio no tuvo la menor importancia, y jamás volví a ver a ese amable caballero. Pero ésa fue mi primera oportunidad de usar lo que había aprendido en el aula para saludar a un desconocido en su propio idioma.

Ya no estaba atado a un libro de texto, la memorización, la repetición y los exámenes semanales. Esa mañana, en la fila de la cafetería había pasado mi prueba más importante. Esto me alentó a tomar varios cursos más y a acercarme a algunos líderes de la comunidad latina, gracias a lo cual comencé a oír vocablos españoles en nuestro edificio.

Menos de dos años después, docenas de ancianos latinos ya aparecían en él con regularidad, se inscribían en nuestros programas e incluso ofrecían su tiempo y talento como voluntarios. Mi español no era perfecto aún, pero no tenía que serlo; me bastaba con intentarlo. Al final, esos nuevos huéspedes del centro de adultos mayores se convirtieron informalmente en mis maestros de español y, más todavía, en mis amigos.

Esto me permitió dedicar menos tiempo a esconderme en mi oficina, y menos tiempo aún a pensar en mi retiro.

~Bill Woolley

83

Aprender a pedir

El fuerte es el que pide ayuda cuando la necesita.

—RONA BARRETT

Legué temprano, ataviada con unos pantalones negros y una blusa blanca como se requería, e intenté tranquilizarme mientras me acercaba al joven y la chica que se encontraban junto al perol. El saludo que recibí no fue el que esperaba.

—Debías haberte presentado desde ayer —me dijo él tan pronto como me presenté—. Nos preguntábamos qué te había ocurrido.

No habría podido sentirme peor. Llevaba varias semanas preparándome para esto. Había pegado la hoja de instrucciones en el refrigerador y la releí muchas veces.

El hecho es que me había ofrecido para cubrir varios turnos como campanera del Ejército de Salvación. Quizás esto no parezca la gran cosa. Cada Navidad, personas apostadas en centros comerciales, supermercados y esquinas estratégicas recolectan donativos para los programas del Ejército de Salvación dirigidos a los necesitados.

Pero aparte de ayudar a recaudar fondos para una organización en la que creo, había decidido ofrecer mis servicios por una razón personal. Me cuesta mucho trabajo —e incluso llego a extremos ridículos— pedir cualquier cosa a los demás, aun cuando me gusta mucho ayudar si alguien necesita una mano.

Mis amigos te dirán que soy extrovertida, independiente y hasta arriesgada. Pero cuando estoy enferma, preferiría salir medio muerta a la calle a comprar una sopa de pollo que pedir ayuda a una amiga o vecina. Cuando me inscribo en una campaña de recaudación de fondos para los enfermos de cáncer, dono el dinero en vez de pedirlo. La idea de requerir de una amiga que me lleve al aeropuerto es demasiado estresante, aun si mi mente racional sabe que la respuesta sería afirmativa.

Por tanto, tomé la decisión de que una Navidad daría el pequeño paso de aprender a pedir. Lo haría durante varios turnos como campanera, para saber qué se siente pedir algo a perfectos desconocidos.

Cuando regresé para mi turno del día siguiente, ya estaba al tanto de que la confusión no había sido culpa mía. Se había cometido un error de programación en la computadora, del cual el supervisor de voluntarios se disculpó profusamente.

El chico al que conocí el día anterior estaba ahí de nuevo. Era el conductor que cada par de horas recogía el dinero de cada perol para trasladarlo a las oficinas locales.

> **Lo haría durante varios turnos como campanera, para saber qué se siente pedir algo a perfectos desconocidos.**

Me hizo algunas sugerencias amistosas, ya que a lo largo de una década se había ofrecido como voluntario en los peroles antes de que lo contrataran como conductor. También reveló que la ayuda que años antes había obtenido del Ejército de Salvación había cambiado su vida.

Esto me dio que pensar. Ese alegre chico, responsable del manejo de miles de dólares en efectivo, era uno de los muchos beneficiarios de los donativos que se depositaban en los peroles navideños.

Mientras me ponía el chaleco del Ejército de Salvación y tomaba mi lugar junto al perol, hice el esfuerzo de seguir los "consejos" para los voluntarios: permanece de pie (no te sientes), sonríe, haz contacto visual y no toques la campana muy fuerte ni con demasiada frecuencia. (Esto puede irritar a quienes ocupan las tiendas aledañas.)

Al principio me sentí torpe. No me hallaba en un sitio concurrido (el segundo piso de un centro comercial), así que intenté sonreír y llamar la atención de quienes pasaban. La mayoría desviaba rápidamente la vista. Me preocupó pensar que quizá los hacía sentir culpables, y eso era lo que menos deseaba.

Empezaba a preguntarme si ser campanera era en verdad algo para mí cuando un hombre salió de una tienda y se dirigió justo adonde yo me encontraba.

—¡No puede ser! —dijo y deslizó un billete de veinte dólares en la ranura del globo de plástico transparente que coronaba el perol de la colecta—. No podemos dejar vacío este bote.

Le di las gracias de que "bautizara el bote" e intercambiamos sonrisas más que corteses, como si formáramos parte del mismo equipo.

Aun así, tardé un rato en relajarme. Cuando la gente pasaba a mi lado y apenas me miraba y se alejaba, pensaba que no hacía bien mi trabajo. ¿Debía sonreír más? ¿Decir "Feliz Navidad"? ¿Insistir en el contacto visual?

Luego me di cuenta de que las personas que pasaban a mi lado una vez, o hasta dos o tres, regresaban más tarde a depositar dinero en el perol. Fue para mí una revelación que muchos que creí que me esquivaban no lo habían hecho, aunque ignoraba si necesitaban tiempo para ambientarse o tenían la presión de hacer primero sus compras.

Dediqué un rato a tratar de adivinar quién regresaría a hacer su donativo, pero me di por vencida. El donador "usual" no existía, al menos para mi ojo inexperto. Llegaban hasta ahí personas de todas las edades y niveles de ingresos, cada cual por sus propios motivos.

Cuando me disponía a enfrentar mis dos últimos turnos, en la semana previa a la Navidad, ya me sentía muy relajada y disfrutaba al ver que la gente pasaba presurosa a mi lado. Aún permanecía de pie, miraba a todos a los ojos, sonreía y tocaba ocasionalmente la campana, pero algo dentro de mí había cambiado.

Ya no sentía que "seleccionara" a la gente ni que mi éxito o fracaso dependiera de si ella hacía o no un donativo. En cambio, sentía que formaba parte de una multitud animosa y agitada. Una vez que la gente notaba mi presencia, sus propias circunstancias y sensaciones determinaban el resto.

Me sorprendió que tantas personas se acercaran a hablar conmigo. Una mujer me contó que el Ejército de Salvación había ayudado a su hermano a salir de una adicción; otros me dijeron que ansiaban participar en la campaña anual de peroles navideños. Algunos padres llevaban aparte a sus hijos para hablarles del perol y les daban monedas para que las depositaran en él.

Algunos donaban dinero sin decir nada. Tal fue el caso de mi principal donador. Un hombre de edad madura y atuendo informal se detuvo a corta distancia de mí y sacó unos billetes de su cartera. Se acercó, lanzó ochenta dólares en el perol y se retiró al momento.

El donativo más extraño provino de uno de los integrantes de un grupo de veinteañeros disfrazados de elfos, quienes una mañana atravesaron corriendo el centro comercial. Creí que eran ayudantes de Santa y que hacían algunas diligencias antes de que la Casa de Santa abriera sus puertas.

Resultó en cambio que estaban en una misión de rescate. En cuanto vieron mi campana —y su lista incluía un instrumento musical—, me rogaron que la tocara y cantara "Jingle Bells".

—¡Acabo de donar! —gritó entusiasmado uno de ellos como si me exhortara a complacerlos. Yo lo habría hecho de todas formas. Cantamos con brío, si bien algo desentonados, al tiempo que uno de ellos tomaba un video con su teléfono celular.

Esta pequeña incursión en un territorio desconocido me dio una lección. Me hizo apreciar lo bien que se siente dar algo, no sólo a mí sino a todos. Y de eso se desprende que pedir ayuda no es malo, sino el otro lado de vivir en una comunidad solidaria.

Intentaré recordarlo la próxima vez que me resfríe y necesite una sopa de pollo.

~Kristin Goff

El poder del ¡Sí!

Busca la aventura

*Abandona la ciudad de tu confort y entra en
el páramo de tu intuición. Descubrirás algo
maravilloso: a ti mismo.*

~ALAN ALDA

84

Mis vacaciones geriátricas

Demos gracias a los que nos hacen felices.
Son los jardineros a quienes debemos
que nuestra alma florezca.

~MARCEL PROUST

—Tengo una gran idea para el regalo de cumpleaños de tu mamá —le dije a mi esposo, Eric—. Su amiga Sue se mudó a Florida el año pasado y la extraña mucho. ¡Enviémosla allá de cumpleaños!

Sacudió la cabeza.

—No irá. Viajar sola la pone nerviosa.

—Lo sé, y por eso voy a acompañarla —me encogí de hombros—. Quiero a tu mamá y también a Sue. Será divertido.

Sue era antes que nada amiga de mi suegra, pero nos hicimos amigas muy pronto. Pese a que me lleva veinticinco años, congeniamos. Ambas somos escritoras y ambas conocimos a nuestros maridos en el sitio de contactos en línea eHarmony. Años atrás asistimos juntas a un congreso de escritores y la pasamos de maravilla. Lamentablemente, su esposo falleció en 2011 y ella se mudó a Florida para estar más cerca de sus hijos. Mi suegra tenía deseos de visitarla desde entonces.

Cuando le hablamos a Judy de su viaje de cumpleaños, se emocionó mucho. Incluso me sugirió que invitáramos a su hermana, Barb, quien también había enviudado recientemente.

Así que era un hecho. Las tres volaríamos a Florida para visitar a Sue. Varias personas me dijeron que era un buen detalle que fuera a acompañar a esas señoras en su viaje, y yo lo llamé de broma "mis vacaciones geriátricas". A mis cuarenta y un años, pasearía por Florida con tres adultas mayores. Supuse que sería divertido, aunque de un modo sereno y relajante.

Me equivoqué. Fue más divertido de lo que *habría* podido imaginar.

Sue nos recogió en el aeropuerto, y pese a que teníamos más de dos años de no vernos, nuestra amistad recomenzó al instante justo donde la habíamos interrumpido. Esa primera noche no paramos de hablar hasta la madrugada.

Al día siguiente paseamos por el centro y fuimos de compras, aunque no para adquirir ropa o souvenirs, sino dos hombres mayores y atractivos para nuestras dos damas solteras.

—¡Miren a ése! —les decía yo—. ¡Es muy apuesto!

—¿Ése? Es demasiado viejo para cualquiera de nosotras —respondían.

—Pero parece de setenta —insistía—. ¿De cuántos años lo quieren?

—Su edad no importa —replicaban—, sino qué tan viejo actúe.

Asentí sin que entendiera nada, aunque comprendí al paso de los días. Que estas señoras ya acariciaran los setenta no quería decir que estuvieran viejas.

Viajamos en un hidrodeslizador y vimos varios caimanes y docenas de especies de aves. Cuando bajamos, reímos a causa de lo despeinadas que el viento nos había dejado.

Comimos mariscos y fuimos de compras, esta vez sí de ropa. Compré un vestido muy diferente a los que acostumbro, porque estas damas me recomendaron que lo hiciera. Incluso compré los zapatos que hacían juego.

Esa noche caminamos por el lago en el complejo del condominio de Sue. Fue un hermoso paseo que nos concedió tiempo para que habláramos de lo que realmente importa. Cosas como el amor, el concepto de una misma y la búsqueda de propósito en la vida. Cosas trascendentes, cualquiera que sea tu edad.

Ese momento fue tan reconfortante que tocó mi alma y llevó lágrimas a mis ojos. Me recordó que la amistad verdadera es rara y preciosa, y que somos afortunadas si la encontramos, aun si nos separan los años o los kilómetros.

Al día siguiente hicimos otro viaje en bote, esta vez a una isla en la que recogeríamos conchas. De camino allá, un grupo de delfines jugó a apenas unos metros de nuestra lancha. Hallamos un sinfín de bellas conchas y erizos de mar. Mientras caminaba por esa isla, pensé que ésa sería la mejor parte del viaje.

Me equivoqué de nuevo.

El último día de nuestra estancia fuimos a un parque de manatíes. Me fascinan los manatíes y fue espléndido verlos, pero ésa tampoco fue la mejor parte del viaje.

Hicimos cosas divertidas y comimos delicioso. Nos relajamos y disfrutamos de la naturaleza. Fue un viaje increíble. No obstante, lo más asombroso no fue lo que hicimos, sino las lecciones que esas damas me impartieron.

> No podría haberme divertido más si hubiera ido con mujeres de mi edad.

Fui de viaje en compañía de tres mujeres. Y aunque cada una de ellas era lo bastante entrada en años para ser mi madre, ninguna se comportó como tal. Me dieron consejos como amigas, no como figuras maternas. Disfrutamos de nuestra charla de mujeres y jamás me hicieron sentir otra cosa sino que era "una de las chicas".

Éramos cuatro amigas en un viaje común. La pasé tan bien que no podría haberme divertido más si hubiera ido con mujeres de mi edad.

Este viaje no fue como esperaba. Conocí lo divertido que es hacer cosas que normalmente no hacemos, aun si al principio parecen un poco alarmantes. Aprendí que ampliar nuestras expectativas de nosotras mismas es bueno en cualquier edad.

Y pese a que sea un lugar común, aprendí que la edad es sólo un número, y que es cierto que somos tan jóvenes como nos sentimos.

~Diane Stark

85

Juega, aguanta, sana

Nada reduce más rápido la ansiedad que la acción.

~WALTER ANDERSON

Mis amigos intentaban convencerme de que me subiera a una montaña rusa —cualquiera de ellas— en el parque de diversiones Wonderland de Toronto, pero el traqueteo de los carros al ascender por los rieles clavaba espinas de temor en mi corazón. La anticipatoria pausa en la cima antes de que se precipitaran en una caída pletórica de gritos estremecedores era más tortuosa que vivificante.

Aun así, ellos hacían todo lo posible por persuadirme y yo seguía negándome cuando de repente vi una cara conocida que nunca había visto fuera de un estudio de televisión. Era Jennifer Capriati, popular estrella del tenis en el pináculo de su carrera que ya ganaba títulos a los catorce años. Registré a toda prisa mi mochila y saqué de ella una pluma y la única hoja que encontré: el folleto de Wonderland. Tenía que bastar.

Jennifer avanzaba por un encordado zigzagueante que desembocaba en un juego llamado Jet Scream. Yo desbordaba adrenalina; no quería dejar pasar la oportunidad de que nos encontráramos frente a frente, aunque también estaba un poco nervioso, así que esperé a la salida para tranquilizarme. Me acercaría a ella cuando se bajara del juego.

Vi que subía a esa gigantesca nave espacial, la cual se mecía suavemente. Pronto daba vueltas en un círculo casi completo, lo que hacía girar a los pasajeros en ángulos forzados. El Jet Scream es el tipo de juego que con facilidad podía hacerme vomitar en dos segundos y no soporté ese espectáculo.

Para apartar mi mente de ese horror, busqué en mi mente un saludo adecuado, porque desconocía la etiqueta apropiada para un encuentro con una celebridad. ¿Cómo debía presentarme? ¿De qué forma debía llamarla?

Mi tiempo de preparación se agotó. Ella bajó trotando por la rampa de salida y hablaba y reía con su hermano. Todos mis pensamientos sobre la etiqueta correcta se desvanecieron. Fijé mi atención en el hecho de que se aproximaba a mí. Miré el suelo. Pasó a mi lado. Hablar con una celebridad resultó más difícil de lo que pensé, pero tenía que aprovechar esa oportunidad.

Giré y la llamé por su nombre, aunque no muy seguro, más bien en tono de pregunta.

—¿Jennifer? —volteó. Su mirada se cruzó con la mía. ¡Nuestras miradas se encontraron de verdad!—. Jennifer Capriati, ¿cierto?

—Sí —que me dirigiera la palabra me deslumbró.

—¿No te molestaría darme tu autógrafo? —le tendí el folleto y la pluma y su mano garabateó algo en el papel—. ¿Estás jugando el… torneo de Toronto? —tartamudeé en lo que ella ponía los puntos sobre las dos íes de su apellido con una velocidad impresionante.

—Sí —esa sola palabra me extasió. ¡Contestaba las preguntas que le hacía!

—¡Qué bien! —dije.

Me lanzó una sonrisa radiante y se alejó. Ninguna multitud de exaltados admiradores se arremolinaba a su alrededor, y me pareció bien que alguien tan famoso pudiera disfrutar de su tiempo libre sin que se le interrumpiera. Esto hizo que me sintiera culpable por haberla molestado, aunque por otra parte estaba orgulloso de mí. Pese a que era apenas uno de los muchos fans que se cruzaban en su camino, había roto mi caparazón y me había acercado a ella, así que me sentí con el valor suficiente para seguirla un rato más. Empecé a rastrearla a veinte pasos. Cuando llegó con su hermano a la fila de otro juego, me les uní. Mis amigos me alcanzaron.

—¿Ya te fijaste que ésta es otra montaña rusa? —me preguntó uno de ellos—. No es una fila para comprar helados.

—Lo sé. Pero si Jennifer va a hacerlo, yo debería hacerlo también —respondí.

Se quedaron boquiabiertos; habían dedicado varios años a tratar de convencerme de hacer justo eso. El temor a las alturas, a un movimiento demasiado veloz y a vomitar en público no tenía importancia ahora. Estaba dispuesto a estremecerme, a que me quitaran la respiración y a hacer lo que antes había sido inconcebible. Ni siquiera sopesé la decisión de subirme a esa montaña rusa. Por azares del destino, había reemplazado mi terror por una nueva sensación de curiosidad.

La fila era para el Wild Beast, y ésta fue la primera montaña rusa en mi vida. Comprendí que se trataba de un duelo entre mi mente y la materia, y mi mente ganó, pese a que mi estómago se retorciera y revolviera en formas que nunca creí posibles. Y sobreviví, aunque grité todo el tiempo como una chica de fraternidad perseguida por un asesino con un hacha. Pensé que estaba nervioso porque había conseguido el autógrafo de una atleta famosa, pero eso fue antes de que bajara del Wild Beast y sintiera que las rodillas se me doblaban a causa de la ansiedad que acababa de experimentar.

> Por azares del destino, había reemplazado mi terror por una nueva sensación de curiosidad.

Jennifer continuó entonces a otra montaña rusa que ascendía en espiral y tomaba las curvas a una velocidad escalofriante. La seguí. Se llamaba Dragon Fire y después supe por qué. Pero como la señorita Capriati no se detenía, yo tampoco. Sin embargo, cuando corrió a formarse para una montaña rusa en posición vertical llamada SkyRider, sentí que había conocido a mi alma gemela. Más todavía que sentarme en una montaña rusa, mantenerme de pie en una me daba todas las razones del mundo para tener náuseas, pero ya había llegado hasta ahí y no podía retroceder ahora. Parado en la fila, lo único que veía era una enorme curva que ponía de cabeza a un grupo de buscadores de emociones fijos en posición recta. No podía creer que ya perteneciera por derecho propio a este grupo mentalmente inestable de entusiastas de las montañas rusas.

Este encuentro casual con Jennifer Capriati me libró de esa fobia al instante. No puedo afirmar que haya disfrutado esas montañas rusas. Me sentí aterrado en cada fila, subí tembloroso a cada carro y me petrifiqué cuando apretaba la barra de seguridad y ascendía cada colina. Pero había atravesado un umbral, y ahora vivo en un mundo donde soy un poco más valiente gracias a eso.

~Darin Cook

Pero no toco el fondo

El valor es como un músculo que se fortalece con el uso.

~RUTH GORDO

Cuando visité Israel, a los ochenta y un años de edad, lo único que deseaba era apoyar a mi hija Crystal y a su esposo en una grave crisis en su vida. Sin embargo, Crystal quería que me divirtiera un poco, así que me llevó a Eilat, el oasis en el desierto ubicado en el extremo sur de Israel. Visitamos un santuario de aves y un acuario y nos tendimos en la playa.

—Quiero llevarte a que bucees con snorkel en el arrecife de coral —me dijo—. Te encantará ver los peces tropicales y que naden junto a ti.

Yo no estaba tan segura de eso. Aunque sé nadar, lo hago exclusivamente en una alberca cuando puedo tocar el suelo con los pies. En mi único viaje a Hawái, intenté bucear con snorkel y me alarmé en aguas profundas. Pese a que soy perfectamente capaz de nadar, el miedo me paralizó. Me agité con violencia en el agua hasta que alguien me ayudó a regresar al bote.

—Estarás bien —me aseguró Crystal—. Tomaremos un flotador de hule espuma para ti. Te mantendré a flote y permaneceré a tu lado.

Como en realidad me hacía mucha ilusión ese paseo, reunimos todo el equipo. Crystal fijó el flotador en mi cintura y con esa facha de astronautas recorrimos la playa hasta el muelle. Cuando emprendimos la marcha por el largo muelle, la boca se me secó. Cuanto más caminá-

BUSCA LA AVENTURA | 327

bamos, más nerviosa me sentía y más lento se movían mis pies. Cerca de la punta del muelle, me detuve.

—No sé si de verdad quiero hacer esto —susurré, casi temblando de miedo.

Crystal me aseguró de nuevo que estaría bien. Miré la cuerda que se tendía del extremo de este muelle al siguiente, a trescientos metros.

—Me puedo agarrar de la cuerda, ¿verdad? —pregunté.

—¡Sí, sí, claro! —aseguró.

Bajé despacio los peldaños en la punta del muelle.

—¡El agua está muy fría! —mis estremecimientos hacían que sintiera carámbanos en las piernas—. No sé si pueda soportar esto.

—Te acostumbrarás —dijo Crystal y continué.

Cuando llegué al último peldaño, respiré hondo, me tomé de la cuerda y me sumergí tentativamente en el agua profunda. Con la cara bajo el agua, respiré de nuevo y descubrí que el snorkel surtía efecto. Sólo entonces miré a mi alrededor. Vi peces rojos, amarillos, azules, negros y lilas de todos los tamaños, y también varios de diversos colores. Algunos lucían motas y otros franjas. Iban y venían a toda prisa por el coral, por completo indiferentes a mi presencia.

> Espero que nunca deje de aceptar el reto de una nueva aventura.

Momentos después ya me desplazaba lentamente por la cuerda. Mientras avanzaba, miraba el coral, igual que los peces. Los diferentes colores y formas me fascinaron. ¡Qué perfectos escondites ofrecían a los peces esas porosas aberturas!

Cuando iba a medio camino, Crystal me miró y dijo:

—Tienes agua dentro de los goggles.

Nos detuvimos y me ayudó a sacarla. Un poco más adelante, me di cuenta de que el agua llenaba otra vez el área de la nariz de mis goggles. La ignoré cuanto pude, pero pronto tuvimos que derramarla de nuevo. Miré el muelle siguiente. Un largo camino nos separaba de él todavía. Vi el que habíamos dejado atrás; estaba más lejos aún.

Suspiré una plegaria y avancé poco a poco, tomada de la cuerda. En un par de ocasiones estuve a punto de perder mi flotador, pero Crystal volvió a fijarlo con fuerza en mi cintura.

Aunque me sentía cansada, el muelle era cada vez más grande cuando lo miraba. Al final, ya estaba junto a él. Les lancé un último vistazo a los peces multicolores, me afiancé del muelle y solté la cuerda.

—¡Lo lograste, mamá! ¡Mira qué lejos llegaste! —exclamó Crystal—. Por más que creí que te quedarías en el otro muelle, no te detuviste. ¡Estoy muy orgullosa de ti!

Miré atrás el primer muelle. Aun cuando sabía que no era una gran nadadora, con la ayuda de mi hija, una cuerda y un snorkel conseguí algo que jamás creí que lograría.

Pese a que esté vieja, espero que nunca deje de aceptar el reto de una nueva aventura.

~Geneva Cobb Iijima

87

Arañas o montañas

Un viaje de mil kilómetros empieza con un paso.

~LAO TSÉ

El sol se ocultaba en el horizonte a medida que me acercaba a las montañas de la Sierra Nevada de California, y estaba en graves dificultades. Acababa de recibir una misión militar en California e iba justo en esa dirección. Sin embargo, esto sucedía antes de que el GPS fuera una función estándar de los automóviles y los teléfonos celulares.

Mi único mapa era una guía de caminos de 2002 que mi abuelo me había regalado mientras preparaba mi viaje, complementada con esta instrucción:

—Llámanos cuando pares en la noche, ¿hecho?

—Hecho —le dije.

Aún en tinieblas, esa mañana salí muy temprano de Ogden, Utah, con la idea de llegar al anochecer a San Luis Obispo, California. Pero calculé mal mi velocidad y el tiempo real del trayecto.

Aparte de ese error de juicio, di una vuelta equivocada luego de una escala para cargar gasolina y comprar bocadillos. En vez de regresar a la interestatal, fui a dar a la Autopista 50.

La Autopista 50 cruza las montañas de la Sierra Nevada.

Intenté combatir mi pánico creciente en lo que el sol se hundía entre las montañas y yo recorría un tramo horrible de curvas muy cerradas. Evalué mi situación. Tenía un tanque lleno de gasolina. Disponía de agua y alimentos suficientes. Todas mis pertenencias ocupaban la parte trasera de mi jeep Wrangler.

Bueno, razoné, *también tengo un teléfono celular. Puedo llamarle a alguien.* Decidí que le llamaría primero a mi papá y después a mis abuelos, y les diría que iba todavía en camino, quizá por un buen rato más.

Entonces descubrí que no había señal.

Me asusté tanto que me orillé para recuperar el aliento. Sentía que me ahogaba.

No había visto ningún otro auto en kilómetros, y menos aún una casa o negocio. A estas alturas ya ni siquiera estaba segura de que estuviera en la Autopista 50.

Sacudí la cabeza, agobiada por la sucesión de acontecimientos que me habían traído hasta aquí, en medio de la nada, de cara a una cordillera.

Una cordillera infranqueable.

En muchos sentidos, esas cumbres eran más que apropiadas. Huía de una vida y me precipitaba a otra. Antes de que me subiera a ese jeep, me había desprendido de una vida, por así decirlo. Para ese momento había terminado la universidad, y tenido una relación perdurable y perspectivas de trabajo que no me catapultarían al otro lado del globo.

> Huía de una vida y me precipitaba a otra.

Pero por ese camino me esperaba un buen número de muertes lentas. Ésa era una vida en la que nunca había salido de mi ciudad natal y donde los hijos llegaban tan pronto como te casabas. Una vida que encajaba a la perfección en la definición de los demás, no en la mía.

Yo ansiaba aventura, cambio y cosas nuevas, y salí al mundo a buscarlas. Una encomienda de la Fuerza Aérea y una misión en California representaban un buen comienzo.

Mi estable, segura y duradera relación se vino abajo. Varios de mis familiares pensaban que los abandonaba a propósito, con el pretexto de que me alistaría en el ejército. Aunque había hecho amigos, eso último significaba que tendría que dejar a otros en busca de una vida nueva.

Y ahora, como última prueba del universo, estas montañas me obstruían el paso y se alzaban sobre mí como si dijeran: "¿Lo ves? No eres digna rival nuestra. Da la vuelta, admite tu derrota y vuelve a casa".

Un par de tarántulas atravesaron en ese momento el árido camino, iluminadas por los faros de mi jeep. Me subí al vehículo, sacudí toda mi ropa y rogué que a ninguna de ellas se le hubiera ocurrido viajar en mis pantalones.

¿Arañas o montañas?

¡Decidí que les tenía más miedo a las tarántulas! Avancé poco a poco y me dirigí a las montañas; mis faros iluminaban apenas el oscuro camino.

Pasé por una curva cerrada tras otra, doblé a la izquierda, a la derecha y otra vez a la izquierda. Calculé que veía quizá quince, treinta metros al frente, nada más.

Me detuve en varias ocasiones. *¿Continúo?*, me preguntaba. Era eso o regresar y ver qué tramaban las tarántulas.

Reparé entonces en que si permanecía en el camino y me limitaba a avanzar despacio, atravesaría las montañas con apenas unos cuantos metros visibles frente a mí. Ignoraba cómo llegaría al final, pero lo conseguiría si continuaba.

Pienso que la vida se desenvuelve de la misma manera. No sabemos qué hay a la vuelta de una curva. Aun si hacemos planes y conjeturas, lo ignoramos. Pero si seguimos adelante, el camino se despliega por sí solo. Si conservamos la fe y persistimos en nuestro progreso, por lento que sea, el camino se iluminará para nosotros.

Después de medianoche, vi en la carretera señales de tráfico de color verde que destellaban como un oasis. Respiré con dificultad.

Por suerte, llegué a una intersección en T. Si doblaba a la izquierda, llegaría a Los Ángeles; si lo hacía a la derecha, me encaminaría a San Francisco. ¡Era un punto que podía localizar en mi sofisticada guía!

Aunque mi meta original había sido llegar a San Luis Obispo, esa noche me conformé con San José. Distaba mucho de ser la meta indicada, pero era un hecho que yo seguía el camino correcto.

Me registré en un hotel para pasar la noche. Mi cuerpo entero temblaba de adrenalina a causa de la experiencia por la que acababa de pasar.

A pesar de que en casa de mis abuelos eran poco más de las dos de la mañana, les llamé. Él contestó al primer timbrazo.

—¿Eres tú, Mujer Maravilla? —aulló en el teléfono. Tiempo atrás se había quedado casi sordo, y eso le hacía creer que tenía que gritar.

El sobrenombre me hizo sonreír. Mi abuelo decía que se preguntaba siempre qué iba a hacer después esta nieta suya.

—Sí, PaPaw, soy yo.

—¿Te perdiste o algo? —quiso saber.

Respiré hondo y medité su pregunta. ¡Claro que me había perdido!… en varios sentidos de la palabra, quería decirle; aunque nada más respondí:

—Sí. Pero encontré el camino.

~Kristi Adams

88

Compañeras de viaje

No viajamos para escapar de la vida,
sino para que ella no se nos escape.

—ANÓNIMO

—¿Ni siquiera la conoces? —chilló mi hija en el teléfono—. ¿Estás loca?

—¡Sí la conozco! —repuse—. La conocí en el viaje al Amazonas que hice el año pasado con tu papá. A él le agradó Elaine.

—¡Vamos, madre! Pasaron juntas unos días de vacaciones ¿y ahora viajarás con ella a Egipto?

—En realidad, no. Ella volará desde Chicago y yo lo haré desde Nueva York; nos encontraremos en el hotel.

—¡Eso es peor! —lamentó mi ansiosa hija.

Tenía aprensiones; yo no tenía ninguna, al menos que pudiera admitir.

Después me enteré que su hija tuvo la reacción opuesta: saltó de alegría de que su abuela hubiese hallado una compañera de viaje.

Elaine y yo congeniamos al calor de una copa de vino mientras navegábamos por el Amazonas. Nuestra conversación derivó en los viajes.

—Siempre he querido ir a Egipto —me dijo.

—Yo no.

Mi esposo estaba sentado entre nosotras y anunció:

—¡Ningún país del Tercer Mundo para mí!

Lo ignoramos.

—Jim y yo hubiéramos querido ir juntos a Egipto —me confió—. Pero murió antes de que pudiéramos hacerlo.

—Vamos juntas —dije con toda inocencia—. Tomemos otra copa.

—¡sí! —contestó.

Fue así como empezaron nuestras conversaciones animadas por el vino. En las noches siguientes hablamos de temporadas de viaje, compañías de excursiones y costos. Al final del paseo nos despedimos con un abrazo y estas palabras:

—Nos vemos en Egipto.

Es curioso que uno deje atrás tan pronto el ánimo vacacional.

¿En qué estaba pensando, me preguntaba ahora, *como para que haya imaginado volar al otro lado del mundo en compañía de una desconocida? En su momento pareció buena idea, pero no es realista. Además, por más que quiera ver mundo, esto es demasiado para mí, una maestra retirada cuya vida transcurrió en un aula.*

En momentos de debilidad me permitía soñar con esa aventura, así que le pregunté a mi agente de viajes los nombres de buenas compañías de excursiones y se los mandé a Elaine en un correo electrónico. Sus respuestas eran breves. No parecía muy entusiasmada, pero al menos no había renunciado a la idea. ¡Qué fácil habría sido que tomáramos el teléfono para conversar! Pero por alguna razón no lo hicimos. ¿Temíamos que alguna de las dos retrocediera?

> —Vamos juntas —dije con toda inocencia—. Tomemos otra copa.

Nos decidimos por una excursión que se ajustaba a nuestros calendarios. Yo hice mi depósito y me olvidé del viaje hasta la mañana en que recibí un correo suyo, una copia de su reservación de avión. ¡Caí en pánico! Luego de varios días en el teléfono, me hice con un boleto valiéndome de mis millas de viajero frecuente: volaría de Nueva York a Heathrow, haría ahí una escala de siete horas y después reanudaría mi marcha a El Cairo.

Pagué el depósito final e intenté acallar a los "demonios del miedo" que no cesaban de atormentarme. Éste sería mi primer viaje sola en avión, y a un país cuyo idioma desconocía.

Al final, todo transcurrió apaciblemente. Un chofer me recogió en el aeropuerto. Me instalé en el hotel y dediqué el día siguiente a explorar un museo. A una hora avanzada de la tarde, acababa de tenderme en la cama cuando oí que una tarjeta se deslizaba en la cerradura y la puerta se abría.

—¡POLLY!

—¡ELAINE!

Nos abrazamos y saltamos como colegialas. Nos dimos una mutua palmada en el aire y gritamos:

—¡Lo hicimos! ¡Lo hicimos!

El botones se quedó atónito. Olvidó esperar a que le diéramos su propina.

En el Amazonas le había contado a Elaine de un viaje que hice años antes con Barbara, una chica a la que no conocía bien. Resultó que era menos que pulcra y revolvía nuestros artículos de tocador, usaba todas las toallas y regaba sus zapatos y ropa interior por toda la habitación. No obstante, le relaté esta saga antes de que mencionáramos que viajaríamos juntas.

Yo había olvidado esa conversación; ella no. Noté que era excesivamente pulcra y solícita, al punto de que me sacaba de quicio.

"¿No te molesta que tome una ducha?" "¿Está bien si cuelgo mi bolsa de cosméticos detrás de la puerta del baño?"

En cada ocasión le aseguraba que lo hiciera, pero empecé a preguntarme qué pasaba.

Al tercer día no aguanté más.

—¿Te intimido? ¿Te costaría mucho trabajo dejar de caminar de puntitas a mi alrededor?

Entonces mencionó el caso de Barbara. ¡Ah!

—Nada me disgusta de ti como compañera de habitación —le aseguré.

Descubrimos que éramos más parecidas que diferentes. Las dos tomábamos fotos en abundancia, comprábamos regalos para nuestros nietos, enviábamos tarjetas postales y recogíamos los pequeños frascos de jabón y champú para llevarlos a casa. A ambas nos gustaba ser puntuales y respetar el descanso de la otra, y apagábamos la luz de la lámpara poco después de que la otra lo hacía. Nos fascinaban los paisajes que veíamos, los platillos que comíamos y las fotos que tomábamos. Ninguna era derrochadora ni tacaña, lo cual volvía más cómodo todo.

Le envié un correo a mi escéptica hija: "Deja de preocuparte. ¡Encontré a la mejor compañera de viaje del mundo!".

Las dos semanas volaron. Planeamos un viaje más para el año siguiente. Ella partió a las dos de la mañana para tomar su vuelo a casa y susurró:

—Nos vemos en China.

—Sí, en China... —mascullé antes de que me volviera a dormir.

Avance rápido al año siguiente, y al siguiente, y al siguiente. Hemos avanzado muchísimo en nuestra lista de destinos pendientes. Nos hemos reunido en hoteles en Pekín, Bombay y Sídney. Pese a la amenaza del terrorismo, ya no temo volar sola al extranjero ni abrirme paso en los aeropuertos.

Si mi esposo y mis hijos cuestionan mis andanzas, les digo:

—Si me pasa algo, recuerden que estoy haciendo lo que quiero.

Cuando estaba en cuarto grado, veía fotografías de lugares exóticos en mi libro de geografía, pero jamás imaginé que un día recorrería la Gran Muralla china o que montaría en un elefante para ver tigres en la selva. Si no me hubiera arriesgado a ir a Egipto, seguiría sentada en casa viendo la tele con mi esposo y nuestro perro.

Elaine y yo confiamos en que nunca agotaremos el mundo por explorar ni dejaremos de agradecer la suerte de que nos sea posible hacer a un lado la vida y viajar juntas. Las preguntas asoman: ¿podremos seguir ahorrando cada año lo suficiente para continuar con nuestros viajes? ¿Algún problema de familia nos exigirá permanecer en casa? Cruzo los dedos mientras miro los trípticos en los que ya investigo la excursión del próximo año.

~Polly Hare Tafrate

89

El micrófono que cayó del cielo

Nada es imposible. La palabra misma lo dice:
"¡I'm possible!"

~AUDREY HEPBURN

Empecé a sudar en cuanto vi el correo. Procedía de la Acme Comedy Company, el club de comedia de Minneapolis. No era inusual que recibiera mensajes de ese remitente, porque yo era un "Acme Insider" y me contaba entre las primeras personas que recibían ofertas de boletos con descuento para espectáculos o eventos. No obstante, la línea de asunto de este correo decía: "¿Eres gracioso? ¿Te gusta el dinero?". Invitaban a su concurso anual "La persona más graciosa de las Ciudades Gemelas". Cerré mi laptop de inmediato, como si del otro lado de la pantalla alguien midiera mi respuesta para ver si tenía el valor de llenar la solicitud adjunta.

¿Debía hacerlo? *¿Podía* hacerlo? Por más que tenía facilidad para hacer reír a amigos y familiares, ellos no contaban, ¿cierto? Habían sido corteses… en los últimos veinte años.

Además, no tenía tiempo para eso. Mi vida bullía de actividad: educaba a un preadolescente, me estaba separando de mi esposo luego de trece años de matrimonio, acababa de empezar a trabajar después de muchos años de no hacerlo y, por si fuera poco, había dejado de beber.

Sí. Había dejado de beber. Me era imposible huir de los abrumadores obstáculos de la vida, pero también tomar esa descarga… ese "levantón" que antes me había servido de escape, por temporal que fuera. Aun así, la sola lectura de ese correo había activado en mí una pequeña dosis de adrenalina. El premio, aparte de toda una vida de derechos de jactarme de mí misma, era de mil dólares en efectivo, y yo necesitaba dinero…

Subí poco a poco la pantalla de mi laptop y oteé en la oscuridad hasta que la computadora cobró vida con esa misma pregunta: "¿Eres gracioso? ¿Te gusta el dinero?".

Recordé entonces una conversación reciente que había tenido con mi terapeuta.

—Súbete a la montaña rusa —me sugirió—. Salta en bungee. Ve una película de terror… Éstas son cosas que acelerarán tus latidos de forma segura.

Entorné los ojos.

Y ahí estaba yo ahora, a punto de oprimir el botón de inicio de esa montaña rusa metafórica.

La solicitud era muy sencilla: nombre, fecha de nacimiento, número de teléfono, dirección de correo electrónico y explicar cómo te habías enterado del concurso.

Las instrucciones eran muy simples también.

"El concurso: sé lo más gracioso que puedas en tres minutos arriba de nuestro escenario durante uno de nuestros espectáculos de costumbre. Las reglas, muy fáciles: el concurso es sólo para aficionados. Si alguna vez te han pagado por tu talento histriónico, no podrás participar. El material debe ser original. Los concursantes serán calificados por su presencia en el escenario, creatividad y la respuesta del público."

Me temblaban las manos cuando tecleé mis datos y pulsé el botón "enviar".

Recordé entonces que el hecho de que me hubiera inscrito no significaba que tuviese que presentarme. Podía pensarlo. Había tiempo de sobra para que me convenciera de lo contrario.

No quería decírselo a nadie. No deseaba darle esperanzas a nadie ni despertar en la gente expectativas acerca de mí…

Pero por más que quise mantenerlo de esa forma, no pude. A la primera que se lo dije fue a mi mejor amiga. Le dio un gusto enorme y se ofreció a ayudarme. Me fue muy útil cuando llegó el momento de corregir mi material. Por su risa (o la ausencia de ella) supe qué era lo que daría mejor resultado en el escenario. Además me hizo comentarios muy valiosos y amables, como: "Esto me parece divertido pero no creo que le atraiga al gran público… Esto es muy arriesgado para un concurso… Probemos esto otro…".

Se lo dije también a otras amigas y obtuve reacciones similares: emoción combinada con el deseo de ayudar y apoyarme.

Me sumergí en la televisión, en particular en los comerciales. ¡Están plagados de material humorístico! Los anuncios de medicamentos, con sus posibles efectos secundarios, ¡son verdaderas minas de oro! "Los efectos secundarios incluyen infarto, derrame cerebral y muerte." ¿Saben qué, muchachos? ¡Regresen a la mesa de dibujo!

Luego estaba Pinterest.

Y el hecho de que yo trataba a mucha gente en mi trabajo, en el ramo del servicio de alimentos.

¡Iba a tener dificultades para ceñirme a tres minutos!

Sin embargo, escribir un monólogo es apenas la mitad de la batalla.

Lo he oído muchas veces: a nada le teme más la gente que a hablar en público. Normalmente, yo no temo a eso. De hecho, gané un premio de oratoria en el bachillerato, pero un comediante tiene que hablar en público y divertir a la gente. ¿Lograr que ésta se ría? ¿Que lo hagan desconocidos? ¡Eso era pan comido para mí!

Por fortuna, Acme ofrecía una noche de micrófono abierto todos los lunes. Si decías que te habías inscrito en el concurso, te daban tiempo en el escenario para que practicaras.

Yo estaba hecha un caos. No podía comer. No podía quedarme quieta. No soportaba la compañía de nadie. ¿Qué tal si no se reían? ¿O se reían donde no debían? Quise hacer sola ese ensayo.

La noche del lunes tomé la lista de aficionados y vi que me había tocado el tercer turno. Y aunque intenté prestar atención a quien ocupaba el escenario, estaba demasiado ensimismada haciendo planes para que pudiera subir al estrado sin tropezarme ni agarrarme de dos mesas por ir recitando mentalmente mi número.

—¡Ahora démosle la bienvenida a Melanie Celeste! ¡Anímenla, muchachos! No es tan fácil como parece desde aquí…

¿Yo era tan obvia? ¿Era tan evidente que estaba negada?

Subí al escenario y me puse bajo el reflector. ¡Miré hacia la gente y no vi nada! Pero resultó increíble. Preocupada de que la base del micrófono fuera demasiado alta, lo cual era cierto, ¡me puse a bromear sobre eso!

Una vez que subí al escenario, todo marchó sobre ruedas. Fue como si alguien dentro de mí me hubiera inundado de paz y se ocupara del resto. Tomé el micrófono y caminé por el escenario como si fuera la sala de mi casa, sumamente tranquila.

Aunque no veía la cara de nadie, oía las risas. Eran atronadoras y con sonido estereofónico. Esto me animó y dirigió el resto de la noche. Fue una de las pocas veces en mi vida que sentí que había nacido para esto.

> **Tomé el micrófono y caminé por el escenario como si fuera la sala de mi casa.**

Pese a mi conjetura de que nada me obligaba a subir al escenario, nadie pudo detenerme.

La noche del concurso competí con otros cuatro comediantes. Rodeada de amigos y personas que me apoyaban, gané. Luego tuve que esperar a saber si había avanzado a la ronda semifinal. Dos meses y medio más tarde, llegó el correo: "¡Lo lograste!". De entre más de trescientas personas, había quedado entre las veinte primeras.

Y aunque al final no gané el concurso, salí de mi zona de confort y descubrí que nunca antes me había sentido mejor.

~Melanie Celeste

Seis años como marinera

Tu mente es un barco. Navegará por el universo mientras
no permitas que lo hundan pensamientos negativos.

~MATSHONA DHLIWAYO

Me hice a la mar en una embarcación de gran altura. Esto
podría evocar imágenes de Melville, Dana y Darwin, o quizá
de *Capitán de mar y guerra* y *Piratas del Caribe*. La edad de
oro de la navegación. El romanticismo del océano. Pero no hay como
pasar una temporada en mar abierto para convertir a un romántico en
un realista, y yo tuve que verme en una embarcación de Baltimore de
treinta y ocho metros y con un casco de madera a medio camino entre
Virginia y las Bermudas para darme cuenta de que era absolutamente
inepta para este trabajo.

Desde que tenía dos años asistía a preescolar, donde fracasé en el
"escanciado", actividad propia de las habilidades motoras que implica
pasar lentejas secas de una taza a otra. Aun así, ya sabía leer, y había
dictado mi primer cuento con Snoopy en la portada. Más tarde, mis
maestros escribirían en los márgenes de mis trabajos cosas como "Aunque es obvio que confundiste las corrientes oceánicas, las confundiste
bellamente. Deberías ser escritora", "Si hubieras realizado el experimento de esta forma, habrías hecho volar todo por los aires, pero tu descripción del proceso es muy buena. Quizá deberías dirigir hacia allá tus
estudios", o "En vez de que intentes practicar el volibol, sería preferible
que describieras cómo se juega".

Al igual que la mayoría, gravité a lo que hacía bien. Luego de once años de educación, pasé por un departamento de lengua y literatura inglesas y los oficios de periodista y editora. Trabajaba mucho, pero lo hacía en un mundo que conocía. Me sentía satisfecha. Tenía una comunidad de amigos que pensaban como yo, dos gatos, muchas plantas, un plan de retiro y una relación duradera. Me bañaba todos los días, mi bronceado de verano era uniforme y ciertamente no sabía navegar. Debo añadir que necesitaba ocho horas de sueño, no podía operar sin café y necesitaba mi espacio personal y mucho tiempo sola en mi cabeza.

Justo cuando me forjaba una carrera como escritora, periódicos y revistas quebraron en virtud del auge de internet, y miles de periodistas se quedaron sin empleo. Precisamente cuando dejaba mi puesto como maestra adjunta para perseguir la titularidad de mi materia, las universidades suspendieron su contratación de personal y se apoyaron en su profesorado de medio tiempo, sin prestaciones, para mantenerse a flote. Me establecía en la edición cuando mi relación laboral de muchos años llegó a su fin, y con mi magro sueldo me sería imposible quedarme en la ciudad que tanto amaba.

Cuando las cosas se salen de control, muchos se aferran a lo que conocen. Esto es muy lógico. Yo podría haberme mudado a una ciudad más pequeña, recuperado mi empleo como adjunta o aprendido mejores prácticas de optimización de navegadores para escribir en la era digital. En cambio, cuando el universo parecía decidido a librarse de mí, respondí con una sacudida. No sólo salí de mi zona de confort; renuncié al confort en absoluto.

De lejos, un velero es elegancia, belleza y un viaje lento y lujoso. De cerca, navegar es física y geometría, relaciones espaciales, horarios rígidos, jerarquía… y habilidades motoras. Yo era una académica, acostumbrada a aprender en libros. En un velero se aprende con los pies, cuando los demás dependen impacientemente de nuestra aptitud. Sabía que entraba en territorio desconocido, pero quería un reto. Pensé que podría aprender.

Como marinera de cubierta, mi trabajo consistía en vigilar, y cuando se viaja con una tripulación mínima esto significa turnos de cuatro horas —cuatro horas de actividad, cuatro de descanso— todo el día. El Atlántico invadía la cubierta y se metía en nuestras habitaciones; todo quedaba cubierto de sal y la ropa se enmohecía. Yo vivía en el castillo de proa, un espacio triangular de cuatro y medio metros alrededor del trinquete, en compañía de otras siete personas y un inodoro. Dormía con mi overol anaranjado marca Grundéns y mis gruesas botas de hule puestas. Desvestirme implicaba un consumo de energía que no me podía permitir. Jalar un aparejo tradicional tensaba un tendón rotador del hombro y aparte yo padecía fascitis plantar. Era incapaz de cerrar los dedos en un puño; mis palmas estaban inflamadas.

Sin embargo, era mi deber saber dónde conducían docenas de cuerdas y cómo usarlas sin lastimarme ni lastimar a otros o a nuestra isla flotante. Era mi deber subirme a un mástil de veinticinco metros que se mecía y sacudía con el viento y las olas y, una vez en la cima, soltar ambas manos para que pudiera plegar la vela. Era mi deber timonear guiándome con la brújula y al final con el viento, a fin de calcular los ángulos relativos del viento, el oleaje, el timón y las velas, todo al mismo tiempo. Era mi deber ser puntual, bombear a mano la sentina para impedir fugas permanentes entre los tablones que nos separaban del mar, y ejecutar asimismo toda clase de proyectos que requerían habilidades motoras, desde el empalme de las cuerdas hasta el raspado de la vaselina llena de hollín en el mástil de proa a fin de que fuera posible embarrar una capa nueva.

Si cometía un error en mi trabajo como editora, lo más que podía haber era un malentendido. Si lo cometía en el cálculo de los vientos huracanados en febrero a mitad del Atlántico, alguien —quizá yo— podía morir. Y cometía errores a diestra y siniestra.

Estaba donde no debía. Tiraba de la soga cuando debía dejar que corriera. Y cuando veía algo anómalo, como una cuerda en los obenques, me sentía demasiado insegura para hablar. A mis treinta y cinco años, y con un sentido muy desarrollado de mi mortalidad, subía el aparejo más despacio que los chicos de veinte años con quienes trabajaba. Y como no podía ofrecerme a subir el cañón de escobén, cambiaba las habilidades que sí tenía —como diseñar el programa de justicia social a bordo— por un salario mínimo y la posibilidad de aprender a navegar. Aun así, en un barco el único trabajo que cuenta es el tangible.

En cuanto llegamos a las Bermudas, el capitán me llamó aparte.

—¿Estás satisfecha? —me preguntó—. ¿Esto es lo que deseabas?

Lo único que yo deseaba era llorar. Desertar. Y antes que cualquier otra cosa, un amigo que me explicara con paciencia cómo volver a poner la cangreja mayor. Ahí sentada, empero, con un café caliente en la mano mientras el viento que nos mantuvo tres semanas en el puerto hundía botes más chicos, supe que mi respuesta era "sí".

Había dejado atrás una vida en la que me sentía segura y calificada, por otra en la que no sólo carecía de conocimientos, sino que se me dificultaba además todo aprendizaje. Era un reto que me apegara justo a aquello mismo que ignoraba. Resultaba humillante revelar repetidamente mis debilidades, y frustrante que me equivocara una y otra vez.

Pero estar en el mar me fascinaba: la luz tornadiza, el aire salado y surcar el viento en dirección a nuestro siguiente destino. Me agradaba la sencillez de la vida cuando todo se reducía a los elementos, y descubrí el sueño profundo que sólo procede de la fatiga en la cuna bamboleante de una embarcación en la que se trabaja demasiado. Vigilar era fijar la conciencia física y mental en el presente, concentrarse en lo que se puede ver, oír y oler. Era, en cierto modo, meditar.

> **Era un reto que me apegara justo a aquello mismo que ignoraba.**

Y por lento que lo hiciera, yo aprendía.

Pasé seis años como marinera. El segundo año me hice a la mar a bordo de un buque de investigación científica/educativa. Aprendí sola a cocinar para cuarenta personas con productos isleños obtenidos localmente. Leía lo que los estudiantes leían y despertaba a media noche para revisar el plancton que sacábamos en las redes. Conocí por igual las sogas de esta nave, y la Guardia Costera estadunidense me concedió una licencia como marinera consumada, o AB Special.

Si no hubiera estado dispuesta a ser una marinera terrible, jamás habría visitado algunos de los lugares más remotos de la Tierra. No habría saltado al océano a medio camino entre Canadá e Irlanda, ni visto los grupos de ballenas jorobadas que parían en el Canal de Alenuihaha, ni ejecutado una palmada en el aire con una mantarraya, ni nadado con tiburones de arrecife en una laguna con atolones. No habría comido palusami, *poisson cru*, fruto del árbol del pan ni fafaru ni habría podido ofrecer mis habilidades como chef pese a que no hubiera asistido nunca a una escuela culinaria ni trabajado en una cocina comercial. No habría conocido al hombre que hoy es mi pareja. No habría sabido que soy capaz de llegar lejos. Ni que puedo hacer algo para lo que soy mala, frente a todos, hasta que deje de serlo.

Volví a tierra tiempo después. Sentí un gran alivio cuando regresé a mi escritorio, donde ahora paso horas enteras en una soledad silenciosa y tranquila. Y aunque mi tiempo me pertenece otra vez, no duermo ni por asomo tan bien como antes. Extraño la escora del navío, añoro el ruido de las olas que lamen el casco, el golpe del viento contra la vela ajustada.

Con mi nueva pareja, un oceanógrafo, compré un antiguo Sean de trece metros que nació el mismo año que yo. Para este proyecto ofrecí tan rápido mis ahorros de toda la vida que a él le asombró descubrir que es muy poco lo que sé acerca de cómo revisar y restaurar un yate. He tenido que revelar miles de veces mi ignorancia conforme hemos limpiado, vaciado, lijado, raspado, remendado, pintado, barnizado y lubricado este bote, en el que ya edificamos nuestro futuro hogar en el mar.

~Sayzie Koldys

El capítulo llamado Francia

Retírate del trabajo, no de la vida.

~M. K. SONI

Si alguien hubiera predicho, en los fríos e inaugurales días de 2011, que yo pasaría la mayor parte del siguiente año escolar en el sur de Francia, me habría reído y juzgado loca a esa persona. Pero pasé ocho meses justo en ese país, ¡seis husos horarios y varias zonas de confort lejos de Wisconsin!

Trabajé con pequeños durante más de treinta años. Cuando a los cincuenta y cinco tomé la decisión de retirarme como educadora de jardín de niños, no tenía idea de qué vendría después. Sólo sabía que había llegado el momento de que iniciara un nuevo capítulo en mi vida.

—¿Qué harás ahora? —me preguntó mi amiga Sue.

—Lo ignoro. Tendré que trabajar en algo, pero no sé en qué.

Lo cierto era que estaba un poco asustada por lo correcta, aunque excéntrica, que parecía la idea de que dejara mi empleo.

—¿Has pensado en cuidar casas como trabajo de transición? —continuó—. Conozco a alguien que pasa ahora una temporada en la costa de España viviendo en una preciosa residencia, a cambio de cuidar un gato.

Jamás tomé mi semestre en el extranjero cuando estuve en la universidad. Mis tres empleos y mi calidad de estudiante de tiempo completo dieron conmigo en el hospital —a causa de una úlcera reventada— dos semanas antes de mi partida. ¡Éste podría ser ahora mi semestre en el extranjero! La idea me entusiasmó de inmediato y me puse a hacer sin demora búsquedas en internet.

Aparecieron muchas páginas web sobre este tema. Entre las entradas vi una que se llamaba HouseCarers.com. Me agradaba la idea de cuidar una casa ajena. Ya en una ocasión anterior me había hecho cargo de una granja, con cuatro vacas, cientos de ovejas, gallinas e incluso una llama. Por supuesto que sería capaz de cuidar una casa y una o dos mascotas.

"¿Adónde te gustaría ir?", preguntaba la página web.

Mi respuesta fue instantánea: "A Francia".

Aparecieron dos oportunidades en la pantalla de mi computadora. Ignoré la segunda tras leer la primera, sobre el cuidado de una casa con jardín en el sur de Francia, en una pequeña aldea llamada Bormes-les-Mimosas junto al mar Mediterráneo.

> ¿Has pensado en cuidar casas como trabajo de transición?

—¡Esto es exactamente lo que busco! Pero ¿qué había del hecho de que no hablaba francés? ¿Y qué sería de mi casa, y de mi probable ausencia en Navidad?

—¿Qué sentirías si no estuviera en casa para Navidad, cariño?

—¿Dónde estarías? —preguntó mi hija única, casada y profesionista por mérito propio.

—En el sur de Francia.

—Mientras pueda ir a visitarte, ¡no desaproveches la oportunidad!

Solicité el empleo y fui invitada a pasar allá unas vacaciones de prueba. Si no me quedaba con el puesto, consideraría ese viaje de tres semanas como un regalo que me hacía a mí misma en ocasión de mi retiro.

Sólo una vez había viajado sola al extranjero, a Venezuela, para visitar a una estudiante de intercambio. Volar no era mi pasatiempo favorito, y si la oferta de trabajo cubría el invierno, tendría que volver a mi país y regresar a Francia tres semanas más tarde.

El deseo de aventura y de llenar el vacío de mi retiro me mantuvo animada. Durante la prueba de verano me hice muy buena amiga de los dueños de la casa, Nicky y Mick. Me ofrecieron que me quedara en su segundo hogar mientras ellos retornaban a California para dar clases en la University of California de Los Ángeles (UCLA). Me ocuparía de la casa y el jardín a cambio de un lugar que habitar, muchas verduras del huerto y wi-fi.

—*Je regrette de parler un peu le français*— "Lamento que hable muy poco francés", fue la un tanto incorrecta frase que más pronuncié en mis primeras semanas en Francia. Había tomado dos semanas de clases en Hyères antes de que regresara a Estados Unidos para hacer más maletas y decir *au revoir* a mis familiares y amigos.

Mi experiencia en Hyères representó una inmersión completa en el francés. He oído muchas veces que ésa es la mejor manera de aprender un idioma —saltar sin preámbulos y empezar a nadar—, pero me sentía abrumada. Todos los miembros de ese grupo de principiantes tenían al menos uno o dos años de practicar el idioma.

Había gente de España, Venezuela, Japón, Noruega y Alemania. Luego del primer día, mi prioridad pasó de comprender la lengua francesa a comprender a la gente. En cada receso y casi todas las tardes nos juntábamos a improvisar diálogos en cada lengua que conocíamos, lo que incluía el uso de mímica para comunicarnos.

Dos semanas es tiempo apenas suficiente para aprender a defenderse en una conversación. Por tanto, inicié clases privadas una vez a la semana cuando volví.

Hasta que comencé esas lecciones, hice lo que pude, aun si parecía Tarzán cuando conoció a Jane, aunque en francés. Pese a ello, todos se mostraron amables y apreciaban mi esfuerzo.

Un día a fines de septiembre traté de explicarle a *la madame au bureau de poste* qué contenía un paquete que acababa de recoger.

—*Libre* —dije erróneamente. Las palabras en español que había usado con mis alumnos procedentes de México estaban más arraigadas en mí que mi *français nouveau*.

—*Livre!* —me corrigió la señora—. *Libre c'est libération* —continuó.

—*Merci* —le di las gracias y me marché.

A dos cuadras de la *bureau de poste*, un anciano turista se acercó en busca de indicaciones.

—*Où est le bureau de poste, s'il vous plaît?* —inquirió.

—*Tout droit, monsieur. Sur la gauche* —derecho a la izquierda.

Me alejé con una sonrisa y la certeza de que mi mundo personal había aumentado unas calles y un buen número de palabras.

~Deb Biechler

El regalo de cumpleaños

*Cada gran avance en tu vida comienza con
un acto de fe, un paso a lo desconocido.*

~BRIAN TRACY

Era el cumpleaños de Randy, mi esposo, y nuestro hijo mayor y su mujer le regalaron una herramienta eléctrica. El regalo incluía una revista de carpintería, que resultó ser una publicación a la que Randy había estado suscrito años atrás. Cuando se sentó en el pórtico a hojear su nueva revista, comentó a nadie en particular:

—Hmm, ¡qué interesante!

Claro que mordí el anzuelo y le pregunté qué había encontrado.

—Necesitan un editor adjunto. ¡Éste sería el empleo con el que siempre he soñado!

Su afición a la carpintería se remontaba a su niñez, cuando le alcanzaba clavos a su padre mientras ambos se empeñaban en ampliar una habitación; desde entonces le ha atraído trabajar con las manos. Al correr de los años adquirió habilidades que le permitirían armar muebles muy bellos y llevar a cabo numerosos proyectos de remodelación en la casa.

Sin embargo, la carpintería no pasaba de ser un pasatiempo para él. Randy tenía un buen trabajo en la industria de la computación, cuyo único problema era que le exigía viajar demasiado. En ocasiones se ausentaba desde la noche del domingo hasta la del viernes a lo largo de varios meses seguidos, y me dejaba a cargo de la educación de nuestros seis hijos que todavía vivían con nosotros.

—Quizá debería solicitar ese empleo —me dijo—. ¿Qué opinas?

Me encogí de hombros.

—No tienes nada que perder. Deberías hacerlo.

Pese a que volvimos a ocuparnos de nuestros invitados, el tema reapareció cuando los últimos visitantes se marcharon y nos disponíamos a acostarnos. Releímos los requisitos del puesto. Era un hecho que Randy estaba calificado para ejercerlo. La oportunidad de hacer lo que le gustaba y de que se le pagara por ello era muy atractiva, pero había un gran inconveniente: tendríamos que mudarnos.

Ambos habíamos vivido más de cuarenta años en el condado del centro de Ohio donde aún habitábamos. Ahí crecimos, y ahora educábamos a nuestros hijos en una casa a la que habíamos llegado veinte años atrás. Era el único hogar que ellos conocían. Si aquel empleo se hacía realidad, nos veríamos obligados a alejarnos 1,120 kilómetros de todo lo que conocíamos y a mudarnos a Des Moines, Iowa. Jamás habíamos estado en Iowa.

Días después llevé a los chicos al parque a que dieran un paseo en bicicleta. Recorría un sendero y hablaba con Dios sobre la importante decisión que debíamos tomar cuando mi hijo de ocho años se acercó, se bajó de su bici y me acompañó. Yo le había pedido a Dios que nos diera una señal para que supiéramos que mudarnos era la decisión correcta. Mientras mi hijo y yo caminábamos, vimos que un señor se acercaba trotando. Cuando nos alcanzó, me di cuenta de que había unas palabras escritas en su camiseta. Movidos por la curiosidad natural de leer las inscripciones que porta la gente, mi hijo y yo miramos ésa. Una vez que el señor nos rebasó, mi hijo se detuvo y me miró con ojos muy abiertos.

—¿Viste lo que decía esa camiseta, mamá?

¡Desde luego que lo había hecho! Decía: HAZLO Y YA —IOWA. En los doce años que han pasado desde entonces, jamás he vuelto a ver una leyenda igual en una camiseta. Si mi hijo no hubiera leído esas palabras junto conmigo, habría pensado que las imaginé. Pero por ridículo que parezca, ésa era la señal que necesitábamos.

Durante el verano hubo varias entrevistas telefónicas. En agosto se recibió al fin una oferta. Volé con Randy a Des Moines para buscar una casa. Y aunque dedicamos varios días a esa tarea, no encontramos nada que se ajustara a nuestra escala de precios y alojara cómodamente a una familia de ocho miembros.

Randy comenzó a trabajar en Iowa a principios de septiembre. Un par de semanas después, hice otro viaje de búsqueda de casa; esta vez me acompañaron dos de mis hijos mayores. Visitamos docenas de residencias en casi una semana. Ninguna parecía adecuada… hasta la noche previa a nuestro regreso a Ohio.

Cansados de visitar casas ajenas que era imposible que sintiéramos como propias, antes de que oscureciera nos reunimos con el agente inmobiliario de una última. En cuanto entramos en ella, supimos que era el lugar ideal. En el comedor, grandes ventanas panorámicas daban a un hermoso parque con un lago. Había muchos baños y recámaras. Iniciamos los trámites de compra de inmediato.

> **Confiamos en que tendríamos un domicilio cuando el camión de mudanzas arribara a Des Moines.**

Sin embargo, se atascaron pronto. La casa de Ohio no se había vendido aún y eso nos paralizaba. Tratamos de llegar a un nuevo arreglo con el vendedor de la casa de Iowa, pero no lo logramos. Cuando nuestra casa se vendió por fin, todavía no llegábamos a un acuerdo satisfactorio sobre la nueva. Intentamos ser pacientes; no había otros compradores a la vista. Pese a todo, el tiempo transcurría y teníamos que mudarnos.

Randy voló a casa a mediados de octubre para que empacáramos las últimas cosas y vendiéramos la casa. Cuando el día de la mudanza llegó, vimos salir el camión de nuestra cochera y dirigirse a Iowa. Fue imposible que le diéramos al conductor una dirección específica. El viaje le llevaría tres días, y confiamos en que tendríamos un domicilio cuando el camión de mudanzas arribara a Des Moines.

A la mañana siguiente despertamos a los chicos, subimos nuestras mascotas a la camioneta y partimos a nuestra nueva casa, fuera cual fuese. El viaje duró doce horas. Randy pasó en el teléfono casi todo el día para tratar de conseguir aún un acuerdo de compra de la casa. Lo obtuvo justo cuando cruzábamos el río Mississippi y entrábamos en Iowa. ¡Ya teníamos un destino para el camión de mudanzas, y sobre todo un lugar donde podríamos dormir esa noche! Llegamos a una hora muy avanzada de la tarde, y los ocho dormimos en el piso de la sala del que sería nuestro nuevo hogar.

Mudar a nuestra numerosa familia de un lugar en el que habíamos echado hondas raíces a uno que no habíamos visitado nunca fue una decisión audaz pero correcta, y ahora guardamos maravillosos recuerdos de la adolescencia y juventud de nuestros hijos en Iowa.

~Sheryl Maxey

El poder del ¡Sí!

Date permiso de confiar

Confía en tu instinto hasta el fin, aun si no puedes explicarlo.

~RALPH WALDO EMERSON

93

Compra el libro

Vive sin excusas, viaja sin pesares.

~OSCAR WILDE

gnoro por qué era Bali. Durante años me sentí llamada a ir ahí, pero siempre lo dejaba para después. *Cuando tenga más dinero, cuando tenga una pareja que me acompañe, cuando el terrorismo no sea más una amenaza… iré a Bali. Veré el mundo. No ahora.*

Una calurosa mañana de primavera, la ansiedad y el descontento me agobiaron y me senté a meditar bajo un melocotonero. En la quietud de mi mente, pensamientos sobre Bali me alcanzaron. Mi voz interior dijo de pronto: *Compra una guía de Bali.*

El crítico dentro de mí replicó: "¡No podemos gastar dinero en eso!". El dinero escaseaba, así que gastar en cualquier cosa que no fueran las necesidades básicas sólo me angustiaría más.

Sin embargo, mi voz interior insistió: *Ve a la librería. Si llegas y no quieres entrar, no lo hagas. Nada más ve.*

No sabía qué me ocurría. No tenía ningún sentido que comprara un libro. No podría pagarlo, y menos aún ese viaje.

Cuando entré en la librería, pensé que estaba loca. Me pregunté qué hacía ahí comprando un libro, sobre todo porque cuando lo encontré en el anaquel, resultó que costaba el doble de lo que había esperado.

Lo devolví. Y lo tomé de nuevo. Lo mantuve un rato en mi mano y me debatí entre llevarlo y dejarlo. Me dije todas las razones lógicas por las que no debía comprarlo. Mi voz interior saltó en ese momento, afable pero firme: *COMPRA EL LIBRO*.

Caminé hasta la caja y, muerta de ansiedad, se lo tendí al empleado; todavía creía que estaba loca. Cuando salí de ahí, sentí como si me dirigiera al coche de huida de una película. Cuando maniobré mi auto en reversa y vi el libro en el asiento trasero, pensé: *¡Ay, Dios! ¿Qué he hecho?*

Supe en ese momento que lo que miraba no era un mero libro, sino un paso. El primer paso en mi viaje de 13,400 kilómetros.

En una cafetería cercana exploré sus páginas. Pensé en cuándo podría partir a Bali y octubre fue lo primero que me vino a la mente. Esto me concedía menos de seis meses para resolver cómo lograrlo. Cuando consulté el libro para saber qué decía acerca del mes de octubre en Bali, me enteré de que en esas fechas tendría lugar el Ubud Writers & Readers Festival. ¡Ésa era justo la luz verde que necesitaba! Supe que ese viaje se haría realidad. Y esto me aterró.

Nunca había viajado, salvo en las vacaciones familiares de mi infancia y en un corto trayecto por carretera con una amiga cuando tenía poco más de veinte años. Ahora pensaba ir a Indonesia, una mujer sola y sin la menor experiencia de viaje.

Sólo podía pensar en una larga lista de temores, algunos válidos y otros totalmente descabellados. Con todo, había hecho bastante trabajo interior para saber que podía confiar en la voz que me impulsó a comprar ese libro y dar ese paso. Y aunque cada nuevo paso despertaba en mí nuevas ansiedades, sabía que podía seguir confiando en esa voz.

Conseguí economizar y ahorrar. Encontré cuentas bancarias inactivas con montos reducidos sin reclamar. Con un poco de ingenio, logré reunir suficiente dinero para pasar seis semanas en Bali.

Cuando llegó el momento de que comprara el boleto, tuve otro arranque de ansiedad. Una amiga me tranquilizó por teléfono y me ayudó a que diera ese salto. Adquirí el boleto y fue un hecho: iría a Bali.

Cuando abordé el avión, mi ansiedad de volar había disminuido y recordé cuánto me gustaba volar de pequeña.

Al despertar en mi primera mañana en Bali, mi voz interior dijo: *¡Qué feliz soy!* Durante las seis semanas siguientes, anduve en moto por campos de arroz y con el viento en mi cabello. Vi atardeceres y lunas llenas. Participé en ceremonias y procesiones. Subí a la cima de un volcán. Entré de puntitas a una cueva. Comí platillos maravillosos. Conocí a las personas más increíbles. Y me enamoré… de Bali.

Antes de que me embarcara en ese viaje, vivía presa del temor. Lo que en verdad me asustaba era todo lo nuevo y diferente, que era por casualidad justo lo que anhelaba.

Dediqué muchos años a poner pretextos en lugar de hacer planes. Pero cuando pienso en los momentos más felices de mi vida, descubro que todos ellos son consecuencia directa de que haya dicho sí a cosas nuevas y abandonado mi zona de confort.

> **Dediqué muchos años a poner pretextos en lugar de hacer planes.**

Eso significa que debí enfrentar mis temores, y ahora sé que la única forma de exorcizar esos temores es actuar a pesar de ellos.

Temía perder mi equipaje, pero al final me deshice de un bagaje inmenso.

Temía las barreras de comunicación, pero al final me vi rodeada de personas que "hablaban mi idioma".

Temía que no me alcanzara el dinero, pero al final obtuve un relación mucho más confortable, confiada, abierta y amorosa con él.

Temía perderme, pero al final hallé un concepto más profundo de mí misma.

Temía a los monos, pero al final me los echaba a cuestas.

Temía por mi seguridad, pero al final experimenté una seguridad más honda que la que he sentido desde… bueno, no recuerdo cuándo.

Había un brillo especial en los ojos de los balineses que tocó mi corazón en una forma inexplicable. Lo volvería hacer así fuera sólo para sentir eso. Quizá venda todos mis bienes y regrese algún día.

~Julia Rebecca Miron

94

La distancia entre el temor y 1.70 metros

Uno de los mayores descubrimientos que un hombre puede hacer, una de sus grandes sorpresas, es darse cuenta de que es capaz de hacer lo que temía que no podría.

~HENRY FORD

Cerré los dedos en la orilla redondeada de la alberca y los apreté lo más que pude para que me sujetara mejor de esa superficie lisa. A mi derecha, Lori intentaba convencerme de que avanzara hacia ella en la parte honda. A mi izquierda se hallaba el extremo poco profundo de la piscina.

Presa de temor, lo único que quería hacer era regresar a los sesenta centímetros de profundidad y salir de la alberca para no volver a poner jamás un pie en el agua.

¿Por qué pensé que lograría hacer esto?

Creí ver un poco de exasperación en las comisuras de los ojos de Lori, aunque quizás era nada más el reflejo de mi sensación interior, que me reproché.

No seas tan cobarde.

Llegábamos al final de una clase de media hora exclusiva para mí. Habíamos pasado casi todo el tiempo en lo bajito de la tibia piscina de terapia, donde nos dimos la oportunidad de conocernos mejor y tenernos confianza.

Yo le di también la oportunidad de que evaluara mi temor. Me abochornaba que éste fuera tan grande, y pasar tiempo en el agua con la maestra de natación me hizo sentir que llevaba mis entrañas sobre la piel para que todo el mundo las viera.

Dedicamos esa primera lección a los pasos básicos. Ella me acercó a la piscina por la rampa de acceso para sillas de ruedas y me alentó a que diera un paso hacia lo hondo, y después otro. Me sumergí hasta que el agua me llegaba a la mitad de las pantorrillas, luego hasta las corvas y después a la mitad de los muslos. Cuando tocó el borde inferior de mi traje de baño, intenté recordar la más reciente ocasión en que me había sumergido a esa profundidad.

Siempre le temí al agua. A mis cuarenta y cuatro años, no me acordaba de que la hubiese disfrutado alguna vez. Aun caminar por la orilla de una alberca me producía pánico.

Por si fuera poco, también había habido humillación y vergüenza. Todas aquellas veces en que me fingí demasiado ocupada para asistir a reuniones cuando descubría que se celebrarían en una piscina, todas las invitaciones que había declinado a eventos junto a lagos y en botes… Desde mucho tiempo atrás había dejado de admitir que el agua hacía que me sintiera incómoda porque nunca faltaba alguien que quisiera persuadirme. "Vas a estar bien", "Puedes ponerte un chaleco salvavidas" o "No te preocupes, no permitiremos que te ahogues".

> Escondía mi aprensión para guardar las apariencias, así que pocos sabían que le temía al agua.

No lo conseguían. No comprendían la fobia que desciende del cuello y no presta atención a razones ni realidades. La mezcla de emociones se convertía en un remolino oscuro: la vergüenza causaba más temor y tener miedo aumentaba la vergüenza. Yo escondía mi aprensión para guardar las apariencias, así que pocos sabían que le temía al agua.

Lori me invitó a que me sumergiera más mientras yo deslizaba los pies en el suelo de la piscina para saber si de repente se hundía más.

¿Qué pasará si se sumerge demasiado? ¿Si me resbalo y pierdo el equilibrio? ¡Ay, Dios!, ¿por qué no nos acercamos más a la pared?

Cuando el agua subió hasta mis costillas, Lori supo que había llegado al límite. Cambió de táctica y me pidió que metiera la cara al agua. No que la sumergiera; nada más que me inclinase para que el agua la tocara.

Me apreté la nariz con una mano y me apoyé en el antebrazo de Lori con la otra. Me intranquilizó sentir que su cuerpo se volvía líquido y ondulaba como las olas en el agua poco profunda. Logré mojarme la cara y hasta ahí. Había consumado la primera lección de natación en mi historia. Lancé un suspiro de alivio y me volví para regresar a la zona baja.

—Intentemos seguir este camino —Lori me guio por la corta distancia que nos separaba de la orilla de la alberca.

Me espanté cuando entendí a qué se refería. Quería que me colgara del borde de la piscina y me abriera paso por él hasta los escalones del extremo opuesto. Cuando entré, vi los grandes números pintados de color azul y me obstiné en apartarme de la orilla. ¿Un metro con setenta centímetros? *¡De ninguna manera!*

—Sólo inténtalo —insistió.

Lo intenté. Avancé unos centímetros. Luego varias decenas de ellos. Y después otro tanto.

A 1.40 metros de profundidad ya me costaba trabajo mantener los talones en el suelo. Sentí que había olvidado cómo respirar. Conforme la profundidad de la alberca aumentaba, yo avanzaba cada vez más despacio. Cuando nos acercamos a la marca de 1.5 metros, mi progreso era tan fatigoso que Lori titubeó. Aun así, continuamos nuestro lento avance.

Sentí que habían pasado horas cuando llegué a mi destino, cerré mis blanqueados dedos en el pasamanos al otro lado de la alberca y subí tambaleante los peldaños.

Mientras las gotas de mi cuerpo caían al suelo, temblé de euforia y alivio. *Lo logré. ¡Lo logré!* ¿Podría hacerlo de nuevo? ¿Podría presentarme a otra clase la semana próxima? ¿Alguna vez sería capaz de meter al agua toda la cabeza o soltarme de la pared, o más todavía: de nadar de verdad?

Por alguna razón, en ese momento supe que podría. Una serie de sermones me había infundido valor para que llamara al YMCA y pidiera informes sobre las clases privadas de natación para adultos. Ahora que ya me había inscrito, y cumplido con presentarme, sentí que podía hacer cualquier cosa.

Volví. Entre una clase y otra, también pasaba tiempo en las sesiones generales, durante las que chapoteaba un poco a fin de que adquiriera habilidades y seguridad. Cinco meses más tarde, me solté de la pared en lo hondo y crucé a nado toda la piscina, en medio de los aplausos y vítores de mis compañeros.

Puede que nadar no sea la gran cosa para la mayoría. Sin embargo, lo importante no es tanto la natación en sí, sino vencer el temor. Atreverse a probar y temer, pero hacerlo de todas maneras. Lo realmente importante es esperar: desde que somos incapaces de soltarnos hasta que podemos hacerlo y dejamos de aferrarnos. Lo importante es el apoyo, el aliento y la persistencia. Y a veces lo más grandioso de todo es entrar en lo bajo y emerger triunfalmente en lo hondo, así tardes un siglo en llegar allá.

~Kathy Bernier

95

Potencia de pedal

Vivir es como andar en bicicleta: si quieres mantener el equilibrio, no debes dejar de moverte.

~ALBERT EINSTEIN

—¡No me sueltes! —bramé mientras Graham corría a mi lado por el callejón. Su largo cabello ondeó en su cuello a la par que se sujetaba de la plateada barra a un costado de mi flamante bicicleta.

Al tiempo que los demás voluntarios del Cuerpo de Paz salían disparados por las abarrotadas calles de Sri Lanka, yo tenía que rezagarme con mi bicicleta, que acababa de adquirir en la minúscula tienda de la Colombo-Kandy Road. Yo era la única que no sabía andar en bicicleta.

—¡No me sueltes, por favor! —supliqué. Graham, un afable voluntario, se había ofrecido a ser mi maestro.

—¡Claro que no, Elana! Te lo prometo —me dijo. Aunque teníamos apenas unos meses de conocernos, me sentía muy segura a su lado.

En medio de nuestra lección, vi que algunos grupos de lugareños se detenían a mirarme. Alcé la vista y vi que mis compañeros del Cuerpo de Paz salían de nuestro albergue. Tomaban fotografías de mi clase y me animaban a que continuara.

Esta actividad era de lo más natural para todos ellos. Habían andado en bicicleta desde niños.

—¡Es fácil! —sentenció Myah.

Pero cuando lo intenté, mis piernas se volvieron como de gelatina y fui incapaz de recuperar el equilibrio. Por si alistarse en el Cuerpo de Paz no hubiera sido lo bastante difícil, aprender a andar en bicicleta en menos de una hora se antojaba francamente inconcebible.

En mi condición de muchacha urbana, había conseguido escapar de ese rito de iniciación. Mi coartada era siempre la misma: los chicos de ciudad no hacían esas cosas. O al menos eso era lo que yo decía. La verdad es que la falta de habilidades motoras me había agobiado desde hacía muchos años. Toda la vida había querido vencer ese temor, pero ¿cómo? Graham fue mi respuesta.

Después de que me caí en sólo dos ocasiones a lo largo de varias prácticas, al final ya sólo me tambaleaba, hasta que logré sostenerme. ¡Ya sabía andar en bicicleta! ¡No podía creerlo! Cuando miré a mis espaldas, vi que Graham corría velozmente, como una estrella de la pista, y mantuvo el paso hasta que le dije que podía soltarse. En ese momento supe qué significaba volar. Comprendí el ansia de saltar en bungee, lanzarse en paracaídas y practicar todos los demás deportes relacionados con la adrenalina. ¡Por fin lo había logrado!

> **Sin ruedas de refuerzo. Sin rodilleras. Sin vergüenza.**

Aprendí a andar en bicicleta en veinticuatro horas. Sin ruedas de refuerzo. Sin rodilleras. Sin vergüenza. Me sentí invencible. Era el principio de una larga batalla para vencer temores que no puedo explicar con palabras. Como no puedo expresar tampoco la alegría que una joven sintió cuando, durante un momento apenas, fue capaz de hacer lo imposible.

Una vez que aprendí, a menudo se me veía desplazarme en bicicleta por la aldea. Este acto se convirtió en mi marca distintiva, mi icono. Al principio no sabía cómo detenerme o frenar bien; mi adiestramiento no había llegado tan lejos. En cambio, con frecuencia me servía de una zanja en una curva muy cerrada para que amortiguara mi caída. Por alguna razón, siempre aterrizaba sobre el mismo punto de mi rodilla derecha. Tengo las cicatrices para probarlo, una imprecisa forma de estrella que permanece en mi pierna como si fuera un tatuaje. Su deformidad me encanta. Miro esa imperfección cuando pierdo el aplomo y debo recordar qué se siente correr riesgos. Simboliza todos los riesgos que tomé en esos años en el extranjero. Me recuerda de qué soy capaz, aun si creo que ya es demasiado tarde.

Graham y yo aún somos amigos. Lazos como éste son irrompibles. Hace poco nos vimos y nos dimos un fuerte abrazo. Alteró su agenda para que pudiéramos reunirnos. Quería que su esposa conociera a la impertinente voluntaria de hace tantos años. Le pregunté si se acordaba de ese día.

—¡Por supuesto! —contestó—. Me enviaste una fotografía en la que apareces andando en bicicleta por la aldea. Todavía la tengo. Es mi foto favorita —también para él había significado algo—. ¡Fuiste muy valiente!

Es cierto. Aún puedo serlo. A veces lo único que necesitamos es una persona especial que nos dé un empujón y nos ayude a emprender la marcha.

~Elana Rabinowitz

96

Jamás nuevamente vacía

Los amigos son la familia que eliges.

~JESS C. SCOTT

Mi esposo me abandonó, se mudó al otro lado del país y me dejó con miles de dólares en deudas, una cuenta bancaria desprovista, una perrera vacía y un coche que no arrancaba. Lo peor de todo fue que la recámara de mi hijo también se quedó vacía. Mi esposo se lo llevó.

Me quedé sola con mi hija. La sensación de vacío era apabullante.

Vivía en una casa rentada y me sentía terriblemente sola, ansiosa, enojada, incluso desesperada. Empeñada en transmitirle a mi hija una sensación de estabilidad y fuerza durante ese terrible periodo, la mantuve cerca de sus amigos, en la escuela que adoraba y la casa que conocía. Y aunque contemplé la posibilidad de aceptar huéspedes, no quería que personas desconocidas invadieran nuestro deteriorado mundo y presenciaran nuestro dolor.

También temía otras cosas de los huéspedes. ¿Sería capaz de juzgar con acierto el carácter de desconocidos para darles acceso a nuestro hogar? Me preocupaba igualmente que mi hija estuviera expuesta a influencias negativas. Y sobre todo, no deseaba forzar nuevas relaciones en nuestra vida mientras sanábamos de las experiencias pasadas. Además, me afligía la idea de ocupar el cuarto de mi hijo con cualquier persona que no fuera él.

No obstante, debía ser realista. Si queríamos permanecer en nuestro hogar y mantener cierta continuidad en la vida, tendría que ser valiente… y buscar el valor necesario para ser casera. Decidí entonces que subarrendaría nuestras recámaras desocupadas únicamente a jóvenes solteras.

Sabía que esto sería arriesgado, así que primero me aseguré de que el subarrendamiento no causaría problemas legales. Después hablé con personas que ya habían hecho la prueba, para enterarme de cómo habían elegido a personas que fueran de fiar.

Decidí no ofrecer mi casa a todo el mundo. En cambio, corrí la voz entre mis amigas y colegas y puse un aviso en el templo. Preparé una solicitud y un contrato de renta, que preveía lo relativo al depósito, la renta mensual, los retrasos en el pago y las indemnizaciones. También incluí en él las reglas de la casa: no fumar, no beber alcohol, no meter hombres de noche, etcétera.

A todas las candidatas que entrevisté les pedía referencias, y verifiqué lo mejor posible su carácter mediante contactos con sus jefes y amigos. Antes de la aprobación definitiva de una solicitante, se la presentaba a mi hija, para saber si también a ella le satisfacía la decisión.

> **Su amistad y compañía me ayudaron a sanar y recuperar el gusto de vivir.**

Una vez que elegimos a una inquilina, y luego a una segunda, surgieron muchas dificultades imprevistas, y tuve que ser fuerte para imponer límites adicionales. Pronto me di cuenta de que mi plan no estaba exento de fallas. Todas mis recámaras se habían ocupado, pero mi atribulado corazón seguía vacío.

Mi hija y yo intentábamos respetar la privacidad de nuestras huéspedes y esperábamos que ellas nos correspondieran. Pero eso no siempre fue fácil. En una ocasión, una de ellas metió de noche a su novio, pese a la prohibición expresa. La otra era entrometida y fastidiosa. Tuve que pedirles a ambas que se marcharan, y aunque esto nos concedió mucho alivio, sentí que había fracasado, y mis recámaras se vaciaron de nuevo.

En mi segundo intento, mejoré en la selección de inquilinas. Por lo general podíamos arreglar nuestras diferencias, resolver los problemas y seguir adelante, y al paso de los años en que fui casera continué creciendo en fortaleza, valor y fe. En un periodo de ocho años tuve diez huéspedes. A lo largo del camino compartimos nuestras vidas, y ellas se volvieron algo más que fuentes de ingresos. Se hicieron mis amigas, y gracias a ellas reí de nuevo, jugué de nuevo e incluso lloré mientras pasaba por el proceso de curación.

Nos volvimos una comunidad. Trabajábamos en equipo y jugábamos juntas. Teníamos una "Noche de mujeres", en la que compartíamos platillos, jugábamos algo o veíamos películas. Celebrábamos nuestros respectivos cumpleaños y festividades. Participábamos en las bodas de las demás como damas o coordinadoras, y más tarde bendecíamos el nacimiento de bebés y muchas otras cosas. Forjamos relaciones de por vida, e incluso hoy continuamos "haciendo juntas la vida" pese a que la mayoría ya estemos casadas y vivamos lejos.

Una de mis antiguas inquilinas es ahora contadora en Francia. Otra se dedica a las finanzas en Sudáfrica. Una más es una mamá muy ocupada de tres chicos en Nebraska. Otra cría a sus gemelos en Missouri. Sólo tres seguimos en Colorado Springs. Sin embargo, cada una de ellas es parte importante de mi vida. Son familia, personas que curaron mi corazón, me enseñaron a confiar otra vez y cambiaron mi vida.

Todas ellas fueron instrumentos de la gracia que me trajo adonde estoy ahora, y doy gracias de que haya tenido el valor de ocupar mis habitaciones vacías y recibir a esas mujeres en mi vida. Cada una de ellas me dio lecciones importantes en mi viaje de regreso a la soltería. Su amistad y compañía me ayudaron a sanar y recuperar el gusto de vivir.

Mi vida ya no está vacía. En medio de los altibajos de una vida en común, aprendí mucho de mí misma y de vivir con personas distintas, y aprendí a ser valiente. Nuestras amigas y vecinas nos acusaban a menudo de que nos divertíamos demasiado. Estaban en lo cierto.

~Susan G. Mathis

Una maestra en Tailandia

Prueba nuevas cosas. No temas. Sal de tus zonas de
confort y remonta el vuelo.

~MICHELLE OBAMA

Mi vuelo llegó a Bangkok a altas horas de la noche, justo a tiempo para que pasara por la aduana y me dirigiera a la estación adyacente, donde abordaría un tren nocturno a Nong Khai, ciudad del norte cerca de la frontera con Vietnam donde trabajaría.

Me sentía menos nerviosa que cansada luego de un vuelo de veinte horas sin dormir. No despertaba aún a la realidad de que estaba en Tailandia sin que supiera una sola palabra de tailandés, de modo que no entendía muchos letreros.

Una vez que cargué y arrastré mis grandes maletas, llegué sin aliento a la taquilla. Presenté mi impresión de la página web en que había hecho mi reservación ante un hosco agente que la miró un momento, pasó los dedos por una lista manuscrita en su escritorio, sacudió la cabeza y me dijo con un inglés seco y vacilante:

—No, señora. El tren está lleno.

—Pero ¿qué hay de mi reservación? Es de un asiento en el coche cama. La hice por internet. Mire usted.

Señalé mi arrugada hoja. Él sacudió la cabeza con más vigor y me dijo algo ininteligible que parecía sugerir que debía esperar. Probablemente disponían de un asiento normal, aunque en absoluto en el coche cama. El tren llegaría en cualquier momento, procedente de la terminal de Bangkok, y haría una rápida escala en la subestación del aeropuerto. Tomé asiento aturdida.

Junto a mí había una docena de viajeros, que habían escuchado mi conversación con el agente.

—¿Por qué quiere ir a Nong Khai? —me preguntó tímidamente una mujer—. No es para turistas.

Le expliqué que iba de camino a las oficinas de una organización de beneficencia donde recibiría orientación y se me asignaría un trabajo voluntario en otra ciudad. En unas semanas más, empezaría a dar clases de inglés.

"Dar clases" fueron las palabras mágicas. Otra mujer, muy arreglada y que hablaba un inglés excelente, armó al instante un gran alboroto sobre mí y, en tailandés e inglés, anunció con vehemencia a los demás pasajeros en espera:

—¡Es maestra! ¡Debe subir al tren!

Sostuvieron entonces una animada y para mí incomprensible conversación con el agente de los boletos, quien me dijo:

—De acuerdo, señora. Tendrá un asiento en el coche cama.

La joven pareja sentada frente a mí en la sala de espera había ofrecido su asiento especial a cambio de otros regulares, que el agente encontró de algún modo. No me pareció justo y dudé de aceptarlo pero, exhausta por el largo vuelo, acepté agradecida.

Me sentí más relajada. La misma mujer amable dijo que me ayudaría a identificar el vagón indicado y a hallar mi lugar. Pronto escuchamos que el tren se acercaba y enfilamos hacia el andén. Cuando arribó, nos dimos cuenta de que no habíamos intercambiado nuestra información de contacto. De mi bolso saqué rápidamente una libreta, garabateé mi nombre y mi dirección de correo, arranqué la hoja y se la di a la dama a cambio de su tarjeta de presentación, que ella había extraído de una de las bolsas de su abrigo.

Abordamos el tren en medio de una gran agitación; estaría ahí el tiempo apenas suficiente para que unos cuantos pasajeros subiéramos. La señora me señaló mi carro. Nos despedimos a toda prisa mientras ella ya corría por el andén y subía de un salto a su vagón, tras de lo cual el tren emprendió la marcha.

Justo cuando me senté y comenzaba a preguntarme cómo convertir el asiento en una cama reclinable para mi viaje de toda la noche, se acercó una sonriente joven. Al parecer, también acababa de abordar el tren. Empujaba su maleta en el pasillo y me tendió la mano. La miré desconcertada y vi que traía mi billetera. Presa de pánico, comprendí que se me había caído de la bolsa en el andén en tanto intercambiaba números con aquella buena tailandesa.

Mi sensación de negligencia y desatino fue inmediata. Llevaba menos de una hora en ese país y ya había estado en riesgo de perder mi tren. Peor todavía, había perdido mi cartera. Me sentí agradecida pero vulnerable.

Por fin me dormí y el tren se abrió, con paso traqueteante, hacia mi aventura. Un coordinador me recogió en Nong Khai y, junto con otros voluntarios del mundo entero, dediqué ese día a conocer costumbres locales como la de cuándo y cómo *wai* (bajar la rodilla y unir las manos al frente en muestra de respeto) y otras pautas básicas. Asistiríamos a los profesores de inglés y permitiríamos que sus alumnos practicaran su pronunciación con nosotros.

> **Me hallé frente a veinticinco o treinta rostros inquisitivos.**

Al día siguiente viajé en autobús a Loei, donde tropecé con una letrina por primera vez en mi existencia. Me asusté cuando entré en el pequeño cuarto rotulado como "baño" y no vi otra cosa que un agujero en el suelo.

En Loei me recibió Nat, la joven maestra a la que auxiliaría. Me llevó a casa de sus padres para que pasara ahí la noche. Aunque no hablaban inglés, eran cordiales. Resultaba increíble encontrar a personas tan buenas al otro lado del mundo. A la mañana siguiente partimos muy temprano a la aldea rural donde se ubicaba la escuela en la que Nat daba clases. Yo me sentía ansiosa y emocionada.

Tras la ceremonia de honores a la bandera, que se celebró al aire libre en punto de las ocho de la mañana, Nat me llevó al aula de primer grado y me presentó con una maestra. Sin añadir palabra, abandonó el salón. Luego de que la maestra se retiró también, me hallé frente a veinticinco o treinta rostros inquisitivos que me miraban por encima de frescos uniformes de colores blanco y azul marino. Guardaban silencio… y yo estaba estupefacta. Miré a mi alrededor y encontré vistosos carteles y letreros en tailandés. Arriba de ellos, en todo el perímetro de la sala, un cartelón contenía grandes letras que pude identificar. Gracias al cielo, aquél era un alfabeto latino, que también contenía algunas palabras cortas: *B-boy. D-dog. K-key*.

Dije lentamente:

—Buenos días, niños.

Para mi alivio, ellos respondieron al unísono:

—Buenos días, maestra.

Habíamos roto el hielo y yo me mostraba tan tímida como ellos. Recitamos juntos el alfabeto y a continuación señalaban objetos y partes del cuerpo, yo les daba la palabra en inglés y ellos la repetían obedientemente. Veinte minutos más tarde me quedé sin ideas y la maestra a la que ayudaría no aparecía aún por ningún lado.

Les enseñé "The Hokey Pokey" y bailé para indicarles con pantomima las palabras que anotaba en el pizarrón: brazo, pie, cabeza, dentro, fuera, sacudida. Juntos apuntamos hacia narices, bocas, ojos y codos, izquierda y derecha. ¡Sentí que transcurría una eternidad!

Luego de esa aterradora primera clase, le expliqué a mi anfitrión que estaba preparada para ayudar, no para dirigir, y que necesitaría a alguien que les tradujera mis palabras a los niños. Las cosas mejoraron en los días siguientes ¡y descubrí que podía enseñar sola a los estudiantes mayores!

Atesoraré toda la vida mis recuerdos de esa aventura en Tailandia. Sólo lamento no haber tomado un video de mi interpretación, en esa primera clase, de "The Hokey Pokey" para un grupo de alumnos tailandeses de primer grado.

~Ruthanna Martin

De pie en la entrada

*El encuentro de dos personalidades
es como el contacto entre dos sustancias
químicas: si ocurre alguna reacción,
ambas se transformarán.*

~CARL JUNG

Encorvada en el escritorio de mi oficina, calificaba los trabajos de mis alumnos y ansiaba una noche solitaria cuando alguien llamó delicadamente a mi puerta. Era Sarah, mi colega del Departamento de Redacción Profesional, a quien conocía desde nuestro primer año en la universidad. Sin embargo, verla no me alegró el día. Habíamos sido rivales desde que nos conocimos y apenas el día anterior ella había sido aceptada en un programa de redacción en el que me rechazaron.

—¿Harás algo esta noche? —estaba justo en la entrada de mi oficina y sostenía ambos extremos de un lápiz al tiempo que se inclinaba hacia el pasillo.

—No tengo ningún plan —contesté con renuencia.

—¿Te agradaría que nos reuniéramos en Starbucks? Cada una podría corregir el ensayo de la otra para el seminario de redacción.

No tenía el menor deseo de ir.

Ella sabía que había sido rechazada, así que el motivo de su invitación no podía ser otro que lástima. Jamás me había invitado a hacer nada en los ocho años que llevábamos de conocernos. Nuestra única interacción se había reducido a meros saludos en los corredores del Departamento de Inglés. De manera que no, no quería ir, ni que ella leyera mi ensayo; a pesar de ello, me oí decir:

—Sí, claro, me parece bien.

Temí el encuentro en Starbucks toda la tarde; sentía en cada ocasión que el estómago me daba vueltas. Imaginé a Sarah leyendo mi ensayo. Imaginé que pensaba: *No es de sorprender que la hayan rechazado. ¡Esto es una porquería!*

Cuando llegué a Starbucks, la encontré sentada a una pequeña mesa en la que se dispersaban varios borradores de su ensayo. Pedí un latte y me senté frente a ella. Luego de tomar un sorbo de espuma en silencio, resolví que sólo permanecería ahí una hora y saqué un montón de trabajos que aún debía calificar. Con la esperanza de que ella hubiera olvidado leerlo, hice a un lado mi ensayo y me puse a calificar mientras ella hacía correcciones a lápiz en su casi perfecto ensayo. La había oído decir a alguien que incluyó ese ensayo en su expediente del programa de redacción; era obvio que lo consideraba aceptable tal como estaba. Confié en que no me pediría leerlo; no podría manejar emocionalmente la inevitable comparación que haría entre mi redacción y la suya, a sabiendas de que yo no había dado el ancho.

—¿Tuviste un buen día? —pregunté sin voltear, sólo para romper el incómodo silencio.

—Sí. Sí, fue bueno. ¿Y tú?

—Sí.

Agité el pie en nerviosas rotaciones. Callamos una vez más —cada una fingía estar concentrada en su labor— hasta que al fin me hizo la temida pregunta.

—¿Éste es tu ensayo? —tomó el trabajo y fijó la vista en las insatisfactorias páginas.

Me tensé.

—Sí.

Sentí que era la chica en la feria de ciencias con el lastimoso sistema solar cuyos planetas se desprenden de su sitio. Fingí que seguía calificando y mantuve inclinada la cabeza, aunque miraba periódicamente su rostro en busca de señales de menosprecio o desdén. No obstante, ella permanecía impasible e indescifrable mientras yo me atormentaba acerca de lo que pensaba, en especial cuando empezó a marcar correcciones con lápiz. Crucé, descrucé y recrucé las piernas, me troné los dedos y batí los pies. Quité la tapa de mi pluma y la mordisqueé. Temerosa de que enloquecería, buscaba cualquier objeto en que ocupar mi torturada mente cuando vi su ensayo de nuevo.

Leí el título: "Mi pequeña caja".

Tenía que leerlo. Ella daba por sentado que lo haría.

—¿Éste es tu ensayo? —estaba tan poco preparada para formular esta interrogante que las palabras se me atoraron en la garganta, como a Kermit la Rana.

—Mm-hm —dijo. Por su tono y expresión, me pregunté brevemente si estaba tan insegura como yo o si nada más la había sobresaltado la voz de Kermit.

Algo misterioso aconteció mientras leía su ensayo. Aunque tenía ocho años de conocerla, era de pronto como si la viera por primera vez.

> Apenas podía respirar. Temía que la magia se desvaneciera si lo hacía.

Sus simples descripciones de ella misma en la playa como "un terror con cara de pecas" que perseguía cangrejos en la arena, y sus poéticas imágenes de haber visto el mar por primera ocasión me cautivaron por completo, y envolvieron el tiempo en un lapso apacible en el que todo parecía correcto y normal. La pequeña caja en la que no pudo recrear el océano era un reflejo de su pequeña caja de expectativas insatisfechas. "Pero si todas las expectativas se cumplieran", escribió, "no tendríamos sueños, espontaneidad ni ímpetu."

Había volcado su espíritu en esas páginas, y tocó el mío. Apenas podía respirar. Temía que la magia se desvaneciera si lo hacía.

—¿Estás bien? —preguntó.

Me aclaré la garganta y contesté:

—Así es como me gustaría escribir.

Deslicé su trabajo al otro lado de la mesa.

—¿Qué?

—Escribes como querría imaginar que lo hago yo —y tamborileé sobre mi ensayo—. Pero sucede que en este momento escribo así.

—No, eres así —repuso—. Lo que ocurre es que nuestros estilos son distintos. Tú te concentras en el humor y los personajes; mi estilo es más meditativo.

—"Meditativo" suena mucho más resuelto que "humorístico" —dije con una sonrisa a medias.

—No puedes cambiar lo que eres —replicó—. ¿Dónde estaríamos si Lucille Ball hubiera querido ser Audrey Hepburn? —me devolvió mi ensayo—. Deberías presentar tu solicitud para un programa diferente.

Sonrió incierta, como si pudiera ver mi maltrecho espíritu y quisiera medicarlo. Presa aún del encanto de su texto, me oí dedicar la hora y media siguiente a hablar sin traba alguna de mis metas, fracasos y desalientos mientras ella escuchaba con una atención digna de una amiga de toda la vida y hacía comentarios, me alentaba y me transmitía sus propios pensamientos y preocupaciones. La conversación fluyó tan fácilmente que me sumergí en la novedad de ese momento hasta que el barista de Starbucks nos dijo que ya iban a cerrar.

No quería que esa noche llegara a su fin. No quería volver a casa y dar por terminada la conversación.

—Hagamos esto otra vez —le dije a la salida.

Ella asintió.

—¡Hecho!

Me aceptaron en otro programa y Sarah y yo nos ofrecimos mutuo ánimo a lo largo del arduo camino de nuestra maestría en redacción. Han pasado cinco años desde esa noche en Starbucks y somos todavía la principal fuerza de aliento en la vida de cada cual. En ocasiones, eso parece hoy un lugar común, una historia de hace mucho tiempo.

Pero nunca olvidaré a Sarah parada afuera de mi oficina e inclinada hacia el pasillo, lista para huir si yo rechazaba su invitación a Starbucks. Esto me lleva a preguntarme de cuántas amistades me he perdido porque estaba demasiado ocupada como para aceptarlas o porque no fui lo bastante valiente para ser quien permanece firme en la entrada.

~Laura Allnutt

Nunca lo haría

Valentía no es ausencia de miedo.
Es tener miedo y superarlo.

~BEAR GRYLLS

En 1990, el grupo de música de nuestra gran iglesia contaba con muchos coros: el de niños de todas las edades, un ensamble mixto, un coro de campanas, una orquesta y un melodioso coro de ciento cincuenta voces adultas bajo la conducción de Jean Parker.

Yo admiraba de lejos a Jane y sus talentosos intérpretes, porque no estaba dotada de ninguna aptitud vocal natural. Sería acertado decir que era incapaz de llevar una melodía, ignoraba qué era un tono y no tenía idea de qué significaban los puntos negros en las partituras. "Con un impedimento extremo para cantar" sería un término políticamente correcto que se usaría el día de hoy.

Aun así, me encantaba la música. En consecuencia, expresaba ese amor en una forma única: cantando a voz en cuello con el uso del lenguaje de signos y movimientos. Aprendí a "cantar" con signos cuando tenía cinco años. Era mi manera de obedecer esta sentencia de mis padres:

—A los niños se les debe ver, no escuchar.

Un lunes encabecé nuestra habitual clase de ejercicios en la iglesia. El hermoso himno dominical no cesaba de repetirse en mi mente y quise probar suerte cantándolo con el lenguaje de signos. Así pues, esperé pacientemente a enfrentarme a esa canción hasta que la clase terminara, cuando todos se hubieran marchado. En estricto sentido, yo era una "cantante de clóset". Sólo me sentía a gusto si cantaba para un público de uno.

Con todo, ese día hubo un público de dos. Por casualidad, Jane Parker pasaba en ese momento por el aula y presenció mis silenciosos esfuerzos de cantar alabanzas y rendir culto sin palabras. Se acercó a mí.

—Veo que te gusta cantar con signos —¡Oh, no! Mi secreto celosamente guardado había sido descubierto. Continuó—: He pensado enriquecer visualmente una canción que se presta al lenguaje de signos y movimientos. ¿Te gustaría participar en un dueto con una de nuestras cantantes?

—¡Paso! —contesté—. Me estresaría demasiado cantar con signos delante de la gente. Éste es el lenguaje en el que me comunico con Dios en privado.

—Comprendo —dijo—. ¿Pero estarías dispuesta por lo menos a consultar al Señor en tus oraciones antes de que tomes una decisión definitiva?

—Claro que podría hacerlo, ¡pero ya sé que jamás podré cantar! —dije.

Volví a casa con una agitada contrariedad en mi alma. A la persona tímida e insegura que solía sentarse en la última fila de la iglesia se le había pedido hacer lo impensable.

Oré obedientemente a fin de sopesar esa propuesta. Mi rezo fue éste: "Sabes, Señor, que me sería imposible cantar con signos en público. Sabes que sólo me gusta hacerlo para ti. No podría hacerlo al frente de una iglesia. Y estoy segura de que no quieres que lo haga, ¿verdad?".

No fue una voz audible lo que oí cuando Dios habló a mi corazón, pero igual podría haberlo sido. "La gente debe ver cómo es una relación de amor conmigo. Hazlo por mí."

Me quedé atónita. Le confié a Jane lo que sentí que Dios me instruía hacer y quedó encantada. Yo me petrifiqué.

El dueto cantante/hablante de signos se dispuso debidamente. Y sucedió.

Sobreviví, aunque debo admitir que sentí un enorme alivio cuando acabó. Por fin podía regresar a la sombra para seguir rindiendo culto en privado.

El lunes siguiente, Jane llegó al aula después de nuestra clase semanal de ejercicios. Quería decirme que estaba muy agradecida por el dueto del domingo y que apreciaba mucho la valentía con que había vencido mi temor a cantar con signos en público. Me comentó que la respuesta de la comunidad había sido abrumadoramente positiva. Y añadió que quería iniciar un Coro de Signos en la iglesia, el cual formaría parte del grupo de música.

Respaldé su impresionante visión y creatividad. Le dije que algún día, si yo era lo bastante valiente y mejoraba, consideraría incluso la posibilidad de pertenecer a ese coro.

—¡No! —exclamó—. No comprendiste bien. No quiero que pertenezcas al coro de signos: ¡quiero que lo dirijas!

Entre risas, repliqué con firmeza:

—¡Gracias por el voto de confianza! Pero sé que jamás podría hacer eso.

—¿Consultarías al Señor en tus oraciones? —me retó.

—Podría rezar hasta que las montañas vengan a mí, Jane, pero la verdad es que no soy ni por asomo una directora musical. No sé cantar. No soy una intérprete certificada del lenguaje de signos ni estoy calificada para ello.

> "*Sabes* que no puedo hacerlo, Señor."

—Sólo te pido que reces —reiteró tranquilamente.

Volví a casa y oré una vez más con devoción:

"*Sabes* que no puedo hacerlo, Señor."

Sentí que una respuesta inmediata pulsaba en mi corazón. "*Sé* que puedes. Por eso te elegí. Serás mi instrumento."

Acepté en principio iniciar un coro de signos. Anunciamos su creación en el boletín de la iglesia y le dije a Jane:

—Si no se presenta nadie, abandonaremos la idea.

Estuvo de acuerdo. Se presentaron ocho personas.

Todos decidimos bautizar nuestro colectivo como Coro de Signos AMOR EN MOVIMIENTO. Supusimos que a nuestra pequeña banda de cantantes de signos se le pediría presentarse una o dos veces al año. Esto ocurrió hace más de veintisiete, y ahora promediamos veintiocho apariciones anuales en todo el mundo.

Cada vez que este coro se presenta, hay personas que preguntan si pueden integrarse a él. Al correr de los años, más de cuatrocientos individuos de veinte iglesias han pasado por este grupo y aprendido el arte de cantar con signos.

En 1998, el multigeneracional Coro de Signos AMOR EN MOVIMIENTO se convirtió en un coro itinerante cuando fuimos a Washington, D.C., en ocasión del Día de los Caídos en la Guerra para participar en una conferencia de quienes han perdido a un ser querido en las fuerzas armadas.

Por medio de recomendaciones verbales, se nos ha invitado a compartir nuestro inspirador grupo en otras iglesias, presentaciones locales y conferencias regionales, nacionales e internacionales de The Compassionate Friends, Bereaved Parents of the USA y Umbrella Ministries. Hemos actuado en treinta y cuatro estados y trece países y cantado con signos en actos cristianos y seculares con un público de hasta seis mil personas.

Recibo una lección de humildad cada vez que miro atrás y me asombro y maravillo de todo lo que me habría perdido si no hubiera consultado al Señor en mis oraciones y dicho "sí" a su impulso. Él me tenía reservadas abundantes bendiciones, en beneficio propio y de miles de personas más. Gracias a esto, todavía disfruto mucho cuando canto con signos para un público de uno.

~BJ Jensen

100

Mariposas y pterodáctilos

*Alentémonos, animémonos y fortalezcámonos
unos a otros. Porque la energía positiva impartida
a uno será sentida por todos. Porque estamos
unidos y todos somos uno.*

~DEBORAH DAY

En medio de mis dificultades, me comprometí a asistir a treinta reuniones de Alcohólicos Anónimos en treinta días. Aunque al principio esta meta me pareció alcanzable, entre el trabajo y la vida acabé con cuatro ausencias y diez reuniones menos de las proyectadas. Casi me había convencido nuevamente de que soy un fracaso cuando vi la noticia de que habría una convención de fin de semana de Al-Anon/AA en el Hilton de Burbank. ¡Ésa era la solución a mi problema!

Con la salvedad de que les huyo a las multitudes. Ni siquiera me gustan las reuniones grandes. Mi máximo son veinte personas. Quise hacer un esfuerzo y tomar la palabra en cada una de aquellas juntas, pero me fue difícil porque prefería sentarme y fingirme invisible. Aun así, me persuadí de ir a esa convención. No hablaría con nadie.

Respiré hondo y busqué en mi clóset algo que me diera una apariencia más segura de lo que me sentía. Una capa y ropa interior lujosa me habrían sentado bien; me conformé con unos jeans y una blusa decente.

Cuando llegué al centro de convenciones, estuve a punto de darme la vuelta y escapar. ¡Estaba atestado! ¡Daba la impresión de que todo el Valle estuviera ahí, caramba! Respiré profundo y fui en busca de mi primera reunión. Cuando entré en la sala, lo único que vi fue NO. Era una sala INMENSA con MUCHAS sillas. Había un podio. Con un micrófono. ¡No, por favor!

No recuerdo el tema de esa primera junta, sólo la sensación. Me senté en la última fila, justo en la silla final. Aunque escuchaba, me sumergí sobre todo en las sensaciones a mi alrededor. Esto me relajó un poco. Al final me escabullí sin decir palabra. Tomé nota de la reunión y palmeé mentalmente mi espalda; ¡sólo me faltaban otras nueve antes de que pudiera marcharme!

A la mitad de la tercera junta me di cuenta de que quería hablar. Deseaba contar parte de mi historia a esas personas que narraban la suya. Quería uno de los pequeños prendedores en forma de mariposa que les regalaban a quienes tomaban la palabra.

Sucedió en mi cuarta reunión. Mientras me abría camino al frente de la sala, temblaba de pies a cabeza. Se me cerró la garganta; me pregunté si podría hablar siquiera. Cuando llegué al podio, miré el micrófono y al centenar de personas ahí congregadas y me pregunté brevemente si alguien ya había salido gritando de la sala o yo sería la primera. Respiré fuerte, me sujeté de cada lado del podio hasta que los nudillos se me pusieron blancos y comencé a hablar.

—Regalan prendedores de mariposa a las personas que se expresen hoy y debo decirles que no sólo siento mariposas en el estómago: también siento pterodáctilos. Me cuesta trabajo tomar la palabra en una reunión con un par de docenas de personas. ¡No tengo la menor idea de qué hago aquí!

La risa subsecuente aquietó mis nervios. Reírme de mí misma era mi mejor defensa contra la vergüenza; invitar a otros a que rieran conmigo equivalía a pedir su apoyo. Le sonreí a mi público —estas personas que no conocía pero que deseaban saber qué les iba a decir— y me enfrasqué en un relato de mi relación con mi madre. Vi sonrisas, un par de lágrimas, muchas risas y demasiadas inclinaciones de cabeza en señal de comprensión y conmiseración.

Cuando terminé, recibí aplausos y abrazos, ¡y al último mi prendedor de mariposa!

Compartí dos veces más ese día y varias al siguiente. Hablé de mi madre, mi padre, mis relaciones, sentimientos y retos. Casi cada reunión a la que asistí, fuera cual fuera su tema, tocó algo en mi interior y me motivó a ofrecer algo a cambio.

Las cosas no se facilitaron. Todavía me sentaba al fondo de la sala. Todavía no hablaba con nadie. Aún temblaba cuando caminaba hasta el frente del auditorio. Todavía dejaba huellas con mis manos sudorosas en cada podio que tocaba. Las mariposas en mi estómago seguían siendo tan grandes como pájaros. Pero una vez tras otra fui capaz de aquietarlas con la promesa de lo que vendría. La euforia del éxito era un estimulante natural, y vi que no era la única que experimentaba ese sentimiento. Algunas personas sonreían la mañana del sábado; para la tarde del domingo, ¡casi todos sonreían de oreja a oreja!

> Todavía dejaba huellas con mis manos sudorosas en cada podio que tocaba.

El tema de la última reunión fue, como correspondía, la gratitud. Me forcé a sentarme en primera fila. Cuando me levanté a hablar, las gigantescas aves dentro de mi estómago batieron sus alas pero no graznaron. Y descubrí que acortar mi camino al podio me daba menos tiempo para atemorizarme. ¡Ojalá me hubiera dado cuenta de eso mucho antes!

Cuando miré a la gente, no me agarré del podio con todas mis fuerzas ni respiré hondo para tranquilizarme. En cambio, sonreí y sentí que me temblaban los labios ¡porque esto era muy difícil aún! Varias personas sonrieron en respuesta, me alentaban en silencio. Comencé a hablar. Dije algo más o menos así:

—Hace un mes me comprometí a asistir a treinta reuniones en treinta días. Lo hice muy bien la primera semana, pero después me descarrié. Estoy muy agradecida con esta convención, ¡porque de otra forma no habría podido asistir a diez reuniones en dos días! Pero más importante aún que la cuenta de los días es la magia que ocurre dentro de cada una. Si alguien me hubiera dicho hace tres días que me pararía ante un podio con un micrófono para dirigirme a una multitud de desconocidos, me habría reído, y quizás habría hecho un chiste de escarnio dirigido a mí. Básicamente, a menos que me hubieran amarrado y transportado en una camilla, ésta no era una opción. De hecho, cuando ayer tomé la palabra por primera vez, bromeé y dije que sentía pterodáctilos en lugar de mariposas. Y los sigo sintiendo, aunque junto con las mariposas, ¡mírenlas! —señalé los prendedores en mi blusa.

"Cuando vuelva a casa esta noche, fijaré estos prendedores en la pared para que pueda verlos todos los días. Quiero que me recuerden este fin de semana; no sólo que logré mis treinta reuniones en treinta días, sino también que salí de mi seguro, protegido y pequeño mundo y no morí. Hice cosas de las que no creí ser capaz, ¡cosas que NO QUERÍA HACER! Cosas que pensaba que se sentirían terribles pero que se sintieron maravillosas. Y sí, me arrastraré de nuevo a mi caparazón, pero ahora sé que puedo volver a salir de él si lo deseo, lo cual es fabuloso. Les agradezco a todos que estén aquí, me escuchen, rían cuando deben y obstruyan la puerta cuando me dan ganas de escapar, aunque, ya hablando en serio, eso me sucedió sólo una vez. Sólo quiero darles las gracias porque me han dado justo lo que necesito ahora. Además de mariposas.

~Linda Sabourin

101

El círculo completo

Nuestro destino no es nunca un lugar, sino una manera
nueva de ver las cosas.

—HENRY MILLER

Había transcurrido casi un año desde la muerte de mi padre. Todos habíamos pasado por lo que pensé que era un curso normal de duelo, pero no podía librarme de la sensación de pérdida. Estaba inquieta y deprimida.

—Tengo que huir —no cesaba de decirle a mi esposo. Él trabajaba, así que no tenía tiempo para vacacionar.

Sentí que debía hacer algo que no había hecho nunca antes: viajar sola. Algunas de mis amigas, sobre todo las solteras, lo hacían con regularidad y las admiraba mucho. ¡Ni siquiera salía a cenar sola!

Nunca hacía nada espontáneo tampoco, y al fin una mañana le llamé a una agente de viajes. Cuando me preguntó adónde quería ir, no supe qué contestar. Le dije que quería ir sola a cualquier parte, a un lugar donde pudiera practicar yoga y español. Me reservó un hotel en la Riviera Maya, en México.

Mi esposo y mi hijo me llevaron al aeropuerto a altas horas de la noche y reaccioné por fin a la estremecedora idea de que me marchaba a lo desconocido. *¿Qué tal si el avión se viene abajo, nunca vuelvo a ver a mi familia, alguien enferma o muere en mi ausencia, soy asaltada o pierdo mi pasaporte?* Rompí a llorar mientras esperábamos en la fila.

Mi esposó sonrió y me dijo en son de burla:

—"¡Buuu, pobre de mí! Me voy a México de vacaciones, pobre de mí." ¡Vamos, cariño! Esto es un motivo de felicidad. ¡Anímate!

La puerilidad me había vencido. Entretanto, mi hijo adolescente se mantenía al margen, con la esperanza de que nadie lo relacionara con esa mujer de edad madura que no paraba de llorar.

Así, me marché y abordé el avión. Me senté junto a una agradable pareja de viajeros conocedores. Mientras conversábamos, reparé en que me hallaba en un vuelo fletado y que, cuando aterrizáramos, quizá sería la única que no subiría en el autobús hacia el hotel al que todos estos pasajeros se dirigían. Mi ansiedad llegó a su límite cuando el avión se sacudió en el aire, así que me tomé de la mano de aquella señora como si mi vida dependiera de ello.

—No vuelas mucho, ¿verdad? —me dijo.

Aterrizamos en Cancún a la una de la mañana. Después de que todos los demás partieron, me quedé sola afuera de la terminal. Esperé y esperé, y estaba a punto de entrar en el aeropuerto cuando llegó una camioneta rosa de la que bajó un sujeto de baja estatura que llevaba un letrero con mi nombre. Intercambiamos saludos y me subí a la parte trasera de la camioneta.

> Sí, ¡cenaba sola y disfrutaba cada momento!

A mitad de la noche, salí disparada en una traqueteante camioneta rosa sin cinturones de seguridad. Atravesamos lo que parecía una construcción, seguimos una autopista y entretanto el conductor parloteaba en español. Yo sólo asentía y repetía:

—Sí, sí.

Una hora después llegamos a lo que semejaba un palacio. Alguien me ofreció una copa de vino pero lo único que yo quería era dormir. Me trasladaron a mi habitación en un carrito de golf. Dejé caer la maleta junto a la cama, ignoré la lagartija en la pared, me desvestí y me acosté. Estaba aturdida, consumida por mis temores y preocupaciones. Rendida, dormí profundamente.

Al día siguiente desperté a la luz del sol, el servicio en la habitación, el agua salada y las gigantescas iguanas, a lo que le siguieron veladas de conciertos en la playa y platillos gastronómicos. Sí, ¡cenaba sola y disfrutaba cada momento! Mi español mejoró. Asistía a clases de yoga cada mañana y alimentaba a los peces en el lago. Mi ansiedad se disipó. Cuando le telefoneé a mi esposo, le agradó escuchar en la línea a una viajera entusiasta, no a una esposa de cuarenta años nostálgica y lloriqueante.

—¡Pronto recorrerás el mundo sola, igual que tu padre! —me dijo.

El jueves tropecé con lo que los mexicanos llaman un temazcal, un antiguo "vapor" hecho de roca volcánica que se utilizaba en ceremonias de purificación para calmar la mente, el cuerpo y el alma. Desde luego que me mostré escéptica, pero la curiosidad me ganó. Me uní en esa ceremonia con la mera ilusión de que tal vez me entretendría un poco.

El chamán tenía aspecto de personaje antiguo. Éramos un pequeño grupo de seis, todos turistas de diferentes partes del mundo. Un amigo de Alemania nos dijo que meses antes había perdido a su esposa. Antes de darnos cuenta, todos contábamos una historia personal. Cuando llegó mi turno, hablé de mi padre. Y lloré un río. Lloré como no lo había hecho ni me había permitido hacerlo desde su sepelio.

Cuando salí del temazcal me sentía serena, segura y fuerte. Nada terrible me había sucedido. El mundo no era extraño ni un lugar peligroso a la caza de chicas solitarias. Al contrario, continuaría viajando sola sin temor. Me había convertido en hija de mi padre.

~Julie de Belle

Nuestros colaboradores

Kristi Adams escribe sobre viajes y se ha ocupado de las llamas en Europa, las dificultades de usar un GPS en alemán, las cuevas de aventuras y muchos temas más. Vive en Alemania con su esposo, en calidad de soldado militar activo, y un gato refunfuñón al que rescató. Se enorgullece de haber colaborado en seis ocasiones con la serie *Caldo de pollo para el alma*. Conócela mejor en www.kristiadamsmedia.com.

Laura Allnutt obtuvo en 2014 una maestría en creación literaria en la Fairfield University. Acaba de terminar una novela y desea publicarla. Vive actualmente con su amiga Sarah y Dudley, su dachshund.

Susan J. Anderson es una maestra de inglés en recuperación que ahora dedica todo su tiempo a escribir. Cursó una maestría en creación literaria en la Towson University y bloguea en foxywriterchick.com. Le gusta leer, nadar y pasar tiempo con su esposo y sus tres hijos.

Andrea Atkins es una autora cuyos artículos y ensayos han aparecido en revistas nacionales en los últimos veinticinco años. Da clases y talleres de ensayos en Westchester County, Nueva York, y egresó de la University of Massachusetts/Amherst.

Jo-Anne Barton vive en Oxford Mills, Ontario, con su esposo y dos perros, Rocky y Billie. Éste es su primer trabajo publicado y espera seguir escribiendo y publicando. Tiene muchos pasatiempos; los viajes internacionales son el principal de ellos. Puedes escribirle a jotours2015@gmail.com.

Garrett Bauman ha publicado quince relatos en diversos libros de *Caldo de pollo para el alma*. También ha aparecido en *Yankee*, *The New York Times*, *The Chronicle of Higher Education* y numerosas publicaciones más. Vive con su esposa a un kilómetro y medio de la calle más próxima, en el área rural de Nueva York.

Nancy Beaufait siempre ha vivido en Michigan y ama a su estado en forma de manopla. Le gusta leer y tejer y desde hace mucho tiempo ha disfrutado escribir. Ansía retirarse pronto como enfermera y vivir en su pequeña cabaña junto a un lago.

Richard Berg es autor, artista y abogado. Es animador y productor de una serie de televisión dedicada a la música y la poesía y coanimador de otras dos series sobre artes, en las que interpreta a Edgar Allan Poe. Poesías y fotografías suyas han aparecido en publicaciones y se han exhibido en galerías y es abogado especializado en salud y seguridad en Massachusetts.

Kathy Bernier es una autora y bloguera de Maine. Su amor a la naturaleza y su preocupación por el planeta y la totalidad de sus habitantes son evidentes en sus textos, que van desde artículos sobre la naturaleza hasta ficción y recomendaciones prácticas para el hogar. Búscala y síguela en www.facebook.com/kathybernierwriter.

Deb Biechler es maestra retirada de preescolar y escritora *freelance* de Wisconsin. Le encantó cuidar una casa en Francia como un trabajo de transición hacia su retiro y exhorta a los lectores de su relato a que digan sí a sus propias invitaciones a la aventura.

La familia es clave para la felicidad, dice **Ellie Braun-Haley**, quien no cesa de escribir/hablar sobre la bondad y los milagros. Colabora con regularidad en la serie *Caldo de pollo para el alma* y es autora de dos libros sobre el movimiento creativo para niños, uno más sobre milagros y coautora con su esposo, Shawn, de un libro sobre el abuso en el matrimonio.

Eva Carter trabajó en finanzas. Es fotógrafa *freelance* y colabora con frecuencia en la serie *Caldo de pollo para el alma*. Vive con su esposo en Dallas, Texas, en compañía de su gato, Ollie.

La nominada al Nebula, **Beth Cato**, es autora de la dupla *Clockwork Dagger* y de la nueva trilogía *Blood of Earth* de Harper Voyager. Originaria de Hanford, California, se trasplantó al desierto de Arizona, donde vive con su esposo y su hijo. Síguela en BethCato.com, y en Twitter en @BethCato.

Melanie Celeste es una autora y comediante *freelance* que vive en Minneapolis con su hija adolescente y dos gatos gordos e ingratos.

Geneva France Coleman es una autora *freelance* del este de Kentucky. Habiendo crecido en Louisa, se mudó a Pikeville cuando se casó con Mike. Aunque es apalache de corazón, en fecha reciente se mudó con Mike a la hermosa región Bluegrass de Lexington, Kentucky, para estar más cerca de sus hijos y nietos.

Randal A. Collins es gestor de emergencias en la ciudad de El Segundo y presidente de AHIMTA. Es candidato a un doctorado en la University of South California (USC) en Los Ángeles, donde también juega lacrosse. Ha ocupado puestos en American Humane, el Indiana Department of Homeland Security y como marine. Tiene una maestría en liderazgo de la USC.

Ginny Huff Conahan dio clases durante catorce años en escuelas de Los Ángeles y durante otros dieciséis en Fort Collins, Colorado, a alumnos que iban desde jardín de niños hasta nivel universitario. Tiene un doctorado en pedagogía de la University of Southern California. Le gusta leer, hacer labores manuales y realizar trabajo voluntario. Puedes escribirle a gcona@comcast.net.

Darin Cook obtuvo una licenciatura en 1993 y ha escrito y editado desde entonces. Extrae material para sus textos de viajes y sus obras de no ficción de todas las experiencias de la vida, sea viajar por el mundo, incursionar en su pasado o explorar los retos de ser padre.

Gwen Cooper obtuvo una licenciatura en literatura inglesa y educación secundaria en 2007 y completó el Publishing Institute en Denver University en 2009. En su tiempo libre le gusta el krav maga, viajar y pasar tiempo con su esposo y su bloodhound en las bellas montañas Rocallosas. Síguela en Twitter en @Gwen_Cooper10.

Jennifer Crites es una autora/fotógrafa cuyo trabajo ha aparecido en revistas y libros del mundo entero, como *Islands*, *Fodor's* y *Travel + Leisure*, entre muchos otros. Le gusta explorar lugares remotos, como Tailandia, la India, Dubái y Argentina. Busca su blog de viajes en jennnifercrites.wordpress.com.

Tracy Crump ha publicado dos docenas de relatos en antologías y numerosos artículos y devocionales. Codirige Write Life Workshops, participa en conferencias y edita un popular boletín para escritores, *The Write Life*. Sin embargo, su labor más importante es como abuela de dos chicos muy consentidos. Visítala en TracyCrump.com.

Kaye Curren es una planeadora de eventos retirada. Volvió a escribir después de haberse hecho cargo durante treinta años de dos esposos, dos hijos, dos hijastros adolescentes, tres caballos, una docena de perros y gatos y varios loros no parlantes. Busca sus ensayos, artículos y notas humorísticas en www.writethatthang.com.

Priscilla Dann-Courtney es psicóloga y escritora y vive en Boulder, Colorado, donde formó junto con su esposo a sus tres hijos. Es autora de *Room to Grow: Stories of Life and Family*. Su familia, amigos, trabajo, yoga, meditación y su práctica como corredora y cocinera la mantienen alineada con la belleza de la vida.

Nacida en Ottawa, Ontario, pero residente en Quebec, **Julie de Belle** es poeta, maestra y traductora *freelance*. Dedica su tiempo a escribir, cocinar, esquiar y andar en bicicleta, dependiendo de la estación. Vive con su esposo y su perro en una isla a las afueras de Montreal.

Jeanine L. DeHoney es esposa, madre y abuela y fue maestra de preescolar y Family Services Coordinator. Como autora *freelance* ha publicado en varias antologías, revistas y blogs, entre ellos *Parent Co.*, la revista *Brain Child*, *Wow! Women on Writing Blog: Friday Speak Out!*, *Rigorous Magazine*, entre otros.

Katie Drew colabora con frecuencia en la serie *Caldo de pollo para el alma*. Bajo el seudónimo de Susan Kimmel Wright también ha publicado novelas de misterio para niños, y en la actualidad trabaja en una interesante serie de misterio para adultos. Visítala en Facebook, en Susan Kimmel Wright, Writer, o en Instagram en @susankimmelwrights.

Logan Eliasen estudia el tercer año de leyes en el College of Law de la University of Iowa. Egresó previamente de Wheaton College con una licenciatura en estudios bíblicos y teológicos. Le gusta pasar tiempo con sus cuatro hermanos menores y leer en su hamaca.

El amor de **Sara Etgen-Baker** por las palabras comenzó cuando su madre le leía el diccionario todas las noches. El inesperado susurro de una maestra, "Tienes talento para escribir", encendió su deseo de hacerlo. Ignoró ese murmullo y siguió una carrera distinta; más tarde redescubrió a su escritora interna y empezó a escribir relatos testimoniales y ensayos personales.

Victoria Fedden obtuvo una maestría en creación literaria en 2009. Vive con su familia en el sur de Florida y enseña creación literaria en la universidad. Su relato testimonial *This Is Not My Beautiful Life* se publicó en 2016. Le gustan el yoga, la poesía, la cocina y la playa.

La doctora **Valorie Wells Fenton** ha sido hipnoterapeuta certificada durante veinticinco años. Ha escrito artículos para *Huffington Post* y se le han dedicado reseñas en *New York Magazine* y *Women's Health*. Ha aparecido en las estaciones de ABC, CBS, NBC y PBS TV en Kansas City.

Los ensayos personales de **Hyla Sabesin Finn** se han publicado en *Self*, *Parents*, *Working Mother*, *The New York Times*, CSMonitor.com y otros espacios. Cuando no escribe sobre las tribulaciones de la vida diaria es consultora privada de admisión universitaria. Vive en Chicago con su esposo y sus dos gemelas.

Marianne Fosnow vive en Fort Mill, Carolina del Sur. Le gusta tomar fotografías, leer y pasar tiempo con su familia. Le emociona mucho que un relato suyo haya sido incluido en la serie *Caldo de pollo para el alma*.

Dave Fox escribe sobre viajes y es coach de escritura y de vida en la Ciudad Ho Chi Minh, Vietnam. Da clases de creación literaria y ofrece en línea sus servicios de coaching, para ayudar a personas de todo el mundo a perseguir con éxito sus pasiones y vivir más plena y arriesgadamente. Conócelo mejor en Globejotting.com.

Victoria Otto Franzese cuenta con títulos del Smith College y la New York University. Poseyó, operó y escribió para una guía de viajes en línea durante quince años, antes de que la vendiera a una importante compañía mediática. Ahora escribe por gusto sobre temas diversos y acerca de sus viajes. Vive en Nueva York con su esposo y sus dos hijos en compañía de un goldendoodle llamado Jenkins.

Hannah Faye Garson dio clases durante treinta y cinco años a niños con necesidades especiales en escuelas públicas de Nueva York. En la actualidad es docente en el Kupferberg Holocaust Center de Queens, Nueva York, donde sigue formando a estudiantes de todas las edades. Sus artículos, crucigramas y cuentos se han publicado en periódicos y revistas.

Sue Doherty Gelber nació en Nueva Inglaterra, se afincó en Chicago y ahora vive en Colorado, donde aún se recupera de su más reciente triatlón. Trabajos suyos han aparecido en el *Chicago Tribune*, *The Examined Life Journal*, *Purple Clover* y *Realize Magazine*, entre otras publicaciones.

El pasatiempo favorito de **James A. Gemmell** es hacer excursiones de larga distancia. Casi todos los veranos puede vérsele siguiendo los caminos de Santiago en Francia y España. Sus demás aficiones son escribir, tocar la guitarra, dibujar/pintar, jugar golf y coleccionar obras de arte.

Tammy Nicole Glover escribe cuentos y textos religiosos. Trabajos suyos han aparecido en la publicación en línea *Believers Bay*. Tiene un blog inspiracional, Balm4theSoul. Hoy en día trabaja en el campo de la salud mental y vive en Detroit, Michigan.

Kristin Goff es una periodista retirada, abuela de cinco niños, marchista y lenta triatleta. Le gusta viajar y probar cosas nuevas y agradece el amor y apoyo de sus amigos y familiares, quienes ríen con ella mas no de ella.

La doctora **Shari Hall** es una médica, oradora, cantautora y escritora de renombre internacional. Originaria de Nueva York y con estudios en las universidades de Yale y Columbia, ahora reside con su familia en la hermosa Sunshine Coast de Queensland, Australia, donde es dueña de SCeNic Real Estate. Puedes escribirle a sharihallinfo@gmail.com.

Erin Hazlehurst es una galardonada guionista de cine y autora de British Columbia, Canadá.

Steve Hecht se graduó en 1972 de la Duquesne University. Se retiró después de haber trabajado en *Pittsburgh Post-Gazette*, de la que fue colaborador y corrector durante treinta años.

Christy Heitger-Ewing, galardonada escritora y columnista, escribe relatos de interés humano para revistas nacionales, regionales y locales. Ha colaborado en dieciocho antologías y es autora de *Cabin Glory: Amusing Tales of Time Spent at the Family Retreat* (www.cabinglory.com). Vive en Indiana con su esposo, dos hijos y dos gatos.

Stan Holden es director artístico y autor y ha creado trabajos para numerosas compañías de Fortune 100. En su vertiente de niño prodigio, publicó por vez primera en una revista nacional cuando cursaba el quinto grado. Graduado de Cal State University Long Beach, su aclamado y muy vendido libro *Giving Candy to Strangers* está agotado.

David Hull es un maestro retirado que dedica su tiempo a leer, escribir, trabajar en su jardín y mimar a su sobrino nieto. Muchos relatos suyos se han publicado en la serie *Caldo de pollo para el alma*. Puedes escribirle a Davidhull59@aol.com.

Geneva Cobb Iijima vive en el noroeste de Estados Unidos y tiene cuatro libros y más de cien relatos y artículos publicados. Actualmente escribe y hace investigación para un nuevo libro, *Amazing Youth of WWII*. Disfruta de sus hijos, nietos y amigos. Visita su página web en genevaiijima.com.

Robyn R. Ireland escribe ya su tercera novela. Ha publicado ficción y no ficción a escala regional. Trabaja de noche en la industria aeroespacial y le gusta leer, escribir y la naturaleza durante el día. Tiene una licenciatura en literatura inglesa por la University of Iowa. Puedes escribirle a writerrobyn@gmail.com.

Leah Isbell es madre de dos chicos muy dulces que la mantienen ocupada y exhausta. En su tiempo libre le gusta leer, escribir, cocinar e ir al cine. Le encantaría escribir algún día novelas para jóvenes. Hasta entonces, se toma en serio cada día.

Aviva Jacobs es contadora, escritora, fotógrafa, viajera irremediable y adicta a coleccionar recortes de periódicos y revistas. Tiene con su esposo cinco hijos adultos y ambos comparten su casa victoriana en Wisconsin con dos gatos terribles.

BJ Jensen es autora, oradora inspiracional, dramaturga y artista de la música con signos. Es directora del Coro de Signos AMOR EN MOVIMIENTO (www.signingchoir.com), el cual viaja por todo el mundo. Está felizmente casada con el doctor Doug Jensen; viven cerca de su hijo, querida nuera y tres nietas en San Diego, California. Puedes escribirle a Jensen2@san.rr.com.

Nancy Johnson es una escritora *freelance* que vive con su schnoodle, Molly, en el noreste de Ohio. Cuando no escribe ni trabaja en ventas, puede vérsele en una colchoneta de yoga.

Cindy Jolley es una maestra de primaria retirada que vive en Grapevine, Texas. Éste es su segundo relato que se publica en la serie *Caldo de pollo para el alma*. Además de escribir relatos y textos religiosos, sigue su corazón para escribir e ilustrar cuentos para niños.

Megan Pincus Kajitani es autora, editora y educadora. Textos suyos han aparecido en varias antologías, como la serie *Caldo de pollo para el alma*, y en publicaciones como *The Chronicle of Higher Education*, la revista *Mothering* y *Huffington Post*. Bajo el seudónimo de Meeg Pincus también escribe libros de no ficción para niños.

Nick Karnazes (alias el Golfista Feliz) es un ávido golfista y activo miembro de su comunidad con sede en San Clemente, California. Cuando no juega golf, le gustan la comida y las danzas griegas. Ésta es su primera colaboración en la serie *Caldo de pollo para el alma*. Puedes escribirle a atnickthgp@gmail.com.

Anna S. Kendall es una autora y editora residente en Chicago. Además de relatos en la serie *Caldo de pollo para el alma*, es autora del libro *College PaperBuddy*. Obtuvo una maestría en pedagogía en la DePaul University en 2007, un mes antes de su gran aventura en ala delta. Síguela en Twitter en @annakendall.

Sayzie Koldys es una autora y editora con talento para convertir el "casi inglés" en inglés. Así seas un editor en necesidad de un ensayo o un científico cuyo artículo debe pulirse, búscala en www.opercula.

net. Cuando no trabaja, explora las intersecciones de la alimentación, la cultura y el mar.

Grace Kuikman, de Chicago, es editora de *Villagers*, revista de la Beverly Area Planning Association, y autora de numerosos cuentos y poemas. Es fundadora y mentora del Longwood Writers Guild, grupo de crítica para adultos dedicados a la creación literaria, e imparte talleres de redacción.

Angela Lebovic escribe ficción (para adolescentes y jóvenes, lo mismo que libros ilustrados), un blog de comida y es miembro de la Society of Children's Book Writers and Illustrators. En su tiempo libre participa en el teatro comunitario y gusta de dibujar y tocar la flauta. Tiene licenciatura y maestría en comunicaciones/publicidad.

Kate Lemery trabajó en la National Gallery of Art y la Smithsonian Institution durante quince años antes de convertirse en mamá y ama de casa. Sus textos han aparecido en *The Washington Post*, la revista *Motherwell* y *Fiction Writers Review*. Hoy en día concluye su primera novela, que combina su amor a la historia del arte y la literatura.

Gretchen Nilsen Lendrum es escritora *freelance* y maestra de inglés retirada que gusta de la literatura, la música, todos los animales y las largas caminatas junto al mar. Ensayos suyos han aparecido en varios periódicos y revistas. Éste es su tercer relato publicado en la serie *Caldo de pollo para el alma*.

Elaine Liner es dramaturga y actriz residente en Dallas, Texas. Ha presentado dos veces su monólogo humorístico, *Sweater Curse: A Yarn about Love*, en el Fringe de Edimburgo. Su obra *Finishing School* realizó su estreno mundial en 2017. Su novela *2084: An American Parable* se consigue en Amazon. Ella se pregunta todavía: "¿Por qué no?".

Joyce Lombardi es escritora, madre y abogada y vive cerca del mar en Baltimore, Maryland. Escribe sobre el agua, la raza, el género y la danza.

La prolongada labor de **Ruthanna Martin** como publicista, redactora de textos publicitarios, editora, asesora periodística y diseñadora gráfica dio un giro radical en 2008, cuando se retiró y se convirtió en voluntaria del Cuerpo de Paz en Namibia. Desde entonces ha viajado por el mundo y vivido en Uganda y Ecuador. Escribe en Dallas, Texas, una memoria de viajes.

Mark Mason es un ilustrador *freelance* que vive en Whittier, California, donde se le escucha decir a menudo: "Un cuadro nunca está terminado hasta que cobras el cheque". Aunque no es corredor, le gusta salir de su zona de confort. Éste es su primer intento como autor publicado. Puedes escribirle a got.mark@verizon.net.

Susan G. Mathis es la autora de *The Fabric of Hope: An Irish Family Legacy* y cuatro libros más. Conócela mejor en www.SusanGMathis.com.

Sheryl Maxey es autora de un blog inspiracional en Sherylmaxey.com. Educó en casa a sus siete hijos varones durante más de veinticinco años. Cuando no escribe, gusta de dirigir talleres de estudios bíblicos para mujeres, tejer, leer y pasar su tiempo con sus nietos. Vive en Florida.

Carolyn McGovern recibió en 1982 su licenciatura en justicia penal de la Seton Hall University, en South Orange, Nueva Jersey, y en 1992 su maestría en justicia penal de la Rutgers University, en Newark, Nueva Jersey. Trabajó cuatro años como empleada de una correccional y más de veinte como gestora de libertad provisional.

Carolyn McLean llegó a la vida en una granja de una pequeña ciudad de Ontario. Es esposa de un sacerdote anglicano, con quien ha procreado tres hijos maravillosos. El destino la condujo en 2001 al Ártico canadiense (Nunavut y los Territorios del Noroeste), donde permaneció doce años. Le gusta compartir sus anécdotas, viajar y ocuparse de su jardín.

Julia Rebecca Miron empezó a escribir poesía y letras de canciones desde niña. Ahora se dedica a los relatos testimoniales, en los que infunde pasión para el desarrollo personal y un humor sarcástico. Dirige talleres para hablar en público con autenticidad, y en la actualidad trabaja en su primer libro. Le gustan el hip-hop, las cenas, las excursiones, la buena comida y los buenos amigos.

Tamara Moran-Smith es escritora *freelance* y colaboradora de la serie *Caldo de pollo para el alma*. Es asimismo la orgullosa madre de un adulto y una hija lanuda, una border collie llamada Rosy. Sus temas favoritos son Dios, la familia y los amigos. Puedes escribirle a hotflashofgenius@ cox.net.

Ann Morrow es autora, humorista y colaboradora frecuente de la serie *Caldo de pollo para el alma*. Disfruta de la vida con su esposo en una pequeña ciudad ubicada en Black Hills, en el sur de Dakota. Conócela mejor en annmorrow.net.

Annie Nason cursa una maestría en pedagogía ¡y está muy emocionada de que se le publique en la serie *Caldo de pollo para el alma*! Otros textos suyos han aparecido en *Chicken Soup for the Soul: Think Possible* y *Chicken Soup for the Soul: The Power of Gratitude*. Le apasiona compartir su historia con las personas afectadas por parálisis cerebral.

A los once años de edad, **Sharon Pearson** tenía un pequeño diario rojo con llave y candado. Sus primeras entradas incluían "La lección de piano" y "Hoy no pasó nada". A los doce leyó el *Diario de Ana Frank*, que la inspiró a plasmar en el papel sus sentimientos más profundos. Sigue llevando su diario y le gusta escribir sobre las aventuras de la vida.

Jon Peirce tiene licenciatura y doctorado en literatura inglesa y maestría en relaciones industriales. Profesor de inglés retirado y empleado de relaciones laborales, actúa en producciones de teatro comunitario y escribe obras dramáticas. Le gustan la cocina, el tenis y el baile. Sus publicaciones incluyen una colección de ensayos y un libro de texto de relaciones industriales.

Kristen Mai Pham adora *La guerra de las galaxias*, a los corgis y a su esposo, Paul (¡no en ese orden!). Le encanta colaborar en la serie *Caldo de pollo para el alma*. Síguela en Instagram en @kristenmaipham, o envíale un correo a kristenmaipham3@gmail.com.

Lori Chidori Phillips escribe sobre la vida diaria y la espiritualidad. Japonesa-estadunidense de cuarta generación, obtuvo una licenciatura y una maestría en comunicaciones y periodismo y pedagogía, respectivamente. Sus intereses incluyen la botánica, la metafísica, el aprendizaje de idiomas y la creación de libros infantiles.

Mary C.M. Phillips es una esposa "con cafeína", una madre que trabaja y autora. Sus ensayos y cuentos se han publicado en numerosas antologías, como la serie *Caldo de pollo para el alma*, *A Cup of Comfort* y más recientemente *What Jane Austen Didn't Tell Us!* Bloguea en www. CaffeineEpiphanies.com. Síguela en Twitter en @MaryCMPhil.

Sherry Poff da clases, escribe y pasea por Chattanooga, Tennessee. Pertenece al Chattanooga Writers' Guild.

Connie Kaseweter Pullen vive en la ciudad rural de Sandy, Oregón, cerca de sus cinco hijos y varios nietos. Obtuvo una licenciatura en la University of Portland en 2006, con doble especialización en psicología y sociología. Ha cuidado diez años de su madre, de noventa y siete.

Elana Rabinowitz es escritora, maestra y trotamundos. Nació y creció en Brooklyn, Nueva York, donde imparte clases actualmente. Le apasiona enfrentar sus temores.

Linda Holland Rathkopf es dramaturga, pintora e ilustradora. Obras suyas han sido producidas en seis estados, sus textos han sido publicados en antologías y sus obras de arte se han exhibido en galerías de todo Estados Unidos. Es la orgullosa abuela de cuatro chicos, a los que alienta a colorear fuera de las líneas.

Linda Sabourin vive en el noroeste de Arkansas, donde dedica su tiempo a asistir a subastas, vender artículos de colección en ebay y rescatar gatos. Lee acerca de sus aventuras con gatos en Facebook y Twitter, en River Valley Cats. Éste es su séptimo relato publicado en la serie *Caldo de pollo para el alma*.

Beverly LaHote Schwind escribe una columna, "Patches of Life", en el periódico de su localidad. Da clases en la cárcel y un centro de rehabilitación. A los ochenta y tres años obtuvo una medalla de oro jugando basquetbol en las National Senior Olympics. Celebró con Jim sesenta y cinco años de matrimonio. Tienen cuatro hijos y dieciocho nietos. Fue Patches en un programa infantil de televisión.

Doug Sletten enseñó durante varios años en escuelas públicas antes de que trabajara por su cuenta. Escribió una columna humorística en un semanario por veinticinco años. Tiene dos hijos, Mitch y Sara, y vive en Mesa, Arizona, con su prometida, Kathi.

David Michael Smith celebra su décimo relato publicado en la serie *Caldo de pollo para el alma*. Hasta la fecha ha sido publicado más de treinta veces y sigue acreditando a Dios todo su éxito. Es padre de Rebekah y Matthew y feliz esposo de Geri. Viven en Georgetown, Delaware.

Alvena Stanfield gustó siempre de escribir y, cuando tuvo hijos, de narrar historias.

Diane Stark es esposa, madre de cinco y autora *freelance*. Adora escribir sobre las cosas importantes de la vida: su familia y su fe. Puedes escribirle a DianeStark19@yahoo.com.

Gary Stein es cofundador de un banco de inversión inscrito en la Bolsa de Valores de Nueva York. Fue asesor estratégico de Lionsgate, Miramax y Seventh Generation y formó una televisora infantil que ha recibido el premio Emmy en treinta ocasiones. Es el orgulloso mentor de varias jóvenes sobresalientes y ha colaborado con frecuencia en la serie *Caldo de pollo para el alma*. Puedes escribirle a gm.stein@verizon.net.

Polly Hare Tafrate es una ecléctica *freelancer* que ha publicado artículos sobre muchos temas: educación, maternidad, viajes, salud, voluntariado, escuelas sabatinas alemanas, cocina, cómo ser una buena abuela, artículos de opinión, los Appalachian Trail Angels y cualquier otro asunto de su interés. Recibe con gusto todo tipo de encargos. Puedes escribirle a pollytafrate@hotmail.com.

Lisa Timpf recibió una licenciatura en educación física en la McMaster University, donde también cubrió los deportes femeniles para la revista estudiantil. Profesional retirada de recursos humanos y comunicación, gusta de la jardinería orgánica, andar en bicicleta y pasar tiempo al aire libre con su border collie, Emma.

A. L. Tompkins se graduó con honores en la University of Trent y vive en Ontario, Canadá. Ha publicado varias piezas cortas de ficción y le gusta leer y dar largos paseos con su perro.

Miriam Van Scott es una fotógrafa y autora cuyos rubros incluyen libros para niños, artículos en revistas, producciones de televisión, contenido de páginas web y libros de consulta. Sus títulos más recientes son

Song of Old: An Advent Calendar for the Spirit y la serie *Shakespeare Goes Pop*. Conócela mejor en miriamvanscott.com.

Patricia Voyce escribe en su hogar, ubicado en Pleasant Hill, Iowa. Le gusta hacer ropa y dar clases de corte y confección. Además de escribir, disfruta de la fotografía.

John Davis Walker es originario de Pensacola, Florida. Se integró a la marina mercante estadunidense en 1980 y ascendió de grumete a capitán en Estados Unidos y Panamá. Viajó veinte años por todo el mundo antes de retirarse a Hollywood, California, donde trabaja como actor y modelo.

Roz Warren escribe en todas partes, desde el *Funny Times* hasta *The New York Times*, y es autora de *Our Bodies, Our Shelves: A Collection of Library Humor* y *Just Another Day at Your Local Public Library: An Insider's Tales of Library Life*, libros que deberías comprar hoy mismo. Puedes escribirle a roswarren@gmail.com.

Rick Weber obtuvo la Casey Medal for Meritorious Journalism por una serie sobre adolescentes fugitivos, ha sido honrado en dos ocasiones por Associated Press Sports Editors y es autor de una biografía inspiracional, *Pink Lips and Fingertips*. Ha publicado en otros tres libros de *Caldo de pollo para el alma*. Puedes escribirle a pink@rickweber.org.

El doctor **Paul Winick** vive en Hollywood, Florida, con su esposa, Dorothy. Practicó la pediatría durante treinta años y posee la categoría de profesor adjunto de pediatría en la School of Medicine de la University of Miami. Tiene dos hijos y cinco nietos. Éste es su decimoprimer relato en la serie *Caldo de pollo para el alma*. Puedes escribirle a pwinick10@gmail.com.

Bill Woolley es originario de Nueva Jersey y obtuvo una maestría en psicoterapia en la Graduate School del Lesley College. Sirve como voluntario de una organización no lucrativa de temas ambientales y como profesor de inglés de ciudadanos afganos, y contribuye a la socialización de gatos con fines de adopción en un refugio de animales. Entre sus pasatiempos están andar en bicicleta y escribir.

Caldo de Pollo
para el Alma

Acerca de Amy Newmark

Amy Newmark es la popular autora, directora y editora de la serie *Caldo de pollo para el alma*. Desde 2008 ha publicado más de ciento cincuenta libros, en su mayoría *bestsellers* nacionales en Estados Unidos y Canadá, con lo que ha más que duplicado el número de títulos de *Caldo de pollo para el alma* aparecidos hasta ahora. Es autora también de *Simply Happy*, un curso intensivo de consejos y sabiduría de *Caldo de pollo para el alma*, repleto de sugerencias prácticas y fáciles de aplicar para vivir mejor.

Se le reconoce por haber revitalizado la marca *Caldo de pollo para el alma*, un fenómeno editorial desde que apareció el primer libro en 1993. Al compilar relatos verídicos tanto inspiracionales como aspiracionales de personas ordinarias con experiencias extraordinarias, ha mantenido fresca y relevante la marca *Caldo de pollo para el alma*.

Se graduó con honores en la Harvard University, donde obtuvo títulos en literatura portuguesa y francesa. Más tarde se embarcó en una carrera de tres décadas como analista de Wall Street, administradora de un fondo de cobertura y ejecutiva corporativa en el campo de la tecnología. Es analista financiera certificada.

Su retorno a la actividad literaria era inevitable, ya que su galardonada tesis universitaria le implicó viajar por el empobrecida región del noreste de Brasil para recolectar testimonios de personas comunes. Le deleita haber cerrado el círculo de su carrera autoral, el cual va de la recolección de relatos "de la gente" en Brasil cuando se hallaba en sus veinte años a la recolección, tres décadas después, de relatos "de la gente" para *Caldo de pollo para el alma*.

Cuando Amy y su esposo, Bill, director general de *Caldo de pollo para el alma*, no trabajan, visitan a sus cuatro hijos adultos y su primer nieto.

Sigue a Amy en Twitter, en @amynewmark. Escucha su podcast gratuito, The Chicken Soup for the Soul Podcast, en Apple Podcasts, Google Play, la app Podcasts en iPhone o usando tu aplicación de podcasts favorita en otros dispositivos.

Caldo de Pollo
para el Alma

¡Gracias!

Queremos agradecer su apoyo a todos nuestros colaboradores y fans. Nos maravillaron los fabulosos relatos sobre las muy variadas formas en que nuestros fans han empleado el poder del sí y salido de su zona de confort. Recibimos al menos seis mil propuestas sobre este popular tema, y nuestro equipo editorial —Elaine Kimbler, Ronelle Frankel, Susan Heim, Barbara LoMonaco, Mary Fisher y D'ette Corona— leyó todas y cada una de ellas. Más tarde, Amy Newmark eligió 202 relatos, no 101, de entre los 557 finalistas. ¿Por qué? Porque hicimos con ellos dos libros: éste y su predecesor, *Caldo de pollo para el alma: sal de tu zona de confort*.

Susan Heim se encargó de la primera ronda de la edición, D'ette Corona eligió las perfectas citas por insertar al inicio de cada relato y Amy Newmark los editó y se hizo cargo del manuscrito final.

Este libro nos inspiró a todos a salir más todavía de nuestra zona de confort, con todo y que somos un grupo muy arriesgado. Nos encantó conocer las diferentes maneras en que nuestros autores se han desafiado y potenciado probando cosas nuevas y enfrentando sus temores. Nuestro equipo editorial habla todo el tiempo de usar el poder del sí para enriquecer su vida. ¡Nos hemos consagrado a seguir el ejemplo de nuestros autores!

En la recta final de nuestro trabajo, la editora asociada D'ette Corona siguió siendo el brazo derecho de Amy para la creación del manuscrito final y la relación de trabajo con nuestros maravillosos autores. Barbara LoMonaco y Kristiana Pastir, junto con Elaine Kimbler, se incorporaron al final para la lectura de pruebas. Y sí, siempre habrá erratas de todas formas, así que por favor repórtalas a webmaster@chickensoupforthe-soul.com y las corregiremos en futuras ediciones.

Todo el equipo editorial merece nuestro reconocimiento, lo cual incluye a la directora ejecutiva de mercadotecnia, Maureen Peltier; al director ejecutivo de producción, Victor Cataldo, y al diseñador gráfico Daniel Zaccari, quien convirtió el manuscrito en este hermoso libro.

Caldo de Pollo para el Alma

Compartir felicidad, inspiración y esperanza

Personas de carne y hueso comparten todos los días sus anécdotas en el mundo entero. En 2007, *USA Today* catalogó a *Caldo de pollo para el alma* como uno de los cinco libros más memorables del último cuarto de siglo. Con más de cien millones de ejemplares vendidos hasta la fecha tan sólo en Estados Unidos y Canadá, más de doscientos títulos publicados y traducciones a casi cincuenta idiomas, "Caldo de pollo para el alma®" es una de las frases más conocidas del mundo.

Hoy en día, veinticinco años después de que empezamos a compartir felicidad, inspiración y esperanza a través de nuestros libros, seguimos deleitando a nuestros lectores con nuevos títulos, pero también hemos evolucionado más allá de las librerías, con alimentos súper premium para mascotas, programas de televisión, podcasts, el periodismo positivo de aplus.com, películas y programas de televisión en la aplicación Popcornflix y productos objeto de licencias, todo lo cual gira alrededor de relatos reales a medida que seguimos "cambiando el mundo relato a relato®". ¡Gracias por leernos!

Caldo de Pollo para el Alma

Comparte con nosotros

Todos hemos tenido en nuestra vida momentos .de *Caldo de pollo para el alma*. Si deseas compartir tu relato o poema con millones de personas del mundo entero, entra a chickensoup.com y haz clic en "Submit Your Story". Podrías ayudar también a otro lector a convertirse en autor publicado. ¡Algunos de nuestros colaboradores han impulsado sus carreras como escritores y oradores a partir de la publicación de sus relatos en nuestros libros!

La presentación de relatos sólo puede hacerse en nuestro sitio web. Ya no los aceptamos por correo o fax. Visita nuestra página, www.chickensoup.com, y haz clic en "Submit Your Story" para que tengas acceso a nuestros criterios de redacción y a una lista de los temas con los que trabajamos.

Si deseas ponerte en contacto con nosotros en relación con otros asuntos, envía un mensaje a webmaster@chickensoupforthesoul.com, manda un fax o escríbenos a:

Chicken Soup for the Soul
P.O. Box 700
Cos Cob, CT 06807-0700
United States of America
Fax: 203-861-7194

Una nota más de tus amigos de *Caldo de pollo para el alma*: en ocasiones recibimos de nuestros lectores manuscritos no solicitados, así que te informamos respetuosamente que no aceptamos manuscritos no solicitados y que desecharemos los que recibamos.

Esta obra se imprimió y encuadernó
en el mes de abril de 2020,
en los talleres de Impregráfica Digital, S.A. de C.V.,
Av. Coyoacán 100–D, Col. Del Valle Norte,
C.P. 03103, Benito Juárez, Ciudad de México.